中国当代作品选编

1949—1986

（法、英文注释）
TEXTES CHOISIS
D'ECRIVAINS CHINOIS
READINGS FROM
CHINESE WRITERS
II

华语教学出版社
北　京
Sinolingua
Beijing

First Edition 1989

ISBN 7-80052-126-5
ISBN 0-8351-1948-3

Copyright 1989 by Sinolingua
Published by Sinolingua
24 Baiwanzhuang Road, Beijing, China
Distributed by China International Book Trading
Corporation (Guoji Shudian)
P.O. Box 399. Beijing, China

Printed in the People's Republic of China

目　录

前言……………………………………………………………… 1
1949—1986年中国当代文学发展概况 ……………………… 7

话剧（节选）

老　舍
　　龙须沟…………………………………………………… 1

郭沫若
　　蔡文姬…………………………………………………… 33

短、中篇小说

张天翼
　　罗文应的故事…………………………………………… 74

李　准
　　不能走那条路…………………………………………… 85

马　烽
　　韩梅梅…………………………………………………… 110

艾　芜
　　雨………………………………………………………… 129

峻　青
　　看喜……………………………………………………… 139

浩　然
　　喜鹊登枝………………………………………………… 152

茹志鹃
    百合花 …………………………………………… 165

王愿坚
    七根火柴 ………………………………………… 183

玛拉沁夫
    篝火旁的野餐 …………………………………… 191

欧阳山
    金牛有笑女 ……………………………………… 204

蒋子龙
    乔厂长上任记 …………………………………… 219

张 洁
    谁生活的更美好 ………………………………… 275

王 蒙
    说客盈门 ………………………………………… 292

高晓声
    陈奂生上城 ……………………………………… 311

刘心武
    没功夫叹息 ……………………………………… 327

铁 凝
    哦，香雪 ………………………………………… 343

程 海
    三颗枸杞豆 ……………………………………… 360

陆文夫
    围墙 ……………………………………………… 371

谌 容
    减去十岁 ………………………………………… 395

长篇小说（节选）

杜鹏程
 保卫延安 ·························· 420

曲　波
 林海雪原 ·························· 439

杨　沫
 青春之歌 ·························· 459

李英儒
 野火春风斗古城 ···················· 485

柳　青
 创业史 ··························· 504

罗广斌　杨益言
 红岩 ···························· 523

姚雪垠
 李自成 ·························· 541

诗

何其芳
 回答 ···························· 573

闻　捷
 夜莺飞去了 ························ 580
 葡萄成熟了 ························ 583

阮章竞
 金色的海螺 ························ 586

贺敬之

　回延安 ·· 614

　三门峡——梳妆台 ······························· 621

郭小川

　青松歌 ··· 626

散文

魏　巍

　我的老师 ··· 634

杨　朔

　香山红叶 ··· 644

　荔枝蜜 ··· 651

刘白羽

　长江三日 ··· 655

宗　璞

　废墟的召唤 ······································· 664

电影文学剧本（节选）

辛显令

　喜盈门 ·································· ·· ············· 674

铁 凝

当代女作家。1957年生于北京。原籍河北省。1975年高中毕业后到农村插队落户，发表处女作《会飞的镰刀》。1978年回保定，在保定市文联从事专业文学创作。1982年参加中国作家协会。现任河北省保定《花山》杂志编辑。主要作品有：短篇小说集《夜路》，中篇小说《红屋顶》、《没有纽扣的红衬衫》，长篇小说《柳絮纷飞》和电影文学剧本《彩练》。短篇小说《哦，香雪》、《六月的话题》和中篇小说《没有纽扣的红衬衫》曾分别获得全国优秀短、中篇小说奖。

哦，香雪

在这篇小说中，作者用生动细腻的笔触，给读者描绘了生活在偏僻小山村台儿沟的一群姑娘的形象。她们的生活是落后的，贫穷的，但她们每个人都有着一颗追求美的心灵。香雪是她们当中具有独特性格的一员。小说格调清新，语言质朴，洋溢着浓厚的生活气息。

本文选自《青年文学》，1982年第5期。

·   ·   ·

如果不是有人发明了火车，如果不是有人把铁轨铺进深山，你怎么也不会发现台儿沟这个小村。它和它的十几户乡亲，一心一意掩藏在大山那深深的皱褶〔1〕里，从春到夏，从秋到冬，默默地接受着大山任意给予的温存和粗暴。

然而，两根纤细、闪亮的铁轨延伸过来了。它勇敢地盘旋在山腰，又悄悄地试探着前进，弯弯曲曲，曲曲弯弯，终于绕到台儿沟脚下，然后钻进幽暗的隧道〔2〕，冲向又一道山梁，朝着神秘的远方奔去。

不久，这条线正式营运，人们挤在村口，看见那绿色的长龙一路呼啸〔3〕，挟带着来自山外的陌生、新鲜的清风，擦着台儿沟贫弱的脊背匆匆而过。它走得那样急忙，连车轮辗轧〔4〕钢轨时发出的声音好象都在说：不停不停，不停不停！是啊，它有什么理由在台儿沟站脚呢，台儿沟有人要出远门吗？山外有人来台儿沟探亲访友吗？还是这里有石油储存，有金矿埋藏？台儿沟，无论从哪方面讲，都不具备挽留火车在它身边留步的力量。

可是，记不清从什么时候起，列车时刻表上，还是多了"台儿沟"这一站。也许乘车的旅客提出过要求，他们中有哪位说话算数的人和台儿沟沾亲；也许是那个快乐的男乘务员发现台儿沟有一群十七、八岁的漂亮姑娘，每逢列车疾驶而过，她们就成帮搭伙地站在村口，翘起下巴，贪婪〔5〕、专注地仰望着火车。有人朝车厢指点，不时能听见她们由于互相揉打而发出的一两声娇嗔〔6〕的尖叫。也许什么都不为，就因为台儿沟太小了，小得叫人心疼，就是钢筋铁骨的巨龙在它面前也不能昂首阔步，也不能不停下来。总之，台儿沟上了列车时刻表，每晚七点钟，由首都方向开往山西的这列火车在这里停留一分钟。

这短暂的一分钟，**搅乱了**台儿沟以往的宁静。从前，台儿沟人历来是吃过晚饭就钻被窝，他们仿佛是在同一时刻听到了大山无声的命令。于是，台儿沟那一小片石头房子在同一时刻忽然完全静止了，静得那样深沉、真切，好象在默默地向大山诉说着自己的虔诚〔7〕。如今，台儿沟的姑娘们刚把晚饭端上桌就慌了神，她们心不在焉〔8〕地胡乱吃几口，扔下碗就开始梳妆打扮。她们洗净蒙受了一天的黄土、风尘，露出粗糙、红润的面色，把头发梳得乌亮，然后就比赛着穿出最好的衣裳。有人换上过年时才穿的新鞋，有人还悄悄往脸上涂点胭脂。尽管火车到站时已经天黑，她们还是按照自己的心思，刻意掂酌〔9〕着服饰和容貌。然后，她们就朝村口，朝火车经过的地方跑去。香雪总是第一个出门，隔壁的凤娇第二个就跟了出来。

七点钟，火车喘息着向台儿沟滑过来，接着一阵空哐乱响，车身震颤一下，才停住不动了。姑娘们心跳着涌上前去，象看电影一样，挨着窗口观望。只有香雪躲在后边，双手紧紧捂着耳朵。看火车，她跑在最前边；火车来了，她却缩到最后去了。她有点害怕它那巨大的车头，车头那么雄壮地喷吐着白雾，仿佛一口气就能把台儿沟吸进肚里。它那撼天动地的轰鸣也叫她感到恐惧。在它跟前，她简直象一叶没根的小草。

　　"香雪，过来呀！看那个妇女头上别的金圈圈，那叫什么？"凤娇拉过香雪，扒着她的肩膀问。

　　"怎么我看不见？"香雪微微眯着眼睛说。

　　"就是靠里边那个，那个大圆脸。唉！你看她那块手表比指甲盖还小哩！"凤娇又有了新发现。

　　香雪不言不语地点着头，她终于看见了妇女头上的金圈圈和她腕上比指甲盖还要小的手表。但她也很快就发现了别的。"皮书包！"她指着行李架上一只普通的棕色人造革学生书包，这是那种在小城市都随处可见的学生书包。

　　尽管姑娘们对香雪的发现总是不感兴趣，但她们还是围了上来。

　　"哟，我的妈呀！你踩着我脚啦！"凤娇一声尖叫，埋怨〔10〕着挤上来的一位姑娘。她老是爱一惊一乍〔11〕的。

　　"你咋呼〔12〕什么呀，是想叫那个小白脸和你搭话了吧？"被埋怨的姑娘也不示弱。

　　"我撕了你的嘴！"凤娇骂着，眼睛却不由自主地朝第三节车厢的车门望去。

　　那个白白净净的年轻乘务员真下车来了。他身材高大，头发乌黑，说一口漂亮的北京话。也许因为这点，姑娘们私下里都叫他"北京话"。"北京话"双手抱住胳膊肘，和她们站得不远不近地说："喂，我说小姑娘们，别扒窗户，危险！"

　　"哟，我们小，你就老了吗？"大胆的凤娇回敬了一句。

　　姑娘们一阵大笑，不知谁还把凤娇往前一搡〔13〕，弄得她差点撞在他身上。这一来反倒更壮了凤娇的胆："喂，你们老呆在车上不头晕？"她又问。

"房顶子上那个大刀片似的，那是干什么用的？"又一个姑娘问。她指的是车厢里的电扇。

"烧水在哪儿？"

"开到没路的地方怎么办？"

"你们城市里一天吃几顿饭？"香雪也紧跟在姑娘们后边小声问了一句。

"真没治〔14〕！""北京话"陷在姑娘们的包围圈里，不知所措〔15〕地嘟囔〔16〕着。

快开车了，她们才让出一条路，放他走。他一边看表，一边朝车门跑去，跑到门口，又扭头对她们说："下次吧，下次告诉你们！"他的两条长腿灵巧地向上一跨就上了车，接着一阵叽哩喳唠，绿色的车门就在姑娘们面前沉重地合上了。列车一头扎进黑暗，把她们撇在冰冷的铁轨旁边。很久，她们还能感觉到它那越来越轻的震颤。

一切又恢复了寂静，静得叫人怅惘〔17〕。姑娘们走回家去，路上总要为一点小事争论不休："那九个金圈圈是绑在一块插到头上的。"

"不是！"

"就是！"

有人在开凤娇的玩笑："凤娇，你怎么不说话，还想那个……'北京话'哪？"

"去你的，谁说谁就想。"凤娇说着捏了一下香雪的手，意思是叫香雪帮腔〔18〕。

香雪没说话，慌得脸都红了。她才十七岁，还没学会怎样在这种事上给人家帮腔。

"我看你是又想他又不敢说。他的脸多白呀。"一阵沉默之后，那个姑娘继续逗〔19〕凤娇。

"白？还不是在那大绿屋里捂〔20〕的。叫他到咱台儿沟住几天试

346

试。"有人在黑影里说。

"可不，城里人就靠捂。要论白，叫他们和咱香雪比比。咱们香雪，天生一付好皮子，再照火车上那些闺女的样儿，把头发烫成弯弯绕，啧啧！凤娇姐，你说是不是？"

凤娇不接茬儿〔21〕，松开了香雪的手。好象姑娘们真在贬低〔22〕她的什么人一样，她心里真有点替他抱不平〔23〕呢。不知怎么的，她认定他的脸绝不是捂白的，那是天生。

香雪又悄悄把手送到凤娇手心里，她示意凤娇握住她的手，仿佛请求凤娇的宽恕〔24〕，仿佛是她使凤娇受了委屈。

"凤娇，你哑巴啦？"还是那个姑娘。

"谁哑巴啦！谁象你们，专看人家脸黑脸白。你们喜欢，你们可跟上人家走啊！"凤娇的嘴很硬。

"我们不配！"

"你担保人家没有相好的？"

……

不管在路上吵得怎样厉害，分手时大家还是十分友好的，因为一个叫人兴奋的念头又在她们心中升起：明天，火车还要经过，她们还会有一个美妙的一分钟。和它相比，闹点小别扭〔25〕还算回事吗？

哦，五彩缤纷的一分钟，你饱含着台儿沟的姑娘们多少喜怒哀乐！

日久天长，她们又在这一分钟里增添了新的内容。她们开始挎上装满核桃、鸡蛋、大枣的长方形柳条篮子，站在车窗下，抓紧时间跟旅客和和气气地作买卖。她们踮〔26〕着脚尖，双臂伸得直直的，把整筐的鸡蛋、红枣举上窗口，换回台儿沟少见的挂面、火柴，以及姑娘们喜爱的发卡、纱巾，甚至花色繁多的尼龙袜。当然，换到后面提到的这几样东西是冒着回去挨骂的风险的，因为这纯属她们自作主张。

凤娇好象是大家有意分配给那个"北京话"的，每次都是她提着篮子去找他。她和他作买卖很有意思，她经常故意磨磨蹭蹭〔27〕，车快开时才把整篮的鸡蛋塞给他。他还没来得及付钱，车身已经晃动了，他在车上抱着篮子冲她指指划划，解释着什么，她在车下很开心〔28〕，那是她甘心情愿〔29〕的。当然，小伙子下次会把钱带给她，或是捎来一捆挂面、两块纱巾和别的什么。假如挂面是十斤，凤娇一定抽出一斤再还给他。她觉得，只有这样才对得起和他的交往，她愿意这种交往和一般的作买卖有所区别。有时她也想起姑娘们的话：“你担保人家没有相好的？”其实，有没有相好的不关凤娇的事，她又没想过跟他走。可她愿意对他好，难道非得是相好的才能这么做吗？

香雪平时话不多，胆子又小，但作起买卖却是姑娘中最顺利的一个。旅客们爱买她的货，因为她是那么信任地瞧着你，那洁如水晶的眼睛告诉你，站在车窗下的这个女孩子还不知道什么叫受骗。她还不知道怎么讲价钱〔30〕，只说：“你看着给吧。”你望着她那洁净得仿佛一分钟前才诞生的面孔，望着她那柔软得宛若〔31〕红缎子〔32〕似的嘴唇，心中会升起一种美好的感情。你不忍心跟这样的小姑娘耍滑头〔33〕，在她面前，再爱计较〔34〕的人也会变得慷慨大度〔35〕。

有时她也抓空儿向他们打听外面的事，打听北京的大学要不要台儿沟人，打听什么叫“配乐诗朗诵”（那是她偶然在同桌的一本书上看到的）。有一回她向一位戴眼镜的中年妇女打听能自动合上的铅笔盒，还问到它的价钱。谁知没等人家回话，车已经开动了。她追着它跑了好远，当秋风和车轮的呼啸一同在她耳边鸣响时，她才停下脚步意识到，自己的行为是多么可笑啊。

火车眨眼间就无影无踪了。姑娘们围住香雪，当她们知道她追火车的原因后，便觉得好笑起来。

“傻丫头！”

“值不当〔36〕的！”

她们象长者那样拍着她的肩膀。

“就怪我磨蹭，问慢了。”香雪可不认为这是一件值不当的事，她只是埋怨自己没抓紧时间。

"咳，你问什么不行呀！"凤娇替香雪挎起篮子说。

　　"也难怪，咱们香雪是学生呀。"也有人替香雪分辩〔37〕。

　　也许就因为香雪是学生吧，是台儿沟唯一考上初中的人。

　　台儿沟没有学校，香雪每天上学要到十五里以外的公社。尽管不爱说话是她的天性，但和台儿沟的姐妹们总是有话可说的。公社中学可就没那么多姐妹了，虽然女同学不少，但她们的言谈举止〔38〕，一个眼神，一声轻轻的笑，好象都是为了叫香雪意识到，她是小地方来的，穷地方来的。她们故意一遍又一遍地问她："你们那儿一天吃几顿饭？"她不明白她们的用意，每次都认真地回答："两顿。"然后又友好地瞧着她们反问道："你们呢？"

　　"三顿！"她们每次都理直气壮地回答。之后，又对香雪在这方面的迟钝〔39〕感到说不出的怜悯〔40〕和气恼。

　　"你上学怎么不带铅笔盒呀？"她们又问。

　　"那不是吗。"香雪指指桌角。

　　其实，她们早知道桌角那只小木盒就是香雪的铅笔盒，但她们还是做出吃惊的样子。每到这时，香雪的同桌就把自己那只宽大的泡沫塑料铅笔盒摆弄得哒哒乱响。这是一只可以自动合上的铅笔盒，很久以后，香雪才知道它所以能自动合上，是因为铅笔盒里包藏着一块不大不小的吸铁石。香雪的小木盒呢，尽管那是当木匠的父亲为她考上中学特意制作的，它在台儿沟还是独一无二的呢。可在这儿，和同桌的铅笔盒一比，为什么显得那样笨拙、陈旧？它在一阵哒哒声中有几分羞涩地畏缩在桌角上。

　　香雪的心再也不能平静了，她好象忽然明白了同学们对于她的再三盘问〔42〕，明白了台儿沟是 多 么 贫 穷。她第一次意识到这是不光彩〔43〕的，因为贫穷，同学们才敢一遍又一遍地盘问她。她盯住同桌那只铅笔盒，猜测〔44〕它来自遥远的大城市，猜测它的价钱肯定非同寻常。三十个鸡蛋换得来吗？还是四十个？五十个？这时她的心又忽地一沉：怎么想起这些了？娘攒下鸡蛋，不是为了叫她乱打主意啊！可是，为什么那诱人的哒哒声老是在耳边响个没完？

深秋，山风渐渐凛冽了，天也黑得越来越早。但香雪和她的姐妹们对于七点钟的火车，是照等不误的。她们可以穿起花棉袄了，凤娇头上别起了淡粉色的有机玻璃发卡，有些姑娘的辫梢还缠上了夹丝橡皮筋。那是她们用鸡蛋、核桃从火车上换来的。她们仿照火车上那些城里姑娘的样子把自己武装起来，整齐地排列在铁路旁，象是等待欢迎远方的贵宾，又象是准备着接受检阅。

火车停了，发出一阵沉重的叹息，象是在抱怨台儿沟的寒冷。今天，它对台儿沟表现了少有的冷漠：车窗全部紧闭着，旅客在昏黄的灯光下喝茶、看报，没有人向窗外瞥一眼。那些眼熟的、常跑这条线的人们，似乎也忘记了台儿沟的姑娘。

凤娇照例跑到第三节车厢去找她的"北京话"，香雪系紧头上的紫红色线围巾，把臂弯里的篮子换了换手，也顺着车身一直向前走去。她尽量高高地踮起脚尖，希望车厢里的人能看见她的脸。车上一直没有人发现她，她却在一张堆满食品的小桌上，发现了渴望已久的东西。它的出现，使她再也不想往前走了，她放下篮子，心跳着，双手紧紧扒住窗框，认清了那真是一只铅笔盒，一只装有吸铁石的自动铅笔盒。它和她离得那样近，如果不是隔着玻璃，她一伸手就可以拿到。

一位中年女乘务员走过来拉开了香雪。香雪挎起篮子站在远处继续观察。当她断定它属于靠窗那位女学生模样的姑娘时，就果断地跑过去敲起了玻璃。女学生转过脸来，看见香雪臂弯里的篮子，抱歉地冲她摆了摆手，并没有打开车窗的意思。谁也没提醒香雪，车门是开着的，不知怎么的她就朝车门跑去，当她在门口站定时，还一把攥住了扶手。如果说跑的时候她还有点犹豫，那么从车厢里送出来的一阵阵温馨〔45〕的、火车特有的气息却坚定了她的信心，她学着"北京话"的样子，轻巧地跃上了踏板。她打算以最快的速度跑进车厢，以最快的速度用鸡蛋换回铅笔盒。也许，她所以能够在几秒钟内就决定上车，正是因为她拥有那么多鸡蛋吧，那是四十个。

香雪终于站在火车上了。她挽紧篮子，小心地朝车厢迈出了第一步。这时，车身忽然悸动了一下，接着，车门被人关上了。当她意识到应该赶快下车时，列车已经缓缓地向台儿沟告别了。香雪扑到车门上，看见凤娇的脸在车下一晃。看来这不是梦，一切都是真的，她确实离开姐妹们，站在这既熟悉、又陌生的火车上了。她拍打着玻璃，冲凤娇叫喊着："凤娇！我怎么办呀，我可怎么办呀！"

列车无情地载着香雪一路飞奔，台儿沟刹那间就被抛在后面了。下一站叫西山口，西山口离台儿沟三十里。

三十里，对于火车、汽车真的不算什么，西山口在旅客们闲聊之中就到了。这里上车的人不少，下车的却只有一位旅客。车上好象有人阻拦她，但她还是果断地跳了下来，就象刚才果断地跃上去一样。

她胳膊上少了那只篮子，她把它悄悄塞在女学生座位下面了。在车上，当她红着脸告诉女学生，想用鸡蛋和她换铅笔盒时，女学生不知怎么的也红了脸。她一定要把铅笔盒送给香雪，还说她住在学校吃食堂，鸡蛋带回去也没法吃。她怕香雪不信，又指了指胸前的校徽，上面果真有"矿冶学院"几个字。香雪却觉着她在哄她，难道除了学校她就没家吗？香雪收下了铅笔盒，到底还是把鸡蛋留在了车上。台儿沟再穷，她也从没白拿过别人的东西。后来，当旅客们知道香雪要在西山口下车时，他们是怎么对她说的？他们劝她在西山口住一夜再回去，那个热情的"北京话"甚至告诉她，他爱人有个亲戚住在站上。香雪并不想去找他爱人的亲戚，可是，他的话却叫她感到一点委屈，替凤娇委屈，替台儿沟委屈。想到这些委屈，难道她不应该赶快下车吗？赶快下去，赶快回家，第二天赶快去上学，那时她就会理直气壮地打开书包，把"它"摆在桌上……于是，她对车上那些再次劝阻她的人们说："没关系，我走惯了。"也许他们信她的话，他们没见过火车的呼啸曾经怎样叫她惧怕，叫她象只受惊的小鹿那样不知所措。他们搞不清山里的女孩子究竟有多大本事。她的话使他们相信：山里人不怕走夜路。

现在，香雪一个人站在西山口，目送列车远去。列车终于在她的视野里彻底消失了，眼前一片空旷，一阵寒风扑来，吸吮着她单薄的身体。她把滑到肩上的围巾紧裹在头上，缩起身子在铁轨上坐了下来。香雪感受过各种各样的害怕。小时候她怕头发，身上沾着一根头发择〔47〕不下来，她会急得哭起来；长大了她怕晚上一个人到院子里去，怕毛毛虫，怕被人胳肢〔48〕（凤娇最爱和她来这一手）。现在她害怕这陌生的西山口，害怕四周黑幽幽的大山，害怕叫人心跳的寂静，当风吹响近处的小树林时，她又害怕小树林发出的窸窸索索的声音。三十里，一路走回去，该路过多少大大小小的林子啊！

一轮满月升起来了，照亮了寂静的山谷、灰白的小路，照亮了秋日的败草、粗糙的树干，还有一丛丛荆棘〔49〕、怪石，还有漫山遍野那树的队伍，还有香雪手中那只闪闪发光的小盒子。

她这才想到把它举起来仔细端详。她想，为什么坐了一路火车，竟没有拿出来好好看看？现在，在皎洁〔50〕的月光下，她才看清了它是淡绿色的，盒盖上有两朵洁白的马蹄莲。她小心地把它打开，又学着同桌的样子轻轻一拍盒盖，"哒"的一声，它便合得严严实实。她又打开盒盖，觉得应该立刻装点东西进去。她从兜里摸出一只盛擦脸油的小盒放进去，又合上了盖子。只有这时，她才觉得这铅笔盒真属于她了，真的。她又想到了明天，明天上学时，她多么盼望她们会再三盘问她啊！

她站了起来，忽然感到心里很满，风也柔和了许多。她发现月亮是这样明净，群山被月光笼罩〔51〕着，象母亲庄严、神圣的胸脯；那秋风吹干的一树树核桃叶，卷起来象一树树金铃铛，她第一次听清它们在夜晚，在风的怂恿〔52〕下"豁啷啷"地歌唱。她不再害怕了，在枕木上跨着大步，一直朝前走去。大山原来是这样的！月亮原来是这样的！核桃树原来是这样的！香雪走着，就象第一次认出养育她成人的山谷。台儿沟是这样的吗？不知怎么的，她加快了脚步。她急着见到它，就象从来没见过它那样觉得新奇〔53〕。台儿沟一定会是"这样的"：那时台儿沟的姑娘不再央求〔54〕别人，也用不着回答人家的再三盘问。火车上的漂亮小伙子都会求上门来，火车也会停得久一些，也许三分、四分，也许十分、八分。它会向台儿沟打开所有的门窗，要是再碰上今晚这种情况，谁都能从从容容〔55〕地下车。

对了，今晚台儿沟发生了这样的情况，火车拉走了香雪，为什么现在她象闹着玩儿似地去回忆呢？对了，四十个鸡蛋也没有了，娘会怎么说呢？爹不是盼望每天都有人家娶媳妇、聘〔56〕闺女吗？那时他才有干不完的活儿，他才能光着红铜似的脊梁，不分昼夜地打出那些躺柜、碗橱、板箱，挣回香雪的学费。想到这儿，香雪站住了，月光好象也黯淡下来，脚下的枕木变成一片模糊。回去怎么说？她环视群山，群山沉默着；她又朝着近处的杨树林张望，杨树林窸窸索索地响着，并不真心告诉她应该怎么做。是哪儿来的流水声？她寻找着，发现离铁轨几米远的地方，有一道浅浅的小溪。她走下铁轨，在小溪旁边蹲了下来。她想起小时候有一回和凤娇在河边洗衣裳，碰见了一个换芝麻糖的老头。凤娇劝香雪拿一件旧汗褂换几块糖吃，还教她对娘说，那件衣裳不小心叫河水给冲走了。香雪很想吃芝麻糖，可她到底没换。她还记得，那老头真心实意等了她半天呢。为什么她会想起这件小事？也许现在应该骗娘吧，因为芝麻糖怎么也不能和铅笔盒的重要性相比。她要告诉娘，这是一个宝盒子，谁用上它，就能一切顺心如意，就能上大学、坐上火车到处跑，就能要什么有什么，就再也不会叫人瞧不起……娘会相信的，因为香雪从来不骗人。

小溪的歌唱高昂起来了，它欢腾着向前奔跑，撞击着水中的石块，不时溅起一朵小小的浪花。香雪也要赶路了，她捧起溪水洗了把脸，又用沾着水的手抿光被风吹乱的头发。水很凉，但她觉得很精神。她告别了小溪，又回到了长长的铁路上。

前边又是什么，是隧道，它愣在那里，就象大山的一只黑眼睛。香雪又站住了，但她没有返回去，她想到怀里的铅笔盒，想到同学们惊羡〔57〕的目光，那些目光好象就在隧道里闪烁。她弯腰拔下一根枯草，将草茎插在小辫里。娘告诉她，，这样可以"避邪"〔58〕。然后她就朝隧道跑去。确切地说，是冲去。

香雪越走越热了，她解下围巾，把它搭在脖子上，她走出了多少里？不知道。只听见不知名的小虫在草丛里鸣叫，松散、柔软的荒草抚弄着她的裤脚。小辫叫风吹散了，她停下来把它们编好。台儿沟在哪儿？她向前望去，她看见迎面有一颗颗黑点在铁轨上蠕动。再近一些她才看清，那是人，是迎着她走过来的人群。第一个是凤娇，凤娇身后是台儿沟的姐妹们。当她们也看清对面的香雪时，忽然都停住了脚步。

香雪猜出她们在等待，她想快点跑过去，但腿为什么变得异常沉重？她站在枕木上，回头望着笔直的铁轨，铁轨在月亮的照耀下泛着清淡的光，它冷静地记载着香雪的路程，她忽然觉得心头一紧，不知怎么的就哭了起来，那是欢乐的泪水，满足的泪水。面对严峻而又温厚的大山，她心中升起一种从未有过的骄傲。她用手背抹净眼泪，拿下插在辫子里的那根草棍儿，然后举起铅笔盒，迎着对面的人群跑去。

迎面，那静止的队伍也流动起来了。同时，山谷里突然爆发了姑娘们欢乐的呐喊。她们叫着香雪的名字，声音是那样奔放、热烈，她们笑着，笑得是那样不加掩饰〔59〕、无所顾忌〔60〕。古老的群山终于被感动得颤栗了，它发出宽亮低沉的回音，和她们共同欢呼着。

哦，香雪！香雪！

译 注

[1] 皱褶	zhòuzhě	pli
		fold
[2] 隧道	suìdào	tunnel
		tunnel
[3] 呼啸	hūxiào	hurler; rugir
		whistle

[4] 辗轧	niǎnyà	rouler
		roll
[5] 贪婪	tānlán	avide
		with greedy eyes
[6] 娇嗔	jiāochēn	doux et charmant
		sweet and charming
[7] 虔诚	qiánchéng	dévotion; sincérité
		sincerity
[8] 心不在焉	xīnbúzàiyān	distrait; inattentif
		absent-minded
[9] 斟酌	zhēnzhuó	délibérer
		deliberate
[10] 埋怨	mányuàn	se plaindre
		complain
[11] 一惊一乍	yìjīng yízhà	s'étonner
		frightened
[12] 咋呼	zhāhu	crier pour rien
		shout blusteringly
[13] 搡	sǎng	pousser
		push
[14] 没治	méizhì	on n'y peut rien
		There is no way to deal with ...
[15] 不知所措	bùzhī suǒcuò	ne savoir quel parti prendre: être désemparé
		be at one's wit's end
[16] 嘟囔	dūnang	grommeler; marmonner
		mutter to oneself
[17] 怅惘	chàngwǎng	désappointé; déçu

distracted

[18] 帮腔　　bāngqiāng　　intervenir dans une conversa-tion pour appuyer qn.

speak in support of sb.

[19] 逗　　　dòu　　　　taquiner

tease

[20] 捂　　　wǔ　　　　renfermer

confine

[21] 接茬儿　jiēchár　　répondre

respond

[22] 贬低　　biǎndī　　sousestimer

belittle

[23] 抱不平　bào bùpíng　défendre qqn contre une in-justice

defend sb. against an injustice

[24] 宽恕　　kuānshù　　pardonner

forgive

[25] 别扭　　bièniu　　désaccord

be at odds

[26] 踮　　　diǎn　　　se dresser (sur la pointe des pieds)

stand on tiptoe

[27] 磨磨蹭蹭　mómo-cèngcèng　lambiner

move slowly

[28] 开心　　kāixīn　　joyeux; content

feel happy

[29] 甘心情愿　gānxīn-qíngyuàn　volontairement

be most willing to

[30] 讲价钱　jiǎng jiàqian　marchander

bargain

[31] 宛若	wǎnruò	comme; semblable just like
[32] 缎子	duànzi	satin satin
[33] 耍滑头	shuǎ huátóu	déployer des ruses act in a slick way
[34] 计较	jìjiào	discuter avec parcimonie fuss about
[35] 慷慨大度	kāngkǎi dàdù	généreux generous
[36] 值不当	zhíbudàng	cela ne vaut pas la peine not worth
[37] 分辩	fēnbiàn	ici: défendre distinguish
[38] 举止	jǔzhǐ	tenue; conduite manner
[39] 迟钝	chídùn	lent slow (in thought)
[40] 怜悯	liánmǐn	avoir pitié pity
[41] 笨拙	bènzhuó	maladroit clumsy
[42] 盘问	pánwèn	questionner; interroger question
[43] 不光彩	bù guāngcǎi	déshonorable dishonorable
[44] 猜测	cāicè	deviner; supposer guess

357

[45] 温馨	wēnxīn	chaud; doux
		warm and pleasant
[46] 哄	hǒng	tromper
		deceive
[47] 择	zhái	ici: enlever
		take down
[48] 胳肢	gézhi	chatouiller
		tickle
[49] 荆棘	jīngjí	broussailles
		brambles
[50] 皎洁	jiǎojié	d'une blancheur éclatante
		(of moonlight) bright and clear
[51] 笼罩	lǒngzhào	voiler
		envelop
[52] 怂恿	sǒngyǒng	exciter
		incite
[53] 新奇	xīnqí	curieux
		fresh
[54] 央求	yāngqiú	supplier; demander
		beg; plead
[55] 从从容容	cóngcong-róngróng	avec tranquillité
		unhurried
[56] 聘	pìn	marier
		marry off a girl
[57] 惊羡	jīngxiàn	surpris et envieux
		be surprised and envy
[58] 避邪	bìxié	éviter la perversité
		keep away from the evil

[59] 掩饰　　　　yǎnshì　　　　camoufler; déguiser
　　　　　　　　　　　　　　　gloss over

[60] 无所顾忌　　wúsuǒ gùjì　　sans scrupule
　　　　　　　　　　　　　　　to scruple at nothing

程 海

当代作家。陕西省乾县人，1968年毕业于乾县师范学校。七十年代开始发表文学作品。现在陕西省咸阳地区文化局创作研究室工作。

三颗枸杞豆〔1〕

这篇小说表现了"捉住太阳"——珍惜时光这一主题。作品的情节安排生动紧凑，景物描写美丽动人。三叔在地上画的画儿和临终前相赠的三颗枸杞豆，使主人公"淘气鬼"一下子长大了，明白了珍惜时光的重要意义。

本文选自《小说选刊》，1983年第7期。

*　　　*　　　*

我是一个植物学家。

好多人很羡慕我，要我谈谈小时候刻苦学习的故事，其实，我那时是一个出名的"淘气鬼"。

我的故乡是一个小山村，有山有水。尤其是门前的山沟，长满了各种各样的树木，里边还有小松鼠，小兔子，小蚱蜢〔2〕……还有一种昆虫，土名叫金巴牛，翅膀外面有两片圆鼓鼓的硬壳，上面布满了黄色的花纹，看起来象一个金质的盾牌。它经常躲避我，藏在野高粱墨绿色的叶鞘〔3〕里。但我终于发现了它的秘密，于是蹑手蹑足〔4〕走过去，闪电一般捏住叶子的上半部，把它堵在里边，任它嗡嗡地哀啼，也不理睬。然后，用指甲在叶鞘上挖一个小洞，等它爬出来逃跑时，再一把捉住。

我的口袋里有几根细线——都是从妈妈的针线笸箩〔5〕里偷来的

——取出一根拴在金巴牛的后腿上，线的另一端，拴在衣扣上。然后放开它，它就开始在我的头顶上飞翔，"嘤嘤"地歌唱，声音象琴筝一样动听，我也就跟着唱起来：

"金巴牛，嗡嗡嗡，

给你爷爷唱影影……"

山谷里的树林成了我的乐园。后来，我很不乐意地被爸爸送进学校，象小囚犯〔6〕一样坐在窄小的木桌前盯着书上黑乎乎的汉字。心里烦躁极了，就在桌子底下胡乱捣鬼，每每被那个尖眼睛〔7〕的女老师发现，猛不防被大喝一声："王小狗，站起来！"我规规矩矩地立正，又听见她说："背课文！"我不敢违抗，便背道：

"大羊大，小羊小，

…………"

忽然底下的字句一句也记不清了，我一急，耳朵里"嗡嗡"地响起来，天知道为什么竟脱口而出：

"金巴牛，嗡嗡嗡，

给你爷爷唱影影……"

教室里哄堂大笑。我忽然醒悟过来，冒了一身冷汗。老师狠狠批评了我一顿。后来又把这件事告诉了爸爸，又让我挨了几巴掌。

我多么怀念我的金巴牛，还有我的小松鼠，小蚱蜢啊！于是，我开始逃学，钻到小树林里，在响石潭里玩水，在野花上捉蝴蝶，或者上树掏雀儿蛋。当学校放学的钟声传到沟底，我就背上书包，装作从学校回来的样子，回家吃饭。

后来，终于被爸爸发现了。有一次我刚到家，他瞪着眼睛问："干什么去了？"

"上学去了。"我撒谎〔8〕说。

"来，到跟前来，把小褂脱掉！"

我乖乖〔9〕地脱了。他用指甲在我光溜溜的脊背上一划，立即出现一道白白的印痕，这是玩水的标志。"啪！"耳后立即挨了重重一掌——他小时一定玩过水，我至今仍佩服他检查我玩水的妙法——后来我干脆不玩水了，但仍逃脱不了他的惩罚。他会用小刀在我指缝里找一点泥巴，或从我鞋帮上发现一丝粘粘的树脂来证明我玩泥或上树之类的把戏，然后又是重重的几记耳光。在一旁的母亲也失去了慈爱之心，大声鼓励父亲："打！狠狠地打！看他还逃学不逃学！"于是，雨点一样的拳头落在我的头上，腰上，屁股蛋上。我"哇哇"地哭，最后倒在地上。母亲这才动了怜悯〔10〕之心，连忙抱起我，指责父亲说："你的手也太重了。"

那一顿耳光和拳头，确实使我乖乖上了几天学。但没有几天，我经过小树林的时候，又旧病复发了。

那时正值三月，春天几乎从山沟里溢出来了。泥土里冒出了一层绿茸茸的小草；小草丛中，吊钟花挂满了一排排紫色的铃铛；黄鼠草象结婚的新娘，顶着金子般的小黄花，星星花仿佛外国小姑娘蓝色的眼睛；宽大肥胖的牛舌头草几乎把路面都覆盖了，一脚踩下去，鞋底上就会染满碧绿的叶汁；紫红色的酒壶花一声不响骄傲地站在很远的地方，如果采下一朵在嘴边轻轻一吸，准甜得叫你咂舌头。小树林的一切都散发出诱人的魅力，更不用说那高大的乔木，火焰般的桃花，小宝塔似的桐花，棉花球似的杨花了。

我在小树林边犹豫地逡巡〔11〕。我禁不住大自然的诱惑〔12〕，心想：我再进去一次，只这一次。

结果，我又跑进林子里去了。

林子里今天格外美丽。一绺一绺的阳光，象金色的丝绸，从树梢一直拖到地上，一只拳头大的花蝴蝶冒冒失失撞在我的额头上，又慌慌张张飞走了。我赶忙追上去，书包在屁股蛋上"咣咣当当"跳，练习本、铅笔、橡皮象长了翅膀似的，从里边飞出来，撒了一道。我顾不得去捡，一股劲儿向前追。

大花蝴蝶飘飘荡荡落在一朵蒲公英上，我正想猛扑过去，忽然发现前边的草丛中蹲着一个黑乎乎的人影，我吓了一大跳，心里想："谁在这里打我的埋伏〔13〕？一定是爸爸吧？要不就是那位尖眼睛的女老师？"于是赶忙在一棵大杨树后躲起来，在浓密的草丛里露出眼晴偷看。

那人慢慢地站起来，手里拄着一根桦木削成的棍子，微风吹着他颤颤摇摇的身体，似乎一根根筋骨都能从衣服外面数出来。那两只眼睛，象开得太大的窗户，有点吓人。嘴唇发紫，象成熟的桑葚〔14〕。

我慢慢地认出他来——是村东头的三叔，在外地工作。听说他当过教师，后来又在农科所工作，后来又干了别的事情。可我只知道他很会说谜语，有一次他说："生也不能吃，熟也不能吃，一边烧，一边吃。"我搔头抓耳想了半天，也想不出来。末了，他把正吸的香烟头凑到我鼻子尖上，哈哈笑着说："这不是吗！"我恍然大悟〔15〕，烟味熏得我打了几个响喷嚏。

他是前两天从单位回到村子的，听人说是回家养病来的。我望着他，不敢走过去招呼。原因是他当过教师，我想当教师的人一定都很严厉。

他仿佛没有看见我，慢慢地抬起右臂，把手向阳光里伸去，手指上，捏着一朵野豆角花，仔仔细细地望，好象在望一个紫色的灯盏。

"小狗！过来呀！"他忽然回过头轻轻地喊我。

原来他已看见我了！我战战兢兢〔16〕走过去，发现他脸色十分平静，并没有责备的意思。我立刻又精神抖擞〔17〕起来，问："三叔，你看什么？"

"一朵小野花。"他又在凝神〔18〕望着这朵花，半晌〔19〕没有理会我。后来又突然转过头，问："你知道这朵花的名字吗？"

"野豆角花，谁不认识！"

他狡猾地一笑，又问："它有几个花瓣？几根花蕊？"

这种花开得满地都是，我玩时不知踩倒了多少，但从来没有仔细看过它。三叔提出的问题，我一句也答不上来。

"真是一个粗心大意的孩子！"他微微一笑，露出白亮亮的牙齿，忽然又叹息一声，"唉，谁又不是这样呢？"

他拉着我，坐在一根伐倒的树干上，把这朵花擎〔20〕在我的眼前，说："仔细看看，仔细看看，时间已经不多了！"

"什么？"我听见他的声音有点怪异，不由心里惊诧起来。

"时间不多了。"他又重复了一句。

什么时间不多了？我丝毫没有思考过这个问题，甚至觉得这也许又是一个神秘的谜语。

"好吧，不说这个问题了。你看这朵花，真是有意思透〔21〕了，它只有一个大花瓣，象一件紫色的外套披在外面；里边又有两片小花瓣，象衣服的领子，护着一个耳坠一样的小苞。这真是个有心计〔22〕的植物，它把花蕊藏在这个苞里，所以谁也没有见过，连蜜蜂也被它瞒过了。你用针尖将小苞挑破，才能看见这个害羞的家伙。它共有七根小花蕊，围绕着一个大花蕊。小花蕊数目不等，有的是九根，还有五根的都一律是米黄色……"

"你看得这么仔细！"我惊讶地叫了一声。

"我还看过它的叶子，每片叶子上有十二道叶脉，左右两边各六道……"

说到这里，他的眼睛闪射出一种异样的光辉，瘦瘦的脸颊上升起两朵红晕。我把这种花叶拿过来一数，果然一点不差。

"我还仔细看过香蒿，拉拉草，荠儿菜，蒲公英……它们的叶子和花都不一样，各有各的不为人知的秘密。可惜太迟了！"

"什么太迟了？"

"太迟了的太迟了。"

他又一声叹息，拖着怪异的声音。随后象谜一样朝森林深处走去。

我呆呆立了一会儿，忽然感到很乏味。这时学校放学的钟声响了，就慌忙向家里走去。

到了家门口，不由又恐惧起来，不知爸爸又会想出什么新方法来检验我的逃学。我于是把耳朵贴在门缝偷听他和妈妈的对话。

果然里面有很响的说话声。

"东头三弟回来了，你没有看他？"这是妈妈的声音。她说的"三弟"就是我在林子里遇见的三叔。

"我上午去了一趟，他不在家。"父亲说。

"他得的什么病？"

"癌症〔23〕。可怕呀，医生说他只有几个月的阳寿〔24〕了。让家里人别告诉他，但他不知怎么知道了！"

"唉，多可怜！呜……呜……"妈妈好象在哭。

我吃了一大惊。死！我第一次才活生生接触到这个概念。不由又想起那两个大得怕人的眼眶，瘦瘦的手指，浑身不由颤抖起来。

我轻轻推门进去，爸爸一句话也没有问我，只顾和妈妈在一旁议论这件事。

吃过饭后，我上学去了。后来一直几天也不敢到树林里去。啊，怪不得他把花花草草看得那么仔细，也怪不得他说："太迟了！"临死的人大概都很留恋这个世界，甚至留恋世上的一草一木，这是我小时发现的人生的一个很大的秘密。

星期日到了。我在村子里玩了整整一上午，觉得腻味〔25〕透了。我多么想念我的小树林啊！可是又不敢去，怕三叔又在里边。但越是害怕，越是想去。我慢慢向树林子走，心忐忑突突〔26〕，好象不是去玩耍，而是去探险似的。

下午的小树林静悄悄的，各种花儿，草儿，连那些爱吵闹的小山雀，也仿佛午睡了，一点儿声息也没有。

他果然又在里边，斜躺在一堆野草上，显出十分衰弱的样子。

"小狗，到我跟前来！"他朝我喊道。

听到喊声，我意识里忽然浮现出一个可怕的念头，好像他已是一个游魂〔27〕，便不由后退了几步。

他忽然站起来，走到我的身边，大大的眼睛闪烁着善良的微笑。我的恐惧一下子消失了。跟着他走到他刚才躺过的地方，坐了下来。忽然发现脚前的泥土上画满了各种各样奇怪的画儿，一座歪歪斜斜的的塔；一堆松松散散的书；一株弯弯扭扭的树。这些画儿下面画了三个圆圆的"○"，好象滚动的铁环。

"三叔，你画的是什么？"

"画的都是三叔。"

"这一点儿也不象你呀？"

"象，很象！"他凄然[28]一笑，指着塔说："我小时想做一个建筑师，但又讨厌建筑学上那些个复杂的公式，就放弃了。这一摞[29]书，是我第二个理想，想当一名著作等身[30]的作家，写了几篇稿子，寄出去被退回来了，我又灰心丧气，不干这伤脑筋的事儿了。这一棵树，是我第三个理想，想当一名生物学家，后来又觉得生命的起源、遗传[31]和变异[32]，蛋白质[33]的人工合成等问题竟是那么复杂和渺茫[34]，就又颓唐[35]了。第四个理想还没有建立，命运忽然对我说：'算了吧，你该回老家了！'"

"那些铁环是什么意思？"我悲伤地问。

"这是我一生的成绩：三个零。"

"那老师一定会批评你了。"

"没有老师来批评我的。"他微微一笑，又说，"只有这些树叶，小草，还有那朵紫豆角花，好象在批评我，说我以前太粗心大意了，太不了解它们了。"

我沉默了一会儿，又觉得这些话象谜语一样，很难猜。抬头望他，不知为什么，他眼眶里滴下几滴泪水。

这时，太阳快要西沉。透过林隙，我看见它象一个红色的车轮，就要滚进西边的山沟里去了。身边的三叔忽然喊道："太阳！"接着，两只枯瘦的手向前伸去，仿佛要捉住它似的。

"太阳能捉住吗？"我天真地问道。

"能！能呀！我以前老是忘记了去捉它，让它在我头顶溜走了几千次，几万次，我仍没有想到要捉住它！"

"太阳里有火，一定很烫手吧？"我说。

"是呵，有点烫手，还得费点力气。但它一捉到手，就变了，变成一个圆圆的金盘子。里边放满了五彩的宝石。太阳的光芒都是从这些五彩的宝石上放射出来的。所以才这么亮。"

他忽然俯下身，捏住我的脸蛋，好象在捏一块好玩的面团一样。

我疼得差点儿叫起来，他一点儿没有觉察到我的痛楚，口里喃喃地〔36〕说："这也是太阳？这也是太阳！"

我一下子站起身，逃跑了。

秋天又来到了山沟，小树林的叶子变得殷红殷红，好象里边藏着一个发出红光的太阳。

而那位三叔，象一位寻找太阳而不幸失败的夸父〔37〕，已经躺在病床上不能起来了。临死时，好多亲友都去探望他，我的父亲和母亲也去了。我没有去，我怕再看见他那张凄楚、苍白的脸。但他似乎没有忘记我，托父亲给我捎回一件临别的赠礼——三颗红色枸杞豆放在我的掌心，它也许是三叔留给我的最后一个谜语。但我这回把它猜出来了。

它是生命告终的句号！是三个遗憾的"○"！

但"○"也是一切事物的起点。

于是，我从这三个"○"出发，勤奋地去追寻一，二，三……以至更复杂、更艰深的学问。

当我成为植物学家后，爸爸认为这是他拳头惩罚的功劳。他的口头禅〔38〕是："猪羊怕杀，人怕打！"其实，他蛮横〔39〕的毒打只伤及我的皮肉，而真正征服我的，只是现实生活中那三颗象生命启示录〔40〕一样的枸杞豆。

译　　注

[1] 枸杞豆	gǒuqǐdòu	fruit de lycium
		the fruit of Chinese Wolfberry
		(lycium Chinese)
[2] 蚱蜢	zhàměng	criquet
		grasshopper

[3]	叶鞘	yèqiào	pétiole en forme de gaine
			leaf sheath
[4]	蹑手蹑足	nièshǒu-nièzú	marcher sur la pointe des pieds
			walk on tiptoe
[5]	笸筐	pǒkuāng	panier à ouvrage
			shallow basket
[6]	囚犯	qiúfàn	prisonnier
			prisoner
[7]	尖眼睛	jiān yǎnjing	regards perçants
			be sharp-eyed
[8]	撒谎	sāhuǎng	mentir
			tell a lie
[9]	乖乖地	guāiguāi de	obéissant
			obediently
[10]	怜悯	liánmǐn	avoir pitié
			take pity on
[11]	逡巡	qūnxún	hésiter à aller de l'avant
			hesitate to move forward
[12]	诱惑	yòuhuò	séduire; fasciner
			seduce
[13]	打埋伏	dǎ máifu	être en embuscade
			be in ambush
[14]	桑葚	sāngshèn	mûre
			mulberry
[15]	恍然大悟	huǎngrán-dàwù	voir clair subitement
			suddenly see the light
[16]	战战兢兢	zhànzhàn-jīngjīng	tremblant de peur
			trembling with fear
[17]	抖擞	dǒusǒu	ranimer (l'esprit)

brace up

[18] 凝神　　níngshén　　se concentrer
with fixed (concentrated)
 attention

[19] 半晌　　bànshǎng　　un bon moment
for a moment

[20] 擎　　　qíng　　élever
hold up

[21] 透　　　tòu　　ici: extrêmement
extremely

[22] 心计　　xīnjì　　ingénieux
scheming

[23] 癌症　　áizhèng　　cancer
cancer

[24] 阳寿　　yángshòu　　durée de la vie ici-bas
life-span

[25] 腻味　　nìwei　　ennuyé
be bored

[26] 忐忑突突　tǎntè tūtū　effrayé; inquiet
feel uneasy

[27] 游魂　　yóuhún　　âme errante; esprit
a spirit

[28] 凄然　　qīrán　　avec tristesse
bitterly

[29] 摞　　　luò　　une pile de
pile up

[30] 等身　　děngshēn　　de la même hauteur que soi-
même
as tall as oneself

[31] 遗传	yíchuán	hérédité
		heredity
[32] 变异	biànyì	variation
		variation
[33] 蛋白质	dànbáizhì	albumine
		protein
[34] 渺茫	miǎománg	infini; vague
		uncertain
[35] 颓唐	tuítáng	abattu; déprimé
		dejected
[36] 喃喃	nánnán	murmurer
		murmur
[37] 夸父	Kuāfù	personnage dans la mytho-logie chincise
		a person in ancient Chinese legendary story; pet phrase
[38] 口头禅	kǒutóuchán	expression favorite
[39] 蛮横	mánhèng	brutal et irraisonnable
		rude and unreasonable
[40] 启示录	qǐshìlù	révélation
		Revelations

陆文夫

当代作家。1928年生。江苏省泰兴县人。1948年中学毕业后，到苏北解放区参加工作，1949年随军到苏州，任新华社苏州分社采访员，《新苏州报》记者。1965年后，调苏州创作室从事专业创作。现为苏州市文联主席，中国作家协会副主席。他1955年开始发表作品。出版过短篇小说集《荣誉》、《二遇周泰》等。近年又发表短篇小说多篇，其中《献身》、《围墙》和《美食家》获全国优秀短、中篇小说奖。

围　　墙

这是一篇讽刺小说。某建筑设计所的围墙倒塌，吴所长召开会议研究重修方案，设计人员中各派高谈阔论，相持不下；行政科办事员马而立奔忙了两天两夜，使一面美观大方的围墙兀突而起，不料却犯了众怒。一直到这面围墙在城市建筑上的价值被确认之后，吴所长和各派人物才喜出望外，都来争当事后诸葛亮。小说以幽默笔调，对某些领导的官僚主义作风，对生活中落后的，有害的，荒谬的事物，给予了辛辣的讽刺和批判。

该文选自《一九八三年全国短篇小说佳作选》，上海文艺出版社，1984年版。

*　　　　*　　　　*

昨夜一场风雨，出了些许〔1〕小事：建筑设计所的围墙倒塌了！

这围墙要倒，也在人们的意料之中，因为它太老了。看样子，它的存在至少有百年以上的历史了，已几经〔2〕倒塌，几经修补。由于历次的修补都不彻底，这三十多公尺的围墙便高低不平，弯腰凸肚，随时都有倒塌的可能，何况昨夜的一场风雨！

围墙一倒，事情来了！人们觉得设计所突然变了样：象个老人昨天刚刚拔光了门牙，张开嘴来乌洞洞地没有关拦，眼睛鼻子都挪动了位置；象一个美丽的少妇突然变成了瘪〔3〕嘴老太婆，十分难看，十分别扭。仅仅是难看倒也罢了，问题是围墙倒了以后，这安静的办公室突然和大马路连成了片。马路上数不清的行人，潮涌似的车辆，都象是朝着办公室冲过来；好象是坐在办公室里看立体电影，深怕那汽车会从自己的头上辗过去！马路上的喧嚣缺少围墙的拦阻，便径直灌进这夏天必须敞开的窗户。人们讲话需要比平时提高三度，严肃的会议会被马路上的异常景象所扰乱，学习讨论也会离题万里，去闲聊某处发生的交通事故。人们心绪不宁，注意力分散，工作效率不高而且容易疲劳。一致要求：赶快把围墙修好！

第二天早晨，吴所长召开每日一次的碰头会〔4〕，简单地了解一下工作进程，交换一些事务性的意见。不用说，本次会议大家一坐下来便谈论围墙，说这围墙倒了以后很不是个滋味，每天上班时都有一种不正常的感觉，好象那年闹地震似的。有的说得更神，说他今天居然摸错了大门，看到满地砖头便以为是隔壁的建筑工地……

吴所长用圆珠笔敲敲桌面："好啦，现在我们就来研究一下围墙的问题。老实说，我早就知道围墙要倒，只是由于经费有限，才没有拆掉重修。现在果然倒了，也好。旧的不去新的不来，一百零八条好汉都是被逼到梁山上去的。嗯，造新的……"吴所长呷〔5〕了口水，"可这新的应该是什么样子呢？我对建筑是外行，可我总觉得原来的围墙和我们单位的性质不协调，就等于巧裁缝披了件破大褂〔6〕，而且没有钉钮扣。从原则上来讲，新围墙一定要新颖别致〔7〕，美观大方，达到内容和形式的统一。请大家踊跃发言。"

对于修围墙来说，吴所长的开场白过份郑重其事〔8〕了，也罗唆了一点。其实只需要讲一句话："大家看看，这围墙怎么修呀？"不能，设计所的工作不能简单化！一接触土木〔9〕，便会引起三派分歧：一派是"现代派"，这些人对现代的高层建筑有研究,有兴趣；一派是

"守旧派"，这些人对古典建筑难以忘怀；还有一派也说不准是什么派，他们承认既成事实，对一切变革都反对，往往表现为取消主义。吴所长自称对建筑是外行，但是他自认对建筑并不外行，他懂很多原则。比如经济实用，美观大方，有利生产，方便生活等等。如何把原则化为蓝图〔10〕，这不是他的事，但他也不能放弃领导，必须发动两派的人进行争议，在争议中各自拿出自己的设计方案，由吴所长根据原则取其精华，再交给取消主义者去统一。因为取消主义者有一大特点，当取消不了的时候便调和折衷，很能服众。此种化干戈〔11〕为玉帛〔12〕的领导艺术很深奥，开始时总显得拖沓犹豫，模棱两可，说话罗唆，最后却会使人感到是大智若愚，〔13〕，持重稳妥。修围墙虽说是件小事，但它也是建筑，而且是横在大门口的建筑，必须郑重一点，免遭非议。

也许是吴所长的开场白把瓶口封紧了，应该发言的两大派都暂时沉默，不愿过早地暴露火力。

吴所长也不着急，转向坐在角落里的一个年轻人领首〔14〕："后勤部长，你看呢？"

所谓后勤部长，便是行政科的马而立。照文学的原理来讲，描写一个人不一定要写他的脸；可这马而立的脸却不能不写，因为他这些年来就吃亏在一张脸！

马而立的脸生得并不丑怪，也不阴险，简直称得起是美丽的！椭圆形，很丰满，白里透红，一笑两个酒涡，乌亮的大眼睛尤其显得灵活，够美的了吧？如果长在女人的身上，够她一辈子受用的。可惜的是这张脸填错了性别，竟然长在男子汉马而立的身上，使一个三十七岁、非常干练的办事员，却有着一张不那么令人放心的娃娃脸！据说他在情场中是个胜利者，在另一种事关紧要的场合中却老是吃亏。某些领导人见到他就疑虑，怕他吃不起苦，怕他办事不稳。这两怕也是有根据的：

马而立整天衣冠楚楚〔15〕，即使是到郊区去植树，他也不穿球鞋，不穿布鞋，活没有少干，身上却不见泥污。这就使人觉得形迹可疑，可能是在哪里磨洋工[16]的！如果他整天穿一身工作服、劳动布鞋、军用球鞋、麻耳草鞋等等在人前走来走去，那就另有一种效果："这人老诚持重，艰苦朴素。"即使工作平平，也会另有评语："能力有大小，主要是看工作态度。""态度"二字含义不明，形态和风度的因素也不能排除。

担心马而立办事不稳也有根据，因为稳妥往往是缓慢的同义语。这马而立却显得过分地灵活：灵活得象自行车的轮盘一拨便能飞转：

"小马（人家都这样叫他），窗户上的玻璃打碎了两块，想想办法吧。"

"好，马上解决！"

上午刚说过，下午那新玻璃便装上了，这使人忍不住要用手指去戳戳，看看是不是糊的玻璃纸。因为目前买人参并不困难，买窗户玻璃却是一件很不容易的事；即使碰巧买到，又怎么能马上就请到装玻璃的工人，钉得四平八稳，还用油灰抹了缝隙……不好，隔壁正在造大楼，这油头粉面[17]的家伙是不是乘人家吃饭的时候去……

当然，一切误解迟早总会消失的，可是需要用时间来作代价。马而立以前在房管局当办事员，第一年大家都对他存有戒心，深怕这个眼尖手快的人会出点什纰漏[18]。第二年发现他很能干，但是得抓得紧点，能干的人往往会豁边[19]，这似乎也是规律。第三年上下一致叫好，把各式各样的事情都压到他的头上去！第四年所有的领导都认为马而立早就应该当个副科长，工资也应加一级。可惜那副科长的位置已经挤满了，加薪的机会也过去了两年。喏，在这种性命交关的地方马而立便吃了大亏，都怨那张娃娃脸！

房管局的老局长是个心地善良的人，他不肯亏待下级。眼看马而立在本机关难以提拔，便忍痛割爱，向吴所长推荐，说马而立如何如何能干，当个行政科长决无问题。

吴所长答应了。但一见到马而立便犯疑："这样的人能吃苦耐劳吗？办事妥稳吗？"倒霉的马而立又开始了第二道轮回……

吴所长所以要马而立发言，一方面是想引出大家的话来，一方面也想试试马而立的功底〔20〕，看看他知不知世事的深浅，所以对着马而立微微颔首："后勤部长，你看呢？"

马而立果然不知深浅，他凭着在房管局的工作经验和人事关系，把砖头、石灰、人工略加考虑："没问题，一个星期之内保证修得好好的！"

吴所长"噢"了一声，凭他的经验可以看得出马而立头脑中的东西，"你不能光想砖头石灰呀，要想想这围墙的式样对我们单位的性质有什么意义？"

"意义"二字把人们的话匣子打开了，大家都来谈论围墙的意义，其用意却都在围墙以外。

果然，对古典建筑颇〔21〕有研究的黄达泉接茬儿了。这老头有点天真，他的话是用不着猜摸的："这个问题我早就提过多次了，可惜没有能引起某些人的注意……这次围墙的倒塌，对我们是一个深刻的教训。在我们过去的设计中，都没有对围墙引起足够的重视，没有想到区区〔22〕的一堵围墙竟能造成动与静的差别，造成安全感和统一的局面。现在看起来围墙不仅有实用价值，而且富有装饰的意味，它对形成建筑群落〔23〕特有的风格有着非常重大的意义。吴所长说得对，这是内容和形式如何统一的问题！"

这番话听起来好象是对领导意图的领会，其实是有的放矢〔24〕，他先把矢引出来，再让别人放出去；他有自己的倾向，但又不愿卷进去。他的话一出口，人们的目光便悄悄地向东一移。

东面的长沙发上，坐着属于"现代派"的朱舟，他双手捧着茶杯，注目凝神，正在洗耳恭听〔25〕。

黄达泉接着滔滔不绝地说："……从传统的建筑艺术来看，我们的祖先很了解围墙的妙用，光是那墙的名称就有十多种。有花墙、粉墙、水磨青砖墙；高墙、短墙、百步墙；云墙、龙墙、漏窗墙、风火墙、照壁墙……各种墙都有它的实用价值和艺术价值。其中尤以漏窗墙最为奇妙，它不仅能造成动与静的差别，而且能使得动中有静，静中有动；能使人身有阻而目不穷！可以这样说，没有围墙就形不成建筑群落。深院必有高墙，没有高墙哪来的深院？你看那个大观园〔26〕……"黄达泉讲得兴起，无意之中扯上了大观园。

坐在长沙发上的朱舟把茶杯一放，立即从大观园入手："请注意，我们现在没有修建大观园的任务。如果将来要修复圆明园〔27〕的话，老黄的意见也许可以考虑，但也只能考虑一小部分，因为圆明园的风格和大观园是不相同的。我们考虑问题都要从实际出发，古典建筑虽然很有浪漫主义的色彩，还可以引起人们对我们古代文化的尊敬与怀念，但在实际工作中是行不通的。我们的当务之急〔28〕是修建五层楼或六层楼，我不能理解，即使是十米高的围墙，对六层楼来讲又有什么意义？"

"有！"误入大观园的黄达泉折回来了，他对现代建筑也不是无知的，"即使是六层高的楼房，也应该有围墙。因为除掉四五六之外还有一二三，围墙的作用主要是针对一二两层而言的。四五六的动静差是利用空间，一二两层的动静差是利用围墙来造成一种感觉上的距离。"

双方的阵势摆开了，接下来的争论就没有长篇大套，而是三言两语，短兵相接：

"请你说明一下，围墙和建筑物的距离是多少，城市里有没有那么多的地皮？"

"如果把围墙造在靠窗口，怎么通风采光呢？"

"造漏窗墙。"

"漏窗墙是静中有动呀，你这不是自相矛盾吗？"

"它在动中还有静呢，这句话你没有听见！"

"慢慢，请你计算一下这漏窗墙的工本费！"说话的人立即从腰眼〔29〕里拔出电子计算机。

吴所长立即用圆珠笔敲敲桌面："别扯得太远了，主要是讨论如何修围墙的问题。"

朱舟不肯罢休，他认为"守旧派"已经无路可走了，必须乘胜追击："没有扯得太远，这关系到我们应该造一堵什么样的围墙，要不

376

要造漏窗！"

　　吴所长掌握会议是很有经验的，决不会让某个人随意地不受羁绊〔30〕，他立即向朱舟提出反问："依你看应该造一堵什么样的围墙？具体点。"

　　"具体点说……"朱舟有点措手不及了，因为具体的意见他还没有想过，只是为了争论才卷进来的，"具体点说……从我们的具体情况来看，这围墙的作用主要是两个。一是为了和闹市隔开，一是为了保卫工作。机关里晚上没有人，只有个洪老头睡在传达室里，他的年纪……"朱舟尽量地绕圈子，他知道，意见越具体越容易遭受攻击，而且没有辩白和逃遁〔31〕的余地。

　　黄达泉知道朱舟的难处，看看表，步步紧逼："时间快到啦，抛砖引玉〔32〕吧。"

　　"具体点说，这围墙要造得高大牢固。"朱舟不得已，把自己的意见说出来了。可这意见也不太具体，多大、多高、用什么材料，他都没有涉及。

　　黄达泉太性急，见到水花便投叉："如此说来要用钢骨水泥造一道八米高的围墙，上面再拉上电网，让我们大家都尝尝集中营〔33〕的滋味！"

　　"那就把我们的风格破坏无遗了，人家会望而却步。以为我们的设计所是个军火仓库！"有人附和。

　　朱舟生气了："我又没有讲要造集中营式的围墙，钢骨水泥和电网都是你们加上去的。真是，怎么能这样来讨论问题！"朱舟抬起了眼睛，争取道义上的支持。接着又说："高大牢固是对的，如果要讲风格的话，我们这里本来就应该有一座高大厚实的围墙，墙顶上还须栽着尖角玻璃或铁刺，以防不肖之徒〔34〕翻墙越户。"

　　"栽尖角玻璃是土财主的愚蠢，它等于告诉小偷：你可以从围墙上往里爬，只是爬的时候要当心玻璃划破手！"黄达泉反唇相讥。

　　一句话把大家都说得笑起来了，会场上的气氛也轻松了一点。

　　身处两派之外的何如锦，坐在那里一直没有发言。争论激烈的时候他不参加，事态平和之后便来了："依我看嘛，各位的争论都是多余的。如果这围墙没有倒的话，谁也不会想到要在上面安漏窗，栽玻璃，都觉得它的存在很合适，很自然。现在倒了，可那砖头瓦片一块也没有少，最合理的办法就是把塌下来的再垒上去，何必大兴土木，浪费钱财！我们的行政经费也不多，节约为先，这在围墙的历史上也是有先例可循的。"

这番话如果是说在会议的开头，肯定会引起纷争。现在的时机正好，大家争得头昏脑涨，谁也拿不出可以通过的具体方案。听何如锦这么一说，好象突然发现了真理：是呀，如果围墙不倒的话，根本就没有事儿。倒了便扶起来，天经地义，没有什么可争的。两派的人点头而笑，好象刚刚是发生了一场不必要的误会。

吴所长向何如锦白了一眼，他不同意这种取消主义。他的原则是要修一道新颖而别致的围墙，为设计所增添光辉。会议的时间已到，再谈下去也很难有具体的结果，只好先搁一搁再说："好吧，关于围墙今天先谈这些，大家再考虑考虑。围墙是设计所的外貌，人不可貌相，太丑了也是不行的。请 大 家 多 发 挥 想 象 力，修得别致点。散会！"

吴所长的话又使得两派的人苏 醒 过 来 了，觉得何如锦的话等于零，说和不说是一样的。他们不让何如锦轻松，追到走廊上对他抨击：

"你老兄的话听起来很高妙，其实是无所作为。"

"按照你的逻辑：设计所可以撤消。存在的都是合理的，还设计个屁！"

吴所长倾听着远去的人声，微笑着，摇摇头。回过头来一看，那马而立还坐在门角落里！

吴所长奇怪了："怎么啦，还有什么事吗？"

"没……没有其它的事，我想问一下，这围墙到底怎么修啊！"马而立站起来了，一双大眼睛睁得更大了一点。

吴所长笑了。他是过来人，年轻的时候也是这么活泼鲜跳的，心里搁着一件事，就象身上爬了个虱子，痒痒得难受，恨不得马上就脱

378

光膀子。其实大可不必，心急吃不了热粥，你不让虱子叮，就得被蛇咬，脱光了膀子是会伤风的，这是经验！这种经验不便于对马而立讲，对年轻人应该从积极的方面多加鼓励："到底怎么修嘛，这就看你的了。我已经提出了原则，同志们也提供了许多很好的意见，你可以根据这些意见来确定一个方案。修围墙是行政科的职责范围，要以你为主呢！"吴所长拍拍马而立的肩膀，"好好干，你年富力强〔35〕，大有作为！"

马而立对所谓方案不大熟悉，不知道从方案到行动有多长的距离。听到"以你为主"便欢喜不迭，觉得这是吴所长对自己的信任，一开始就没有对他的娃娃脸产生误会。士为知己者用〔36〕，今后要更加积极点。

马而立不积极已经够快的了，一积极更加了不的〔37〕。不过，这一次他也郑重其事，先坐在办公室里点支烟，把自己的行动考虑一遍，一支烟还没抽完，便登起自行车直奔房屋修建站而去……

房屋修建站的房屋非常破旧，使人一看觉得有许多房屋亟待〔38〕修理，他们的内容和形式倒是统一的。

马而立的速度快得可以，当他赶到的时候，修建站的碰头会刚散，站长、技术员和几个作业组长刚刚走到石灰池的旁边。马而立进门也没有下车，老远便举起一只手来大喊："同志们，等一等！"

人们回过头来时，马而立已经到了身边。

"啊，是你！"

马而立在房管局工作过五年，和修建站的人都很熟悉。不知道是什么原故，他的娃娃脸在基层单位很受欢迎，人家都把他当作一个活泼能干的小兄弟。

马而立跳下车来直喘气："可被我抓住了，否则又要拖一天。"

"小马啊，听说你高升了，恭喜恭喜。"

马而立撸了一下额头上的汗："少恭喜几句吧，有这点意思就帮我办点儿事体。"说着便掏出烟来散，"喂喂，坐下来谈谈，这事情也不是三言两语说得清的。"为了稳住大家，马而立首先在旧砖头上坐下，百忙之中还没有忘记衣服的整洁，用块手帕蒙在旧砖上面。

技术员坐下来了，站长蹲在马而立的面前，几个作业组长站在旁边抽烟。

站长笑嘻嘻地看着马而立："什么大事呀，把你急的！"

"事情也不大，我们设计所的围墙倒啦！"

"就这么大的个事呀，回去吧，给你修就是了。"站长站起身来，修围墙对他来说确实算不了一回事。

马而立一把拉住站长的裤腿："叫你坐下你就坐下。听我说，修这座围墙并不是容易的事，领导上把任务交给我，要我拿主意。我有什么能耐呀，全靠各位撑腰〔39〕呢！"接着便把围墙之争详细地说了一遍。

站长搔头了："这事儿不好办，我们只能负责砌砖头。"

技术员笑笑："是呀，设计所不能砌一般的围墙，这是个招牌问题。"

马而立立刻钉住技术员不放，他知道这位技术员肚子里的货色多，很快就要提升为助理工程师："对对，老兄，这事儿无论如何要请你帮忙。下次再有什么跑腿的事儿，一个电话，保证十五分钟之内便赶到你府上。"马而立的话是有所指的，去年技术员的老婆得急病，是马而立弄了辆车子把她送到医院里。

技术员高兴地捅了马而立一拳："去你的，谁叫你跑腿谁倒霉。何况这事情跟弄车子也不同，你们那里的菩萨〔40〕难敬，讨论了半天也摸不着个边儿。"

马而立翻睐〔41〕着眼睛："不能这样说，边儿还是有的。"他的头脑确实灵活，善于把纠缠着的东西理出个头绪，"综合他们的意见有几条：一是要修得牢。"

"那当然，总不会今天修好明天倒！"技术员拿起瓦碴〔42〕在地上画线了，他是个讲究实效的人，善于把各种要求落实到图纸上面。厚度、长度、每隔五米一个墙垛，够牢的。

"二是要造得高，但也不能高得象集中营似的。"

"围墙的高度一般的是一人一手加一尺，再高也没有必要了。"技术员写了个 2 字，高两米。

"三要安上个漏窗什么的，好看，透气。"

技术员摇摇头，拈着瓦碴画不下去："难了，两米以上再加漏窗就太高了，头轻脚重也不好看、砌在两米以下又不能隔断马路上的噪音，还会惹得过路的人向里面伸头探脑的，难！"

马而立挥挥手："好，先把这一难放在旁边。四是要能防止小偷爬墙头，但又不能在墙顶上栽玻璃。"

"又难！"

"好，再放到一边。第五个要求是节约，少花钱。"马而立拍拍屁股底下的旧砖头，"喏，这个难题由我来解决，把你们拆下来的旧砖头卖给我，多多少少算几文，除垃圾还要付搬运费哩！"

人们都笑了，堆在这里的旧砖都是好青砖，哪里有什么垃圾。

站长摇摇头："机灵鬼，便宜的事儿都少不了你！"

技术员还在那里考虑难题："怎么，还有几条？"

"总的一条是要修得新颖别致。"

"那当然……"技术员用瓦碴子敲敲地皮，"最困难的是漏窗，安在哪里……"

一个作业组长讲话了："不能安空心琉璃砖吗？我们去年从旧房子上拆下来一大堆，一直堆在那里。"作业组长向西一指，"喏，再不处理就会全部碰碎！"

技术员把头一拍："妙极了，一米七五以上安空心琉璃砖，又当漏窗又不高，颜色也鲜。老王，你去搬一块给小马看看，中意〔43〕不中意。"

老王搬过一块来了，这是一种尺五见方的陶制品，中间是漏空的图案，上了宝蓝色的釉，可以根据需要砌成大小长短不等的漏空窗户，在比较古老的建筑中，大都是用在内院的围墙上面。

马而立看了当然满意。这样的好东西到哪里去觅〔44〕？可是还得问一句："我们先小人后君子，这玩艺算多少钱一块，太贵了我们也用不起。"

"八毛一块，怎么样，等于送给你！"

马而立把大腿一拍："够意思，来来，再抽支烟。"

技术员摇摇手："别散烟了，你的几个难题都解决了。"

马而立把烟向技术员的手里一塞："怎么，你想溜啦，还有怎么防小偷呢！"

技术员哈哈地笑起来："老弟，这个问题是要靠看门的老头儿解决的。"

马而立不肯撒手："人和墙是两码事，你不要跟我玩滑稽！"

"好好，我不玩滑稽，站长，你来玩吧，你家前年被偷过的。"

站长对防偷还真有点研究："小马，你知道小偷爬墙最怕什么吗？"

"谁知道，我又没有偷过。"

"他们最怕的是响声，如果在墙上加个小屋顶，铺瓦片，做屋脊，两边都有出檐，小偷一爬，那瓦片哗啦啦地掉下来，吓得他屁滚尿流！"

"哎呀，这比栽尖角玻璃管用，现在的小偷都是带手套的！"

技术员从审美的角度出发："对，平顶围墙也难看，应该戴顶帽子，斗笠〔45〕式的。"他把地皮上的草图全部踏平，拿起瓦碴来把整个的围墙重新画了一遍，加上一个小屋顶，那屋脊是弧形的。画完了把瓦碴子一扔，"小马，这座围墙如果得不到满堂采〔46〕的话，你可以把我的名字倒写在围墙上，再打上两个叉叉。"

人们围着草图左看右看，一致称赞。

马而立也是满心欢喜，但是眼下还顾不上得意。他干事喜欢一口气到底，配玻璃还忘不了买油灰泥，造围墙怎么能停留在图纸上面："喂，不要王婆卖瓜〔47〕啦，造起来再看吧，什么时候动手？"

站长盘算了半响〔48〕，又向作业组长们问了几个工区的情况，"这样吧，给你挤一挤，插在十五天之后。"

马而立跳起来了，收起砖头上的手帕擦擦手："那怎么行呢？我已经在会上作了保证，一个星期之内要修得好好的！"

站长唉了一声："喏，这就难怪人家说你办事不稳了，修建站轧扁头的情况你也不是不了解，怎么能做这样的保证呢！"

"了解，太了解了！老实说，如果了解不透的话，还不敢保证呐。怎么样，你有没有办法安排？"马而立向前跨了一步，好象要把站长逼到石灰池里去。

站长还是摇头："没有办法，来不及。"

"好，你没有办法我就来安排了。先宽限你们三天，星期六的晚上动手。你们出一辆卡车把材料装过来，把碎砖运出去，派十几个小工清理好墙基。星期天多派几个好手，包括你们各位老手在内，从早干到晚，什么时候完工什么时候歇手。加班工资，夜餐费照报，这香烟嘛——没关系，我马而立三五包香烟还是请得起的！"

"啊哈，你这是叫我们加班加点！"

"怎么样，你们没有加过吗？难道还要我马而立办酒席！"

"那……那是交情帐，半公半私的。"站长只好承认了。

"我们是大公无私，只求大家给我一点面子。"马而立叹气了，"唉，我这人是死要面子活受罪。人家都怕我办事不稳，可我偏偏又喜欢性急。现在到了一个新的工作单位，如果第一次下保证就做黄牛的话，以后还有谁敢相信我，帮帮忙吧，各位。"马而立开始恳求了，办事人员经常要求爷爷拜奶奶，那样子也是怪可怜的。

作业组长先拍胸脯："没问题，我们包了！"

"祝你一帆风顺，马而立！"

十分细小而又复杂的围墙问题就这样定下来了，前后只花了大约半个钟头。

到了星期六的晚上，设计所的人们早就下班走光了。设计所门前拉起了临时电线，四只两百支光的灯泡把马路都照得灼亮。人来了，车来了，砖瓦、石灰、琉璃砖装过来；垃圾、碎砖运出去。足足花了四个钟头，做好了施工前的一切准备。星期天的清早便开始砌墙，站长、组长个个动手。那技术员慎重对待，步步不离；在设计所的门前砌围墙，等于在关老爷〔49〕的面前耍大刀，没有两下子是不行的。他左看右看，远看近看，爬到办公室的楼上往下看，从各个角度来最后确定围墙的高低，确定琉璃砖放在什么地位，使得这座围墙和原有的建筑物协调，不管从哪个角度看上去都很适意。

星期天机关里没人，马而立忙得飞飞，还拉住看门的洪老头做帮手。泡茶，敬烟，寻找各色小物件：元钉、铅丝、棉纱线；必要时还得飞车直奔杂货店。这里也喊小马，那里也喊小马，这小马也真是小马，谁喊便蹦到谁面前。

砌墙的速度是惊人的，人们追赶叫喊，热火朝天，惹得过路的人都很惊奇：

"这肯定是给私人造房子！"

"不，他们是在技术考试，真家伙，要定级的！"

砌墙比较方便，如果是用新砖的话，速度还会更快点。等到砌琉璃砖和小屋顶就难了，特别是屋顶，细活儿，又不能把所有的人都拉上去。小瓦片得一垄一垄地摆，尺把长就得做瓦头，摆眉瓦，摆滴水。本来预计是完工以后吃夜餐，结果是电灯直亮到十一点。

马而立打躬作揖，千谢万谢，把人们一一送上卡车，然后再收起电线，拾掇零碎，清扫地皮，不觉得疲劳，很有点得意，忍不住跑到马路的对面把这杰作再细细地欣赏一遍。

夜色中看这堵围墙，十分奇妙，颇有点诗意。白墙、黑瓦、宝蓝色的漏窗泛出晶莹的光辉，里面的灯光从漏窗中透出来，那光线也变得绿莹莹的。轻风吹来，树枝摇曳，灯光闪烁变幻，好象有一个童话般的世界深藏在围墙的里面。抬起头来从墙顶往里看，可以看到主建筑的黑色屋顶翘在夜空里，围墙也变得不象墙了，它带着和主建筑相似的风格进入了整体结构。附近的马路也变样了，好象是到了什么风景区或文化宫的入口。马而立越看越美，觉得这是他有生以来办得最完美的一件大事体！他也不想回家了，便在楼上会议室里的长沙发上睡了下去。他已经两天两夜没有好好休息了，这一觉睡得很沉，很甜……

太阳升高了，一片阳光从东窗里射进来，照着马而立的娃娃脸。那脸上有恬静〔50〕的微笑，浅浅的酒窝，天真的稚气，挺好看的。他睡得太沉了，院子里的惊叹、嘈杂、议论纷纭等等都没有听见。

星期一早晨，上班的人们都被兀突而起的围墙惊呆了，虽然人人都希望围墙赶快修好，如今却快得叫人毫无思想准备。如果工程是在人们的眼皮子底下进行，今天加一尺，明天高五寸，人来人往，满地乱砖泥水，最后工程结束时人们也会跟着舒口气，觉得这乱糟糟的局面总算有了了结。不管围墙的式样如何，看起来总是眼目一新，事了心平。如今是眼睛一眨，老母鸡变鸭，这围墙好象是夜间从什么地方偷来的，不习惯，太扎眼。大多数人把眼睛眨眨也就习惯了，谁都看得出，这围墙比原来的好，比没有更好。可也有一部分人左看右看都不踏实，虽然提不出什么褒贬，总觉得有点"那个"……"那个"是什么，他们也没有好好地想，更说不清楚，要等待权威人士来评定。如果吴所长说一声"好"，多数的"那个"也就不"那个"了，少数善于领会的"那个"还会把它说得好上天去哩！

吴所长也站在人群中看，始终不发表意见。他觉得这围墙似乎在自己的想象之中，又好象在想象之外，想象中似有似无。说有，因为他觉得这围墙也很别致；说无，因为他觉得想象之中的别致又不是这种样子。当人们征求他对围墙的意见时，他只是轻轻地说了一声："哎，没想到马而立的手脚这么快！"

"是呀，冒失鬼〔51〕办事，也不征求征求群众的意见！"有人立即附和了，首先感到这围墙之事没有征求过他的意见，实在有点"那个"……

被征求过意见的三派人也很不满，觉得这围墙吸收正确的意见太少，好好的事儿都被那些歪门斜道弄糟了！他们都站在围墙的下面指指点点，纷纷评议，意见具体深刻，还富有幽默的意味：

"这围墙好看呐，中不中西不西，穿西装戴顶瓜皮帽，脖子里还缠条绿围巾呐，这身打扮是哪个朝代的？还有没有一点儿现代的气息！"朱舟讲评完了向众人巡视一眼，寻找附和的。

"是呀，围墙是座墙，要造个大屋顶干什么呢？"有点"那个"的人开始明确了，这围墙所以看起来不顺眼，都是那个小屋顶造的，忍不住要把小的说成大的，以便和五十年代曾被批判过的大屋顶挂上钩。其实这小屋顶也算不了屋顶，只是形状象个屋顶而已。

朱舟十分得意，特地跑到围墙下面，伸出手来量量高度，摸摸那凸出墙外的砖柱。觉得高度和牢度都符合他的心意，就是这漏窗和小屋顶太不象样，都是守旧派造成的！他回过头来喊黄达泉："老黄，这下子你该满意了吧，完全是古典风味！"

黄达泉摇摇头："从何谈起，从何谈起，他对我的精神没有完全领会。屋脊也不应该是一条平线嘛，太单调啦，可以在当中造两个方如意〔52〕，又有变化，又不华丽。为什么要造这么高呢……老朱，你站在那里不要动，拍张照片，叫插翅难飞！"

"是呀，太高啦。"

"两头还应该造尖角，翘翘的。"

"琉璃砖也安得少了点。"

所有感到有点"那个"的人都把围墙的缺点找出来了，他们的批判能力总是大于创造能力。

何如锦没有对围墙发表具体的意见，却从另外一个角度提出了一个易犯众怒的问题：

"这围墙嘛，好不好暂且不去管它。我是说这样做是否符合节约的原则？那小屋顶要花多少人工，那琉璃砖一块要多少钱！我担心这会把我们的行政经费都花光，本季度的节约奖每人只发两毛钱！"

何如锦的话引起了人们的一点儿激动：

"可不是嘛，修座围墙就是了，还在墙顶上绣花边！"

"这就是……"说话的人向四面看了一下，没见马而立在场，"这就是马而立的作风，那人大手大脚，看样子就是个大少爷，花钱如流水！"

"吴所长，是你叫他这么修的吗？"

吴所长连忙摇手："不不，我只是叫他考虑考虑，想不到他会先斩后奏〔53〕。马而立……"吴所长叫唤了，可那马而立还睡在沙发上，没有听见。

"洪老头，你看见马而立来上班没有？"有人帮着寻找马而立了，要对这个罪魁祸首当场质疑。

看门的洪老头火气很大："别鬼叫鬼喊的啦，人家两天两夜没有休息，象你！"洪老头对那些轻巧话很反感，他偏袒小马，因为他见到马而立在修围墙时马不停蹄，衣衫湿透，那不是每个人都能做到的。他坐在大门口也听到许多路人的议论，都说这围墙很美。他自己对围墙还有更深一层的喜爱，从今以后可以安心睡觉，如果有小偷爬墙的话，那檐瓦会哗啦啦地掉下几片！

吴所长皱着眉头，挥挥手，叫大家各自办公去，同时招呼老朱、老黄、老何等上楼去开碰头会。

朱舟把会议室的门一推，却发现马而立好端端地睡在沙发里："唉呀，到处找你找不着，原来在这里呼呼大睡，起来！"

马而立揉着眼睛爬起来了，睡意未消，朦朦胧胧地挨了一顿批……

还好，批评的意见虽然很多，却没有人提出重拆重修。围墙安然无恙，稳度夏秋。小草在墙脚下长起来了，藤萝又开始爬上墙去。

这年冬天，设计所作东道主〔54〕，召开建筑学年会，邀请了几位外地的学者、专家出席。因为人数不多，会场便在计划所楼下的会议室里。几位专家一进门便被这堵围墙吸引住了，左看右看，赞不绝口。会议开始后便以围墙作话题，说这围墙回答了城市建筑中的一个重大问题！目前的城市建筑太单调，都是火柴盒式的标准设计，没有变化，没有装饰，没有我们民族的特有风格；但是也有些地方盲目复古〔55〕，飞檐翘角，雕梁画栋，把宾馆修得象庙堂似的。这围墙好就好在既有民族风格，又不盲目复古，经济实用，又和原有建筑物的风格统一。希望建筑设计所的同志们好好地考虑一下，作一个学术性的总结。

设计所的到会者都喜出望外，想不到金凤凰又出在鸡窝里！

吴所长考虑了："这主要是指导思想明确，一开始便提出了明确的要求，同时发动群众进行充分的讨论……"

朱舟也考虑了："是嘛，围墙的实用价值是不可忽视的。我一开始便主张造得高一些，牢一点……"

黄达泉简直有些得意了："如果不是我据理力争的话，这围墙还不知道会造成什么鬼样哩！搞建筑的人决不能数典忘祖〔56〕，我们的祖先很早就懂得围墙的妙用，光那名称就有几十种……"黄达泉考虑，这一段话应该写在总结的开头，作为序言。

何如锦曾经有过一刹那时间的不愉快，马上就觉得自己也有很大的贡献，如果不是他坚持节约的话，马而立就不会去找旧砖瓦，不找旧砖瓦就找不到琉璃砖，没有琉璃砖这围墙就会毫无生气，简直不象个东西！

马而立没有参加会议，只是在会场中进进出出，忙得飞飞，忙着端正桌椅，送茶送水。他考虑到会场里很冷，不知道又从什么地方弄来四只熊熊的炭火盆，放在四个角落里，使得房间里顿时温暖如春，人人舒展……

译　　注

[1]	些许	xiēxǔ	un petit peu de some; a few
[2]	几经	jǐjīng	à plusieurs reprises many times
[3]	瘪	biě	creux shrivelled
[4]	碰头会	pèngtóu huì	rencontre brief meeting
[5]	呷	xiā	boire

388

		sip
[6] 大褂	dàguàr	robe
		robe
[7] 别致	biézhì	original
		unique
[8] 郑重其事	zhèngzhòngqíshì	formel
		formal
[9] 土木	tǔmù	ici: construction
		construction
[10] 蓝图	lántú	plan
		blueprint
[11] 干戈	gāngē	ici: hostilité
		weapons (hostility)
[12] 玉帛	yùbó	ici: amitié
		jade objects and silk fabrics (friendship)
[13] 大智若愚	dàzhì-ruòyú	celui qui est d'une grande intelligence
		intelligence est comme un sot.
		a man of great wisdom often appears slow-witted
[14] 颔首	hànshǒu	acquiescer d'un signe de tête
		appears slow-witted
		nod
[15] 衣冠楚楚	yīguān-chǔchǔ	avoir une tenue recherchée
		be immaculately dressed
[16] 磨洋工	mó yánggōng	grève perlée
		loaf on the job

[17] 油头粉面　yóutóu fěnmiàn　coquet

sleek-haired and creamy-
faced — dandified in ap-
pearance

[18] 纰漏　pīlòu　erreur

careless mistake

[19] 豁边　huōbiānr　faire des erreurs

make mistakes

[20] 功底　gōngdi　compétence

basic skills

[21] 颇　pō　très

quite, rather

[22] 区区　qūqū　sans importance

trivial

[23] 建筑群落　jiànzhù qúnluò　grand ensemble

a complex

[24] 有的放矢　yǒudì-fàngshǐ　agir dans un objectif précis

shoot the arrow at the target
— have a definite object
in view

[25] 洗耳恭听　xǐ'ěr-gōngtīng　écouter attentivement

listen with respectful atten-
tion

[26] 大观园　Dàguānyuán　jardin de grande envergure

décrit dans le roman «Le
Rêve dans le Pavillon
Rouge»

Garden of Grand View in
Chinese novel ("A Dream

of the Red Mansions")

[27] 圆明园　　Yuánmíngyuán　　Le Jardin de la Perfection et
de la clarté
an imperial garden built in
the Qing Dynasty

[28] 当务之急　　dāngwùzhījí　　tâche des plus urgentes
a pressing matter of the
moment

[29] 腰眼　　yāoyǎnr　　poche
pocket

[30] 羁绊　　jībàn　　entrave; gêne
refrain

[31] 逃遁　　táodùn　　s'enfuir
escape

[32] 抛砖引玉　　pāozhuān-yǐnyù　　montrer un morceau de brique
pour inciter les autres à
sortir leur jade: débiter
quelques banalités pour faire
jaillir des idées brillantes
cast a brick to attract jade
— offer a few commonplace
remarks by way of in-
troduction so that others
may come up with valuable
opinions

[33] 集中营　　jízhōngyíng　　camp de concentration
concentration camp

[34] 不肖之徒　　bùxiāozhītú　　malfaiteur
bad person

[35]	年富力强	niánfù-lìqiáng	dans la force de l'âge
			in the prime of life
[36]	士为知己者用	shì wéi zhījǐ zhě yòng	un brave doit servir ses intimes
			be loyal to one's friends
[37]	了不的	liǎobùde	formidable
			terrific
[38]	亟待	jídài	avoir un besoin urgent
			urgently need
[39]	撑腰	chēngyāo	soutenir
			support
[40]	菩萨	púsà	Bodhisattva
			Bodhisattva
[41]	翻睐着	fānlùzhe	rouler (les yeux)
			roll (one's eyes)
[42]	瓦碴	wǎchár	une pièce de tuile cassée
			a piece of broken tile
[43]	中意	zhòngyì	satisfait
			satisfied
[44]	觅	mì	chercher
			look for
[45]	斗笠	dǒulì	chapeau de bambou
			bamboo hat
[46]	满堂采	mǎntángcǎi	applaudir
			applause
[47]	王婆卖瓜	Wángpó mài guā	Grand-mère Wang vend des melons et exagère la qualité

de sa marchandise: se vanter

Aunt Wang selling melons praises her own goods — praise one's own work or wares

[48]	半晌	bànshǎng	un bon moment
			quite a while
[49]	关老爷	Guān lǎoye	général Guan
			General Guan, an ancient Chinese warrior
[50]	恬静	tiánjìng	calme
			quiet
[51]	冒失鬼	màoshiguǐ	un étourdi
			harumscarum
[52]	如意	rúyì	talisman qui doit assurer la réalisation des désirs, symbole de bonne chance.
			an S-shaped ornamental object, usu. made of jade, formerly a symbol of good luck
[53]	先斩后奏	xiānzhǎn-hòuzòu	ici: agir d'abord, rapporter ensuite
			execute the criminal first and report to the emperor afterwards — act first and report afterwards
[54]	东道主	dōngdàozhǔ	maître
			host
[55]	复古	fùgǔ	restaurer l'ancienneté

[56] 数典忘祖　　shǔdiǎn-wàngzǔ

restore ancient ways
oublier ses ancêtres
forget one's own origin

谌 容

当代女作家。1936年生于湖北汉口，祖籍四川巫山。现为中国作家协会理事，作协北京分会专业作家。1975年以来出版了长篇小说《万年青》和《光明与黑暗》（第一部），陆续发表了中、短篇小说多篇。其中《人到中年》和《太子村的秘密》分别获第一、二届全国优秀中篇小说奖。

减 去 十 岁

1966年至1976年的"文化大革命"，夺去了人们十年的宝贵生命，人们都有自己痛苦的回忆，都有还我青春，还我十年的愿望。在这篇小说中，作家对此表示了深切的同情，对造成这一苦果的十年动乱进行了控诉；然而对那种幻想减去十岁，重新安排个人生活的种种想法也进行了辛酸的嘲讽。作家用"减去十岁"这个小道消息，用喜剧的表现手法，揭示了各种不同人物的内心世界。

该篇选自《小说选刊》，1986年第7期。

* * *

一个小道消息〔1〕，象一股春风在办公楼里吹拂〔2〕开来：

"听说上边要发一个文件，把大家的年龄都减去十岁！"

"想的美！"听的人表示怀疑。

"信不信由你！"说的人愤愤然〔3〕拿出根据，"中国年龄研究家经过两年的调查研究，又开了三个月专业会议，起草了一个文件，已经送上去了，马上就要批下来。"

怀疑者半信半疑了：

"真有这样的事！？那可就是特大新闻啦！"

说的人理由充足：

"年龄研究会一致认为：'文革'十年〔4〕，耽误〔5〕了大家十年的宝贵岁月。这十年生命中的负数，应该减去……"

言之有理〔6〕！半信半疑的人信了：

"减去十岁，那我就不是六十一，而是五十一了，太好了！"

"我也不是五十八，而是四十八了，哈哈！"

"特大喜讯，太好了！"

"英明，伟大！"

和煦〔7〕的春风，变成了旋风〔8〕，顿时把所有的人都卷进去了：

"听说了吗？减去十岁！"

"千真万确，减去十岁！"

"减去十岁！"

人们奔走相告〔9〕。

离下班还有一小时，整幢楼的人都跑光了。

六十四岁的季文耀回到家，一进门就冲厨房大喊："明华，你快来！"

"怎么啦？"听见丈夫的声音，方明华忙跑了出来，手上还拿着摘了半截的菠菜。

季文耀站立在屋子当中，双手叉腰，满面春风。听见妻子的脚步声，他腾地扭过头来，两眼放出炯炯的光芒，斩钉截铁地说：

"这间屋子该布置布置了，明天，去订一套罗马尼亚家具！"

方明华惊疑地走上前去，压低了声音问道：

"老季，你疯了。就那么几千块存款，全折腾〔10〕了，赶明儿……"

"嘻，你知道什么！"老季脸红脖子粗地叫道，"我们要重新生活！"

儿子、女儿不约而同从各自的房间跑了出来，爸爸高声的宣言他们都听见了：这怎么回事，老头子又发什么神经？

"去，去，没你们的事！"老季把探头探脑的儿子、女儿轰走了。

然后，他关上门，一反常态，跳上两步，抱住了老伴胖乎乎的肩膀。这几十年不曾有过的亲昵之举〔11〕，比宣布买罗马尼亚家具更令老伴惊悸〔12〕。她心想：这人准是出了毛病！这些日子为年龄过线〔13〕、必须退下来的事，搞得他愁眉苦脸的。别说大白天没有这种表示热乎的举动，就是夜晚在床上也是自顾自唉声叹气，好象身边没这个人似的。今天这是怎么啦，六十岁的人了，学起电视剧里的镜头来，羞得她满面通红。

老季呢，他可啥也没觉得，一双眼睛象着了火，一个劲儿地在燃烧。他把木呆呆的老伴半搂半抱地拖到藤椅边，双手按她坐了下去，脸挨着她的耳朵，喜声喜气地小声说：

"告诉你一个绝密消息，马上就要发一个文件，我们的年龄都要减去十岁！"

"减——十——岁？"方明华手里的菠菜掉了地，两个大眼珠几乎瞪了出来，"我的妈！真的呀？"

"就是真的呀！马上就要发文件了……"

"哎呀！我的妈呀！亲娘呀！"方明华"蹭"地站起，自己也不知怎么回事，双手抱住老伴瘦骨嶙峋〔14〕的肩膀，就在那长长的颊上亲了一个短促的吻。这一着把她自己也吓着了，简直回归到三十年前了。老季略一愣神，拉起妻子的双手，两人连连在房中央转了三圈儿。

"哎哟，头昏，头昏！"直到方明华挣脱手，直拍厚厚的胸脯，才停止了这可能持续下去的快乐的旋转〔15〕。

"怎么样？小华，你说我们该不该买它一套罗马尼亚家具？"老季理直气壮地望着显得年轻了的老伴。

"该！"她那一双大眼睛里闪烁着熠熠〔16〕的光辉。

"我们该不该重新开始生活？"

"该，该！"她颤悠悠地应声，眼角渗出了泪珠儿。

老季一屁股坐在了小沙发上，闭了一会儿眼，脑子里五光十色的想法如潮水般涌来。忽地，他睁开眼，毅然决然地说：

"当然，个人的生活安排还是小事，主要是又有十年工作的机会。这回要好好干它一场了。机关里松松垮垮，要狠狠抓一下。后勤工作也要抓，办公室主任的人选本来就不合适。那个司机班，简直是老爷班，要整顿……"

他挥舞着胳膊，狭长的眼里放着不可遏制[17]的兴奋的光芒：

"班子[18]问题需要重新考虑。现在是不得已，矮子里拔将军。张明明这个人，书呆子一个，根本没有领导经验。十年，给我十年，我要好好弄一个班子，年轻化就要彻底年轻化，从现在的大学生里挑。二十三、四岁，手把手地教它十年，到时候……"

小华对班子的重新配备兴趣不大，她憧憬[19]着未来的美好生活。

"沙发，我想，也换换。"

"换嘛，换成套的，时髦[20]的。"

"床，也要换一个软的。"她脸红了。

"完全正确！睡了一辈子木板床，也该换个软的开开洋荤[21]了。"

"钱……"

"钱算什么！"季文耀高瞻远瞩[22]，豪情满怀[23]，"主要是多了十年时间哟，唉，这是花多少钱也买不来的呀！"

两人正说得情投意合[24]、神采飞扬[25]之际，女儿忽然推开了一条门缝，问道：

"妈，晚上吃什么呀？"

"啊，你随便做吧！"方明华心不在焉[26]，早已把吃饭的事忘了个精光[27]。

"不！"老季手一挥，宣布道，"今天出去吃烤鸭，爸爸请客。你和你哥哥先去占座，我和你妈随后就到。"

"啊!"女儿张开了小嘴,见父母喜气洋洋的样子,也就没多问,忙去叫哥哥。

兄妹俩忙着去烤鸭店,一路议论。哥哥说,可能是爸爸破格〔28〕留任〔29〕。妹妹猜,可能爸爸提了级,拿到一笔什么钱。当然,他们谁也不可能猜到,减去十岁是比任何级别、官职都可贵千倍、万倍的啊!

家里老俩口的谈兴正浓。

"小华,你也该修饰修饰。减去十岁,你才四十八嘛。"

"我?四十八?"方明华做梦似地喃喃着,一种久已消失了的青春的活力,在她肥胖松弛的躯体里跳动,使她简直昏昏地不知所措了。

"明天去买件春秋大衣,米色的。"老季用批判的眼光打量着老伴紧绷在身上的灰制服,果断地、近乎抗议地说,"为什么我们就不能时髦时髦?看着吧,吃完饭我就去买件意大利式夹克衫,就象那个张明明穿的一样。他今年也四十九了嘛,他能穿,我就不能穿!"

"对!"方明华拢了拢满头失去光泽、干枯蓬散的花白头发说,"把头发也染染,花点钱去一趟高级美容店。哼,这些年轻人说我们保守,退回十年,我比他们还会生活呢……"

老季一跃站了起来,高声应道:

"对,要会生活。我们要去旅游。庐山、黄山、九寨沟,都要去,不会游泳也去望望大海。五十来岁,正当年,唉,我们哪,以前真不会生活。"

方明华顾不上感叹,自个儿盘算着说:"这么说来,我减十岁,才四十九,还可以工作六年,我也得回机关去好好干。"

"你……"季文耀显得迟疑〔30〕。

"六年,六年,我还可以工作六年。"方明华还在兴奋中。

"你嘛,你就不要工作了。"季文耀终于说,"你的身体不好……"

"我身体很好。"这一刻,方明华跃跃欲试〔31〕,确实觉得自己身体很好。

“你又去上班，家里这一大堆事交给谁？”

“请个保姆嘛。”

“啊唷，现在这安徽帮，工作极端不负责任，把这个家交给她们怎么放心！”

方明华也有点犹豫了。

“再说，已经退下来就不要再给组织上增加麻烦了嘛，唉？如果退下来的老同志都要回去，那，那，那不就乱了吗？”季文耀想着不由得〔32〕打了个寒噤〔33〕。

“不行，我还有六年时间，我还能干。”方明华坚持说，“你要是不让我回局里，我可以调换〔34〕工作。找个什么公司去当个党委书记，或者副书记，怎么样？”

“这个……现在这些公司五花八门，太杂。”

“杂，才要加强领导嘛，做思想政治工作，还得靠我们这些老家伙。”

“那好吧。”

老季的点头，就好象是组织部长同意了似的，方明华快乐地叫了起来：

“那可太好了！这个研究会真是知人心啊！减去十岁，从头开始，连做梦都没有想到啊！”

“想到了，我想到了，连做梦都想到了！”季文耀又振奋起来，慷慨激昂地叫道，“‘文化大革命’夺去了我十年青春。十年，十年哪，能干多少事情？白白地浪费了，只留下一头白发，一身疾病。这个损失，谁来补偿？这个苦果，凭什么要我来吞咽？还我青春，还我十年，这个研究会干得好，早就该这么干了。”

方明华怕勾起丈夫对往日痛苦的回忆，忙笑着把话扯开：

“好了，走，吃烤鸭去！”

四十九岁的张明明心里不是滋味。是喜？是忧？是甜？是苦？连他自己也说不清楚。好象什么滋味都有，什么滋味都不是。

减去十岁，他高兴。作为一名搞科研的专业干部，他知道时间的珍贵。特别是对他这样一个年近半百的中年知识分子，能追回十年光阴，真是天赐良机。看看国外的资料：二十多岁取得科研成果，在国际会议上一纸论文[35]倾倒[36]全球[37]，三十多岁在某个领域里遥遥领先，被公认是国际权威人士，这样的先例比比皆是[38]。再看看自己，大学里的学习尖子[39]，导师眼里的俊才[40]，基础不比别人差。只可惜生不逢时，被打发去修理地球[41]。待重新捡起泛黄的技术资料，早已觉得眼也生，脑也空，手也抖了，现在，突然补回十年时间，一切都可以重新开始了。倘若更加勤奋些，科研条件更好些，少为扯皮、跑腿耽误功夫，那么，他可以把十年时间变成二十年，可以在攀登世界科学技术高峰的征途上大显身手。

他高兴，同其他人一样高兴，甚至比其他人更高兴。

可是，他的同事拍拍他的肩膀说：

"老张，你高兴什么？"

"怎么啦？"他不知道，为什么他不该高兴。

"减去十岁，季文耀今年五十四，他不会退了，你的局长也吹了。"

是啊，是啊，减去十岁，季文耀不会退，他也不愿意退，正好留在局长的位子上。自己呢？当然就当不上局长，还是个工程师，还搞自己的科研项目，还钻在实验室和图书馆里……可是，前天部里刚把自己找去，说是老季过线了，这回要退下来，局里的工作决定让我……这，这还算不算数呢？

他确实不想当官。在他的履历表上，最高的职务是小组长，最高的政治阅历[42]是召集过小组会。他从来没有想到自己的名字会同任何官衔[43]连在一起，更不用说同"局长"这么高的官衔连在一起。他从小就是个"书呆子"，"文化大革命"中是个"走白专道路的修正主义苗子"。粉碎"四人帮"以后，更是一头扎进实验室，整天不跟人说一句话。

可是，七搞八搞，不知怎么搞的，选拔第三梯队的时候，把他选上了。几次调整班子搞民意测验，他都名列前茅，就象他上学读书时总考前三名一样。这一次，部里找去谈话，似乎已经铁板钉钉子了。就这样，他心里还是不明白：自己曾经在什么场合，在什么事情上，表现出了领导才能，以致得到上级的垂青〔44〕和群众的信戴。想来想去，他觉得十分惭愧。他从没有行政工作的才能，更何况领导才能？

他的妻子薛敏如是个貌不惊人、才不出众的贤妻良母。对丈夫的事情，乃至丈夫机关里的是非纷争，都能洞若观火〔45〕。薛敏如说：

"正因为你缺乏领导才能，所以才把你选到领导岗位上。"

张明明始而愕然：这是什么怪话？继而一想：似乎也有点道理。或许正因为自己缺乏领导才能，没有主见，不参与高位的逐鹿〔46〕，也容易使各方面放心，结果就得到了这样的机遇〔47〕。

当然，"反对派"也是有的。据说有一次局党组开会，为了张明明的"问题"争了一下午。争的什么，他不清楚。自己有什么"问题"，他也不清楚。只觉得从此之后他就变成了一个"有争议的人"。而这个"争议"，只有到他出任局长那一天才算统一了，他的"问题"才算澄清了。

就在这种不断的民意测验和不断的争议中，张明明渐渐地习惯了自己的角色，习惯了被人们看作是即将"高升"的人，也习惯了被人们认为是"有争议的人"。甚至有时还朦朦胧胧地觉得，或许自己真的是可以当好这个局长的，尽管自己从来没有当过。

"当就当吧，"敏如说，"反正也不是你自己争的。当上局长，起码上下班不用挤公共汽车了。"

可是，现在又当不成了。遗憾吗？有一点，也不全是。还是那句话：不知什么滋味。

带着这种茫然之感。张明明回到家里。

"回来了？正好，菜刚炒好。"薛敏如转身走进厨房，端出一荤一素一碗榨菜鸡蛋汤，荤的不腻，素的碧绿，十分诱人。

妻子是治家能手，温柔体贴，心灵手巧。三年困难时期，东邻西舍，不是肝炎，就是浮肿。薛敏如粗粮细作，肉骨头熬汤，西瓜皮做菜，保得了一家安康。如今农贸市场开放，鱼肉提价，谁家不说"吃不起"。敏如自有一套"花钱不多，吃得不错"的采购方法和烹调绝技。看到这可口的饭菜，张明明洗了手，坐到桌边，立刻拿起筷子来。

"芹菜很嫩。"张明明说，"价钱不贵吧？报上说，多吃芹菜降血压。"

薛敏如笑而不答。

"榨菜也是好东西，汤里搁上一点，鲜极了。"

薛敏如仍是笑而不答。

"笋干菜烧肉……"张明明还在赞美这顿家常晚饭，好象他是一名美食家。

薛敏如笑了笑，打断他的话问道：

"你今天是怎么啦？出了什么事？"

"没有啊，什么事也没有哇！"张明明做出很吃惊的样子，"我正在说你的菜做得好……"

"你天天吃，从来不说好坏，今天是怎么啦？"薛敏如还是笑着。

张明明有点招架不住了：

"从来不说，所以今天要说……"

"得了吧，你心里有事瞒〔48〕着我。"聪明的妻子一语道破。

张明明叹了口气，把筷子放下了：

"不是有事瞒你，是我自己也说不清楚，不知怎么告诉你才好。"

薛敏如得意地笑了，别瞧丈夫是个搞科研的专业干部，他的专业知识高深莫测〔49〕，但在察言观色〔50〕这一行中，在心理分析这一门里，他永远是自己手下的败将。

"不要紧，你说说看。"薛敏如象一个耐心的老师鼓励学生似的。

"今天有一个消息：马上要公布一个文件，人人减去十岁。"

"不可能。"

"真的。"

"真的？"

"真的。"

薛敏如想了想，水汪汪的大眼睛望着他，笑道：

"你的局长当不上了。"

"当不上了。"

"心里不好受？"

"不是不好受。我也说不清楚，反正不是滋味。"

张明明拿起筷子，扒拉着碗里的米粒儿，又说：

"本来，我就不是当官的料，我也不想当这个官。可是，这几年叫他们闹腾的，好象这个局长的位置就该我来坐了。可，现在忽然又变了，心里总有那么点……"

他找不到恰当的词儿。

薛敏如干干脆脆地说：

"不当就不当。不当才好呢。你以为局长是好当的？"

张明明抬起头来望着妻子。她决断之果敢，语气之坚决，使他吃惊。前些日子，当他告诉她，自己马上要当局长时，她也曾高兴过一阵，而且是由衷地高兴。她说过，"你看你，也没争，也没抢，局长的桂冠就加在你头上了。"现在，桂冠落地，她一不心疼，二不气恼，好象从来没有这回事。

"局长，局长，一局之长，事无巨细，都找到你头上来，你受得了吗？"她又说，"分房子，评职称，发奖金，人事纠纷〔51〕，财务帐目，子女就业〔52〕，孩子入托〔53〕，都要你管，你管得了吗？"

是啊，谁管得了这么多！

"你还是搞你的专业吧！补给你十年时间，你在专业上的成就就大不一样了……"

是啊，是啊，那真大不一样了。

张明明觉得气顺了，心里平静了。一种轻柔、温馨〔54〕、美好的感情油然而生。

这一晚上床睡觉时，他觉得会睡得很好。可是，半夜时他还是醒了，心里仍然有一点遗憾〔55〕，有一种失落的感觉。

三十九岁的郑镇海骑车一口气冲出大楼回到家，把那件旧灰褂子一脱摔在了椅子上。他觉得浑身有使不完的劲儿。这一减十岁，似乎有许多重要的事需要立即动手去干。

"喂！"他喊了一声，屋子里竟没人答应。十岁的儿子照例在胡同里疯玩儿，老婆呢，也没象平日那么应一声，她哪儿去啦？串门去啦儿？哼！

这还象个家吗？

自己制作的小沙发比例不对头。人坐上去背脊够不着椅背，扶手低，坐垫高，胳膊搁上去别说不舒服，还怪累得慌。都是她看人家有了沙发眼馋，没钱买死活要自个儿做。小家子气！其实，家家都摆这么一套沙发，象干部服似的，别提多闷气了。小市民！

是啊，当时怎么就找了她！瞧她那一家人吧，除了吃喝穿戴、工资外快〔56〕，不谈别的，庸俗透顶。家教最重要。她简直跟她妈一个模子刻的，说起话来粗声粗气，生一个孩子就胖得象个桶，要长相没长相，要身材没身材，要性格没性格。唉，当初怎么就找了她！

嗜！都是那会儿瞎着急，眼瞅着已近而立之年〔57〕，还是光棍一条，饥不择食〔59〕。这回，这回减去十岁，才二十九！那可得认真考虑考虑这问题。昨天就为买了条好烟，她又喊又跳的，还威胁日子没法过了，要离婚。离婚？！离就离！二十九的男青年，找对象最合适的年龄，还怕找不着个水葱儿似的大姑娘，二十二、三刚毕业的大学生，文文雅雅的，又现代派。大学生配大学生，她才是个中专的半瓶子！真是悔不该当初！

是要重新安排一下生活。不能这么窝窝囊囊的将就下去了。这人，她上哪儿去了呢？

这人，下了班，冲出大楼，就直奔了妇女服装商店。

减去十岁，振奋得月娟心花怒放〔60〕，想入非非〔61〕。一个差一岁就四十的女人，忽然折回去成了二十九岁的年轻女郎，这对她，真是喜从天降，是用世上一切值钱的东西都无法衡量的宝物啊！

二十九岁，多年轻！多光明！她低头一看自己那一身毫无色彩、毫无魅力、死气沉沉的服装，禁不住一阵彻骨的伤心愤恨。她一口气跑进商店，噔、噔、噔直奔时装展销专柜，两眼扫描器似地在悬挂着的一件件耀眼的连衣裙上扫过。突然，一件大红镶白纱皱边的连衣裙击中了她。她请女售货员拿来试一试。青春年少的女售货员上下打量了她一眼，脸上没有一丝柔和的情状，整个脸儿象冰冷的石头雕出来的。这冰冷的后边就是无言的轻蔑〔62〕。

怎么？难道我不配穿这个？月娟心里憋着一股气，就象她近几年去买衣服时常有的心情一样：好不容易相中了一件，镇海总规劝她："你穿这样的不合适，显得太年轻了。"太年轻了有什么不好？象个老太婆才好！常常是衣服没买成，生一肚子气，回家还得斗一宿嘴。遇上他这号的保守派算是倒一辈子霉！

别跟这售货员一般见识，买东西，我给钱，你拿货，管你屁了！小妞儿懂什么，她知道就要发文件了吗？二十九的人怎么不能穿这个？中国人就是保守，人家国外的老太太越老越俏，八十岁还穿红着绿的呢。衣服穿我自己身上，碍你的事啦？你死眉瞪眼，我也得买！

给了钱，月娟当时就进试衣室穿上了。她照了照那窄条的镜子，发胖的身子紧箍在大红的连衣裙里，火红的一片，显得面积大了些，但非常热烈够劲儿。唉，没有办法，慢慢减肥吧。年龄可以减去十岁，上级一个文件就解决了。体重减去十斤，那可得自己下苦功夫。动物脂肪早已戒绝，淀粉食品也降到最低限度，连水果都不敢多吃，还怎么减肥呢？

她呼哧呼哧地回到家，推开门，象一团火似地窜进了屋，吓得郑镇海倏地〔64〕从沙发上跳起来：

"你这是怎么啦？"

"什么怎么啦？"

"哪儿，哪儿去弄了这么身衣服？"

"买的。怎么样？"月娟拎起连衣裙的下摆，做了一个时装模特儿的转身动作，脸上露出不可抑制的媚笑。

郑镇海兜头一盆冰水泼来：

"别以为红的绿的就好看，分穿在什么人身上。"

"穿在我身上怎么啦？"

"穿这个，这，合适吗？是穿这种裙子的年纪吗？你想想自己多大岁数了？"

"我想了，想好了才买的。二十九！二十九正是打扮的年纪。"

"二十九？"郑镇海一时又懵了。

"不错，二十九。减去十岁，二十九，还差一个月呢。我偏要穿红，我偏要穿绿！"月娟手舞足蹈，俨然象一名流行歌星，在舞台上扭扭捏捏半痴半傻地跑来跑去。

她，她，她这么大岁数，这么粗的腰，她，她减去十岁就这样儿，叫人目不忍睹。郑镇海闭了闭眼，猛地睁开，瞪着她说：

"上级发文件减去十岁，是为了更好地调动干部的青春活力，更好地干四化，不是为了穿衣打扮！"

"穿衣打扮碍着四化啦？"月娟跳了起来，"哪份文件说不准穿衣打扮了？你说！"

"我是说，打扮也得看看自己的实际情况，自己的身材……"

"我身材怎么了？"一语戳到痛处，月娟不依不饶了，"实话告诉你。你嫌我胖，我还嫌你瘦呢，瞧你瘦得小鸡子似的，头上的皱纹象电车道，走三步路就喘。咳，当初我图什么，不就图个知识分子吗！跟着你，啥政策也落实不到头上，就担了个知识分子的虚名儿。要穿没穿的，要住没住的。怎么着？如今我二十九，早着呢，到大街上随便找个个体户，管他卖糖葫芦卖花生米，哪个不比你强？"

"你，你有本事找去！"

"简单得很，今儿离了明儿我就找人登记去！"

"离，离就离！"

这句话可捅了大漏子。平常日子，"离婚"二字，是月娟的专用名词，三天两头挂在嘴上，郑镇海从不敢借用。今天这死鬼吃了豹子胆，居然敢提离婚，这还了得？

全是这破研究会闹腾的！月娟气鼓鼓地一头朝郑镇海撞去，嘴里骂道：

"减了十岁，你骨头就轻了，就你那样儿想离婚，门儿也没有。"

"减了十岁，你以为世界就属于你了，妄想！"

"小林，明天文化宫有舞会，这儿有你一张票。"工会的李大姐冲林素芬招手。林素芬理也没理，三步并作两步，冲出了机关大楼。

减去十岁，林素芬才十九。摘去了"大女"的帽子。一个含苞待放的少女，还用得着工会操心？还用得着婚姻介绍所的帮忙？还用得着到组织的舞会上去找伴？统统一边去吧！

二十九岁的老姑娘，走到哪儿，哪儿都投来叫人难以忍受的目光：怜悯、讥讽、戒备、怀疑……怜她茕茕子立〔65〕，形影相吊〔66〕；讥她眼界过高〔68〕，自误终身〔70〕；戒〔71〕她神经过敏〔72〕，触景伤情〔73〕；疑〔74〕她歇斯底里〔75〕，性格变态。一天中午，她在开水炉前冲了一碗方便面，还卧了两个鸡子儿，就听得背后有人说话：

"还挺会自我保养呢！"

"心理变态。"

她的眼泪直往心里流。难道，二十九岁的姑娘中午不去食堂，自己卧两个鸡蛋就是心理变态？这是哪本心理学上的论点？

就连挚友〔76〕的关怀，三句话也离不开"找个对象一块儿过吧。"好象二十九岁还没嫁人就犯了弥天大罪〔77〕，就成了众矢之的〔78〕，就该让人家当成谈话资料。茶余饭后，颠来倒去，在众人的舌头上滚来滚去，使你灵魂不得安宁。人生在世，难道除了快嫁人，快找男人一块儿过，就再也没有更重要、更迫切的事情了？可悲、可恨、可恼、可笑！

这一下，解放了。姑娘今年一十九，你们统统闭上嘴吧！仰头望着晴朗的蓝天，那朵朵白云仿佛变成了条条的小手绢，顷刻间堵上了一切好事者的嘴。多痛快呀！小林昂首挺胸，目不侧视，步履轻快，一阵风似地扑向存车棚，推着她那辆"飞鸽"，自己也象只自由的鸽子似的飞出了大门。

下班时间，行人如潮。国营商店、大集体、个体户小铺，一家挨着一家。流行歌曲，此起彼伏。"我爱你……""你不爱我……""我的生活不能没有你……""你心中根本没有我……"什么词儿？统统见鬼去吧！

爱情，不再是急待脱手的陈货。十九岁，有的是时间，有的是机会。当务之急是学习，充实自己，提高自己。有了真才实学，能够有益于社会，能够造福于人民，才会得到社会的尊重，才活得充实，过得有意义。到那时，爱情自己来到身边，她当然不会拒绝。但那该是一种悄悄的爱，朦胧的爱，深沉的爱。

考大学，一定要考上大学。十九岁，正是上大学的年纪，再也不能荒废了。电大夜大，弄得好，可以混张文凭。可毕竟不是正规大学，哪能赶上北大清华？这一辈子，毁就毁在学业荒废上。严格说来，只是初小程度，小学四年级就赶上了那场"革命"，在胡同里跳了几年猴皮筋就高小毕业了。上了中学，坐在教室里如坐飞机，老师教的十之八九不明白，晕晕乎乎，糊里糊涂照样毕了业。插队落户，劳动锻炼，学的一点点知识也还给老师了。"革命"完毕，回城待业，没着没落。好不容易进了局里的劳动服务公司，还是个大集体。这本帐如此算来，好象生活中剩下的，就只有一件事了——找个对象成家，生孩子，洗尿片，油盐酱醋，买粮食，换煤气，吵架斗嘴，了此一生。

一生就这么交代了？林素芬不甘心，不服气。来到这世界，总得干一点什么，留下一点什么。然而，初小的程度，不种粮食不挖煤，工人农民算不上，知识分子没知识，在人群中如孤魂野鬼。

从A、B、C学起。她几乎把业余时间全用在五花八门的补习班里，把工资的一大半用在交学费买教材了。语文、数学、英语、绘画，样样补，样样习。补来补去，这样的补太慢了，太吃力了。她想速成。年龄威胁着她。再不速成，就算是千里马，牵到伯乐跟前也老了，还能被相中？

她专修英语，想来一个突破。《九百句》、《新概念》、广播教材、电视课程、补习学校，齐头并进。过了一个月，她才发现这个突破口前拥挤着多少个爆破手啊！都是她这样的大男大女，都想抄近路登龙门。而这并不是一条捷径。就算英文学得不错，中国文化水平太低，能派什么用场？英译中，中译英？外语学院毕业成材的多的是！人家不指望在你待业青年里发现苗子！

　　她又转向"文学创作函授大学"。在文学之路，写点小说，写点诗歌，把我们一代青年的苦闷彷徨，向往追求，倾泻纸上。让广大读者，让二十一世纪青年，知道在这世界上，在历史的一瞬间，曾经有过被历史愚弄的不公平的一代。他们是无辜的，他们失去了本该属于他们的一切，得到的却是不应由他们承受的沉重的负担。他们将背负着这沉重的包袱，走向人生的尽头。

　　然而，文学道路，谈何容易？看那些同龄人的作品，不能入目，自己拿起笔来，不知从何下手。稿纸撕去几大本，家里人惶恐不安，以为着了魔。看来，并不是人人都能当作家的。

　　或许，还是去学会计？现在，会计人才奇缺……

　　三心二意，举棋不定。彷徨、苦闷、自己不认识自己，不知道想干什么，不知道该干什么。有人说："别瞎想了，到了这个年纪，混吧。"有人说："结了婚，就踏实了。"

　　而这，都是她最不愿意的……

　　现在，地覆天翻，花香鸟语，世界突然之间变得无限美好，减去十岁，我才十九。什么彷徨，什么苦闷，什么伤心失意，见鬼去吧！生活没有抛弃我，世界重新属于我。我将珍惜未来的每一寸光阴，决不虚度。我将确定生活的每一个座标，决不转向。我要读书，我要上学，要有真才实学。这是第一站的目标。

　　对，从今天开始，从现在开始，向着这目标前进。

　　她骑上车，满脸微笑，直奔新华书店教科书门市部。

　　次日清晨，机关里热气腾腾。楼上楼下，楼里楼外，熙熙攘

410

攘〔79〕，欢声笑语，不绝于耳。患心脏病的人说上楼就上楼，噔噔地一口气上了五楼，气不喘，心不跳，面不变色，跟没病的人一样。六十多岁的人，平日言慢语迟，声低气衰的老同志，嗓门一下子变高了，说出话来唇唇的，走廊这头就听得见他在那头嚷嚷。各个办公室的门都大开着，人们赶集似地串来串去，亲切地倾吐着自己的激动、快慰、理想和无穷无尽的计划。

忽然有人倡议：

"走，上街，游行，庆祝又一次解放！"

一呼百应，人们立即行动起来。有制横幅标语的，有做红绿小旗的。文体委员从库房里抬出了圆桌面大的大鼓，抱出了扭秧歌的红绸子。一霎时，队伍在大楼前集合了。横幅标语上红底黄字："欢庆青春归来"。各式小旗上倾吐了人们的肺腑之言："拥护年龄研究会的英明决策"、"焕发青春，献身四化"、"青春万岁！"

激动人心的大鼓敲起来了。季文耀觉得浑身的血都在沸腾。他高站在台阶上，正想说几句助威的话，亲自领导这次的盛大游行，忽然看见几十名已经办了离职手续的老同志冲了进来，直奔他跟前问道：

"减去十岁，为什么不通知我们？"

"你们……已经离了……"季文耀说。

"不行！那不行！"老人们齐声嚷起来。

季文耀双手高举，在台阶上大喊道：

"同志们，不要嚷，不……"

人们哪里肯听，人声如一股不可阻挡的洪流，响彻云霄：

"减去十岁，机会均等，人人有份，干吗把我们撤下不管？"

"我们要按文件办事了，不能随心所欲。"季文耀的声音提到高八度。

"文件在哪儿，为什么不传达？"

"拿文件给我们看！"

"为什么不给看文件？"

季文耀扭头问办公室主任：

"文件呢？"

办公室主任愣头嚓脑地回答：

"我不知道哇！"

正僵持中，一批新招进来的十八、九岁的青工嚷起来："减去十岁，我们不干。"

"十八年饭白吃了，有了工作，又把我们打发回去上小学三年级，没门儿！"

机关幼儿园的娃娃们，也象一群小鸭子似地扑到季文耀跟前，抱着腿，拽着手叽叽喳喳叫道："减十岁，我们回哪呀？"

"我妈好不容易生下我，还开了肚子呢！"

季文耀应接不暇，又大叫办公室主任："文件，文件，快把文件找来。"

办公室主任手足无措，季文耀训斥道："还不快到机要室去找！"

办公室主任赶忙跑到机要室，翻遍了文件夹，没有。

热心人马上提供线索：

"会不会存进档案室了？"

"会不会哪个处借去了？"

"糟糕！要是扔到废纸篓就完了！"

在一片纷乱中，季文耀反而冷静下来，马上布置任务：

"找，发动群众，大家动手一齐找，要细细的找，不要放过任何一个角落。"

"队伍要解散吗？"办公室主任请示。

"为什么要解散？先找文件！"

译　　注

[1] 小道消息　　　xiǎodào xiāoxi　　　ouï-dire
　　　　　　　　　　　　　　　　　　　　hearsay

412

[2]	吹拂	chuīfú	souffler
			sway
[3]	愤愤然	fènfènrán	avec indignation
			indignantly
[4]	"文革"十年	"Wéngé"shínián	les dix années de la révolution culturelle (1966 — 1976)
			the decade during the cultural revolution (1966 — 1976)
[5]	耽误	dānwu	manquer
			waste (time)
[6]	言之有理	yánzhīyǒulǐ	avoir raison
			sound reasonable
[7]	和煦	héxù	doux
			genial
[8]	旋风	xuànfēng	cyclone
			whirlwind
[9]	奔走相告	bēnzǒu-xiānggào	transmettre une nouvelle de bouche en bouche
			lose no time in telling each other the news
[10]	折腾	zhēteng	ici: dépenser
			spend money unreasonably
[11]	亲昵之举	qīnnì zhī jǔ	un geste intime
			an affectionate action
[12]	惊悸	jīngjì	surpris
			surprise
[13]	过线	guò xiàn	dépasser la limite (d'âge)
			exceed the limit (of age)
[14]	瘦骨嶙峋	shòugǔ-línxún	maigre comme un coup de

		trique
		bony
[15] 旋转	xuánzhuǎn	tourner
		whirl
[16] 熠熠	yìyì	lumineux
		bright
[17] 遏制	èzhì	contraindre
		check
[18] 班子	bānzi	groupe (dirigeant)
		leading group
[19] 憧憬	chōngjǐng	aspirer à
		look forward to
[20] 时髦	shímáo	à la mode
		modern
[21] 开洋荤	kāi yánghūn	ici: c'est la première fois qu'on fait quelque chose à la mode occidentale
		take a taste of western style of life
[22] 高瞻远瞩	gāozhān- yuǎnzhǔ	se placer haut et voir loin
		take a broad and long-term view
[23] 豪情满怀	háoqíng mǎnhuái	plein de fierté et de détermination
		full of pride and enthusiasm
[24] 情投意合	qíngtóu-yìhé	vivre en parfaite intelligence
		find eath other congenial
[25] 神采飞扬	shéncǎi-fēiyáng	débordant de vie et d'énergie
		in very high spirit

[26]	心不在焉	xīnbúzàiyān	avoir l'esprit absent
			absent-minded
[27]	精光	jīngguāng	(oublier) complètement
			(forget) completely
[28]	破格	pò gé	contre venir à la règle
			break a rule
[29]	留任	liúrèn	continuer à occuper un poste
			(dirigeant)
			continue to hold a post in
			authority
[30]	迟疑	chíyí	hésiter
			hesitate
[31]	跃跃欲试	yuèyuè-yùshì	brûler d'envie d'essayer
			be eager to have a try
[32]	不由得	bùyóude	ne pouvoir s'empêcher de
			can't help
[33]	寒噤	hánjìn	frisson
			shiver (with cold or fear)
[34]	调换	diàohuàn	changer
			change
[35]	一纸论文	yìzhǐ lùnwén	"纸" ici: spécificatif. une
			thèse
			a paper
[36]	倾倒	qīngdǎo	ici: forcer l'admiration
			win great admire
[37]	全球	quánqiú	le monde entier
			all over the world
[38]	比比皆是	bǐbǐ-jiēshì	on en trouve partout
			can be found everywhere

[39]	尖子	jiānzi	élite
			a top student
[40]	俊才	jùncái	talent
			a person of outstanding talent
[41]	修理地球	xiūlǐ dìqiú	ici: travailler la terre
			do farm work
[42]	阅历	yuèlì	expérience
			experience
[43]	官衔	guānxián	titre officiel
			official title
[44]	垂青	chuíqīng	prendre en considération
			show appreciation for sb.
[45]	洞若观火	dòngruò-guānhuǒ	connaître qch comme sa poche
			see sth. as clearly as a blazing fire
[46]	逐鹿	zhúlù	courir le cerf: disputer le pouvoir
			fight for an important post
[47]	机遇	jīyù	chance
			chance
[48]	瞒	mán	cacher
			hide the truth from
[49]	高深莫测	gāoshēn-mòcè	profond
			unfathomable
[50]	察言观色	cháyán-guānsè	faire bien attention aux paroles et à la physionomie de son interlocuteur
			carefully weigh up a person's

words and closely watch
his expression

[51] 人事纠纷　rénshì jiūfēn　conflit des affaires concernant
le personnel
disputes of personnel mat-
ters

[52] 就业　jiùyè　trouver un poste
employment

[53] 入托　rùtuō　entrer dans une crèche
enter a nursery

[54] 温馨　wēnxīn　chaud
warm

[55] 遗憾　yíhàn　regret
regret

[56] 外快　wàikuài　casuel
extra income

[57] 而立之年　érlì zhī nián　quand j'avais trente ans alors
je me tenais ferme. (con-
fucius). ici: trente ans d'âge
at the age of thirty when
one is supposed to be suc-
cessful in his career

[58] 光棍　guānggùn　célibataire
unmarried man

[59] 饥不择食　jībùzéshí　on mange n'importe quoi
quand on a très faim
a hungry person is not choosy
about his food

[60] 心花怒放　xīnhuā-nùfàng　le cœur s'épanouit de joie

417

			be wild with joy
[61]	想入非非	xiǎngrù-fēifēi	se bercer d'illusions
			indulge in fantasy
[62]	轻蔑	qīngmiè	mépris
			scorn
[63]	俏	qiào	coquet
			smartly dressed
[64]	倏地	shūde	soudain
			suddenly
[65]	茕茕孑立	qióngqióng-jiélì	triste et seul
			standing all alone
[66]	形影相吊	xíngyǐng-xiāngdiào	n'avoir que son ombre pour le consoler
			body and shadow comforting each other — all alone
[67]	讥	jī	se moquer
			sneer at
[68]	眼界过高	yǎnjiè guò gāo	ici: être trop exigent dans le choix du conjoint
			set harsh terms about fiancé
[69]	误	wù	gâcher
			ruin
[70]	终身	zhōngshēn	toute la vie, ici: le mariage
			all one's life
[71]	戒	jiè	se tenir en garde
			warn
[72]	神经过敏	shénjīng guòmǐn	nerveux
			be neurotic
[73]	触景伤情	chùjǐng-shāngqíng	être saisi d'un vif

sentiment à la vue d'une scène

the sight strikes a chord in one's heart

[74] 疑　　　　　yí　　　　　douter

doubt

[75] 歇斯底里　　xiēsīdǐlǐ　　hystérie

hysteric

[76] 挚友　　　　zhìyǒu　　　ami intime

bosom friend

[77] 弥天大罪　　mítiān-dàzuì　crime monstrueux

monstrous crime

[78] 众矢之的　　zhòngshǐzhīdì　être la cible de toutes les flèches; ici: être l'objet de critique

target of public criticism

[79] 熙熙攘攘　　xīxī-rǎngrǎng　un va-et-vient bruyant

with people bustling about

杜鹏程

当代作家,曾用笔名司马君,1921年生于陕西省韩城县的一个贫农家庭。先后在鲁迅师范学校和延安大学学习,曾任新华社随军记者、西北野战军第一兵团新华社野战分社主编。1951年他从部队转业后,任新华社新疆分社社长,1954年转到中国作家协会西安分会从事专业创作。现任作协西安分会副主席、中国作家协会理事。

主要作品有:剧本《宿营》,长篇小说《保卫延安》, 中篇小说《在和平的日子里》以及一些短篇小说。

保 卫 延 安

(节选)

这部长篇小说1953年成书,1954年由人民文学出版社出版。

1947年3月初, 蒋介石以数十万兵力, 对当时的革命根据地延安发动大规模进攻。中国人民解放军和陕甘宁边区人民,在毛泽东主席领导下,通过沙家店等几次大战役,歼灭数倍于我的敌人, 收复延安,取得了西北战场上的辉煌胜利。《保卫延安》真实动人地描写了这次保卫延安战争中的几个著名战役,描写了战争的直接指挥者彭德怀将军,塑造了周大勇等解放军指战员的英雄形象。

本文节选《保卫延安》第5章"长城线上"第7节。

* * *

当天夜里三点半钟光景,周大勇带领战士们向东南方走去。战士们用粗树枝扎了一副担架,要抬他走。周大勇坚决反对。 开初〔1〕,他扶着一根棍子走,走了十来里路连棍子也扔了。

后半夜，天气挺冷，风在枪梢〔2〕上呼啸。天象一片大冰凌一样，缀〔3〕着很稠〔4〕的星星。星星闪着清冷的光。

一长溜黑影，沙沙地前进。他们带着战斗的创伤，抬着负伤的战友，有时踏着流沙，有时踩着泥水。他们苦战以后，饿着肚子，摸着黑路，顶着星星，披着寒风，艰难地行进，随时准备厮杀〔5〕。

周大勇从连队行列边往前走，听见战士们低声地谈着各人在这时光的想法。有的战士说，他饿得肚皮贴住脊梁骨了，特别想吃东西；有的说，他想睡一分钟；有的说，他瞌睡得扯不起眼想找人抬杠〔6〕。

周大勇说："同志们，别瞎扯〔7〕，听我说——"

话没落点，尖兵班的代理班长李玉明返回来报告："发现敌人！"

周大勇忙问："好多？"

李玉明说："摸不清底〔8〕，只见七八个影子在村边晃游〔9〕，象是巡查哨〔10〕。"

周大勇一听到李玉明说到"敌人"二字，心里轰地冒起了怒火：胸膛里滚沸着报仇的情绪，身子健壮而有弹性〔11〕，仿佛从没有负伤也没有昏倒过，更没有连续的苦战过。往日，战士们只有在经过"休整"以后，饱蓄精力〔12〕出发打仗时，才有这种感觉。

周大勇让李江国指挥战士们顺一条垅坎〔13〕隐蔽〔14〕下来。他坐下休息了一阵，就带领马长胜、马全有到前边去"摸情况"。

他们，顺着一条端南正北的大路朝南摸去。边走边爬，生怕弄出响声。突然，啪嚓一声，马全有摔了一跤。

周大勇脑子还没转过圈，就把腰里的驳壳枪抽出来了。

马长胜踢了马全有一脚，骂："热闹处卖母猪，尽干些败兴事〔15〕！"

马全有蹲在地下，低声骂："哼，好臭！这些婊子〔16〕养的国民党队伍，就在阳关大道〔17〕上拉屎！"

周大勇脑筋一转，心里闪亮。他让马长胜、马全有再往前摸，看是不是还有屎。

马全有说："嗨呀呀，这才是！要再摸两手稀屎，才算倒了八辈子楣〔18〕！"

马长胜在马全有脊背上搗了一拳，瓮声瓮气地说："摸！连长心里有谱儿〔19〕。"

他们向前摸去，通向村子的路上都是牛、毛驴和骆驼拉的粪。

周大勇躺在路边的垅坎下，一声不吭〔20〕。他折了一根小草用牙齿嚼着，仔细盘算〔21〕。

马全有抓了把土在手里搓着，连长这股磨蹭〔22〕劲，让他急躁。马长胜知道连长在思量〔23〕事情，就不吱声地又向前摸去，想再找一点别的"征候〔24〕"。他这人表面上看是个粗人，可是素来〔25〕心细。他摸到一块石头一根柴棒，脑子也要拧〔26〕住它转几个圈。

周大勇筹思〔27〕：这季节，牲口都吃的青草拉的稀粪。这稀粪定是今天下午拉的。天气挺热，要是牲口在中午拉的粪，早就干咯。下午打这里过去了很多牛、毛驴、骆驼。这是老乡运货的牲口？兵荒马乱〔28〕，老乡们会吆好多牲口赶路？也许，敌人强迫老乡们运粮；也许前头这村子就是敌人的粮站？"是粮站就收拾〔29〕它！"他心里这样说。打击敌人的想法，强有力地吸引他，使他兴奋、激动。可是他心里有一种很小的声音在说："就算这里是敌人的粮站，就算这里敌人不多，你还是绕过这个村子快走吧，战士们太疲劳啦！"心里另外一种声音又说："这种想法是可耻的，难道我们能放过打击敌人的机会？难道我们是抱住脑袋逃命的人？这不是给王老虎〔30〕、赵万胜报仇的时候吗？打吧，打吧！多消灭一个敌人，世界上就少一个祸害！"

马长胜返转来报告："连长，前头路上撒下一堆一堆的小米，还有一头死毛驴。我猜想，这个村子必定是敌人的粮站。"

马全有说："那才不一定！兴许〔31〕敌人粮站还在这个村子前头的什么地方呢！"

周大勇绕到村南的路上去摸，路上没有遗撒下粮食，只有很少的骡马粪。

他到村子周围看看，这村里的敌人，不象是今天行军后宿营〔32〕的；也没有电话线从村子里伸出向四下里连接。看来，村子是粮站；

村子里驻守〔33〕的敌人是保护粮站的。保护粮食，目前在敌人在我们都是头等重要的事情。

周大勇他们爬回村北部队隐蔽的地方。他召集了班排干部，把侦察〔34〕到的情况分析了一番，大伙儿觉到这仗可以打。

李汇国不停地鼓励：“连长，干吧！打夜战，拼刺刀〔35〕，敌人最头痛！”

马长胜说：“着啊！夜战，敌人摸不清虚实〔36〕，啃他吧！”

周大勇浑身是劲。他早就想跟敌人拼啦。可是敌人巡查哨为什么只注意东边？周围是不是还驻着敌人？村子里有多少敌人？情形怎么样？这数不清的问题，暂时压住了他那青年的英气。

马全有说：“连长！下决心，下决心！打仗不冒险〔37〕还行？猛戳〔38〕进去，准打他个晕头转向没招架〔39〕。”

周大勇说：“只要判断不错，咱们就端掉〔40〕这村子里的敌人！”

要打仗的消息，立刻顺着部队行列传下去了。这不是谁说啦，而是战士们感觉到了。战士们，有的绑鞋带，有的收拾挂包、皮带。看来，一股战斗的火劲，按也按压不住了！

战士们按压不住的战斗热情，全部流到周大勇心里了。战斗前的紧张，打击敌人的兴奋，成功的希望，英雄的业绩〔41〕，这一切想法和情绪都在鼓动〔42〕他。但是指挥员的责任感跟那想立刻去杀敌人的情绪在冲突〔43〕；慎重和冒险在冲突。这种冲突，忽而倒向这边，忽而倒向那边，一直让周大勇烦乱〔44〕，发躁〔45〕。

周大勇嘴贴在宁金山的耳朵上，说：“你带个战士去，摸个敌人来，我要查问情况。俘虏要捉来，可是不准打枪，也不准弄出声音来。行吗？”

宁金山说：“还能说行不行？你需要个俘虏，就该摸个俘虏来。”

周大勇拍拍宁金山的背，说：“看你的咯！”

宁金山带着他的弟弟宁二子，朝村子跟前爬去。

宁金山说：“二子，你身上什么东西叮当叮当响哩。”

"挂包里装了个磁碗，跟手榴弹磕打着响。"

宁金山说："咳！你收拾精干点！我看你干什么都心眼死〔46〕得厉害。打起仗，我老是替你操心。处处要留神。你从开阔地〔47〕往前跑的时光，就要先看看前面有啥地形地物可以利用。你呀，打仗还缺一个心眼！"他摸摸二子的背，又问："冷么？"

"冷！哥，冷是小事，俺眼皮拉不起来，瞌睡得要命！"

"二子，可不能打盹。你不是要求入党吗？我把你带出来，就有点私心〔48〕：想叫你立功。"

"哥，你入党的事呢？现在班长们里头，就数你是非党群众啊！"

宁金山说："别提啦！我要知道那回开小差会给我带来这么多的难过，就吃屎喝尿也不干那亏人败兴的事情！人要是能用血洗去自己的过错，我愿意去死！"

"哥，听党员说话的口气，大伙儿都同意你入党。"

"就算党员们同意我入党，目下〔49〕，我也不打算入党！"

宁二子倒抽了一口冷气，问："为什么？为什么嘛？哥，说呀！"

"不为什么！"宁金山趴在地下，把脸压在胳膊上。"我自己不答应我自己入党。看看，咱们连队上的共产党员都是些什么人啊！他们浑身是胆，在危险面前连眼也不眨。他们都有很高的想法：不光是让穷苦人有饭吃有二亩地种，还要把穷苦人引到社会主义社会去。我比起他们又算什么呢？我满身是毛病！二子，我有信心按党的路线一直朝前走。可是我的思想不够个党员，我就不入党，哪怕我心里很难过！"他搿〔50〕鼻子。

宁二子听见他哥哭了。不伤心不落泪，哥心里该是多难受啊！

二子后悔他又摸了他哥的伤疤〔51〕。他掉转话头，说："哥，俺们多咱能赶上主力部队——"

宁金山把二子戳了一下，他俩爬到了一个垅坎下边，蹲下，缓了一口气。

宁金山说："二子，你不要操心，咱们部队打仗门道多，你看，连咱们都找不见主力部队，那敌人就更摸不清边儿。我敢保险，不出十来八天，准要打大胜仗。这经验我可多啦！"

宁二子说："哥，俺们部队象刮风一样，忽儿这里忽儿那里，俺们为啥不摆开和敌人干呢？国民党的队伍都是草包〔52〕，俺们和他摆开打，三天两后晌就把他收拾光啦！"

"二子！摆开打？人家几十万，咱们才有多少人？你估摸〔53〕，这仗给你指挥可该怎么打？我给你说过多少遍，咱们打的是运动战，有利就打，没利就转个地方；看准了机会就收拾敌人一股子；慢慢地咱们就壮大了，敌人就垮了。不过，这仗要打好，可有一条：就是要多走路多吃苦。"

"哥，归根结蒂咱们是为自个儿打仗，苦死苦活也能撑住！你放心。"

他兄弟俩爬到村子的围墙边了。

宁金山说："二子，你蹲下，我踏在你肩膀上，爬过墙去。"

"哥，你搭个人梯子，让我过去。"

宁金山拉了二子一把，贴住耳朵命令："我是班长，听我的命令！"

"命令"二字真灵验〔54〕，它把二子涌起的感情一下子便压下去了。

眨眼工夫〔55〕，宁金山和宁二子回来了。

宁金山把背着的沉重东西，咚地往周大勇脚边一掼,说："二子，把这家伙嘴里塞的东西掏出来！"

"唉呀！唉呀！不要打死我……"地下有个东西在哼唧。

周大勇问："嗨！怎么逮了个半死不活的家伙？"

宁金山说："不先给他几下，咋能掐住他？问吧，连长，他的嘴'还作用〔56〕'。"他赶紧又补充了一句："连长，这俘虏是二子亲手摸来的！"

宁二子连忙说："连长，俘虏是俺哥抓的。"

周大勇紧紧地跟宁金山和宁二子握了手，就盘问俘虏。原来，敌人增援榆林〔57〕的整编三十六师进了榆林城没久停，又顺咸榆公路南下，说是去追赶我军。这个村子里驻扎敌人一个大粮站，还驻一个营，——两个连押运粮食去了，现在村子里只有营部和一个连。一个敌人副团长在指挥。村子周围有不高的土围子，南北有出口。村西五里路有个村子，驻扎敌人一个团，是今天下晚宿营的。俘虏还说，我军从榆林城郊撤退以后，多一半溃散〔58〕了，少一半跑到黄河边上，准备逃过黄河，所以，这个村子里驻的敌人浪吃浪喝〔59〕，很大意。

周大勇估划〔60〕：一打响，村西敌人会增援。不，夜里敌人一时闹不清情况，不敢乱动。他又思量夜战的特点……敌人最怕迂回〔61〕、包围……他计算了自己手里的力量：一共只有三十八个人。

于是他让马全有带一个班消灭敌人的巡查哨并担任战斗警戒〔62〕，组织了向村子里突击的力量。他想：只要能插进村，胜利是拿定了的。但是他还二心不定：打响容易可是收场难啊！他决定亲自到村边再"摸情况"。他给李江国吩咐了几句话，就带着五个战士向前爬去。

周大勇他们摸到村北，听了听动静，躺在地上休息了一阵，又摸到村东北一条凹道边。这条凹道有六七尺深，中间有条大路一直伸进村子。

周大勇累得手脚都麻木了，头上的伤口痛得象刀子割。他趴在凹道边，把头压在手背上寻思〔63〕：部队顺凹道接近村子是隐蔽些，可是对这样的交通要道敌人一定会特别注意。他正筹思，仿佛听到远处有什么声音。他把耳朵贴在地下听。地很湿，传音不快，听不出什么名堂〔64〕。他闭住气，伸长耳朵听：当真有声音，而且越来越近。过了十来分钟，一长溜牲口走近了。周大勇和战士们连忙躲进高粱地。他心里正犯疑〔65〕，又听到有人说话：

"我们晚上行动，要多提防点！"

"再提防也不能把头用铁包住！"

"敌人！"周大勇浑身紧张了。他习惯地摸住冰凉的驳壳枪把子，紧紧地盯着凹道。凹道里过着一连串牲口，前边是一队骆驼，骆驼上骑着些背着枪的敌人，一摇一晃象是瞌睡了。骆驼后边是一长列毛驴。

周大勇脑子闪过一个主意：毛驴可能是老乡们吆着；跳到牲口行列中去，跟上他们摸进村子行吗？他脑子飞转，前思后想〔66〕，左右为难〔67〕：牲口行列当间有没有敌人？跳下凹道和敌人干起来怎么办？自己去执行这任务吗？头昏脑晕，双腿酥软，再说，还要指挥部队呀！那么，让战士们去叫李江国或是马全有来吗？不行，等到他们来，饭冷了菜也凉了！派两个战士跳下去么？不行，手边这几个战士经验差；事情太重大，成败就看这一着，打草惊蛇〔68〕就糟透咯！

周大勇看得分明；毛驴还在过；不能犹疑，立刻动手。他要身边一个战士火速返回去告诉李江国怎样插进村子，又给身边四个战士叮咛〔69〕了一番。

周大勇朝前爬了爬，伸长脖子，眼睛一眨也不眨地盯着凹道里。毛驴一个一个打他眼前闪过。他把头上的伤口摸了摸，咬紧牙，嗯地跳下去，四个战士也跟着跳下去。

周大勇一把抓住一个赶毛驴的人，低声威胁："不准喊！"

那人慌了："不，不，我不张声！"

"枪？"

"我是老百姓，队伍上拉我来吆牲口！"

"胡说！"

"老总！红口白牙还能胡说？老天在上，我要有半句假话，就不得好死！"

周大勇把他浑身上下搜了一番。这人头上绑块手巾，穿着光板老羊皮袄，腰带上还别着旱烟锅〔70〕。无疑，是个老乡，周大勇松了一口气。

赶毛驴的老乡发热发冷似地抖着。他想不透，咋着，猛不防就从天上掉下来个人？这是啥人？他跟上这帮送粮的牲口走干什么？教人发懵〔71〕！

周大勇问："老乡，你是哪里人？"

老乡牙关子〔72〕圪嘣嘣〔73〕响，说："榆，榆，榆林……城边的。"

"黑天半夜你吆上牲口乱跑什么？"

"我给人家揽工〔74〕熬活〔75〕。昨黑间，联保主任派的人生拉活扯逮住我，要我支差〔76〕，给，给队伍上送粮。"

周大勇摸摸毛驴驮的口袋，果真是粮食。他思量着老乡的话跟那说话的口气。

这工夫，后边一个战士上来报告：后边赶毛驴的都是老乡，每一个老乡吆四五头毛驴；最后还有一队骆驼和一些押运粮食的敌人。周大勇给那战士安顿〔77〕了几句话，又问赶毛驴的老乡："押送粮食的队伍多吗？"

"不多，老总。前边一个班，后边一个班。"

"你看我是什么人？"

"老总！这，这咱可说不清啊！"

"我是解放军！"

老乡思量了一阵，说："呀！想不到你就是解放军。"

周大勇说："老乡！咱们队伍来了一个师，打这个村里的敌人。你放灵动〔78〕点，带我进村，成吗？"

老乡说："啊……啊……成！我，我可没经过仗火……你当真是解放军？啊……这么的，你把我的皮袄穿上，遮掩〔79〕遮掩！"

周大勇问："后边赶毛驴的老乡可靠吗？"

老乡说："可靠啊，都是穷人。有钱人面子大，还能挨打受气来支差？"

周大勇说："你去给后边的老乡叮咛：让他们把战士们遮护住！"

老乡说："这能成，这能成。"

"不光能成，还要保管百无一失〔80〕，出了漏子〔81〕，你们也要受拖累！"

"尽力量办！"老乡向后跑去。

周大勇跟上送粮的毛驴走近村边，听见村东打响了。嗨！大概是马全有跟敌人巡查哨接火了。

村子里边，是一片乱哄哄的喊声。

前头，骑在十多峰骆驼上的敌人，和村北口的敌人哨兵纠缠〔82〕了一阵进村了。周大勇前头的五六头毛驴也进村了。他眼睛一扫，影影绰绰〔83〕地看见十多个敌人，有的站在掩体里，有的站在村口，有的来回奔跑，看来很慌张。

周大勇进了村子，眼前就是一片混乱：满巷里都是紧急集合的士兵，叫喊声，哨子声，咒骂声，骡马嘶叫声，乱哄哄象天塌地裂〔84〕一般。周大勇放尖眼睛四处看，浑身紧张，心脏猛跳，一种又惊又喜的情绪涌到喉咙口。他觉得眼睛格外明亮，身子格外强壮轻巧；想奔跑，想呐喊，想射击，想用大刀砍这些吃人的畜生。他让两个战士隐蔽在刚进来的那个村口，瞅机会控制这条路。他手边只留下宁二子跟李玉明两人。

有人站在一家老乡门口的台阶上，打着电棒，手电光划破黑暗，四方探照。他破口大骂："沉着！东边打枪，那是敌人少数溃兵！你们营长？请你们营长！慌什么？混蛋，混蛋！"

一个夹皮包的人，跑到那人跟前，报告："副团长，营长马上就到！"

周大勇心里一动，寻思："这小子是个副团长！"他向身后一看：宁二子跟李玉明眼看就要往前扑去。

周大勇一纵身，从敌人副团长侧面扑上去，手枪顶着那家伙的脑袋，叭一枪，那家伙象一口袋粮食一样，沉甸甸地倒下去。

满巷都翻腾了：枪声、喊声、臭骂声、吱吱哇哇的叫声。突然，一个骑着高头大马的人，从大巷南端窜过来。混乱裹住了骑马的人。他猛地勒住马，马提起前腿直站起来，马蹄踏住人，发出尖叫声；有人用枪托打那匹发了疯的马。那马向前跑了几步，打了一个前蹶。骑马的人手枪朝天空叭——叭——放了两枪，用吃奶的劲儿呐喊："听我指挥！第二连，二连连长……"

周大勇身边的战士李玉明，说了一句什么话，就从敌人群中挤过去，端起刺刀向那骑马人刺过去。那匹高头大马一惊，就从敌人士兵头上窜过去，嘶叫着，……

周大勇让两个战士解决了敌人哨兵，把守住北村口。他跟李玉明、宁二子向大巷里的敌人扫射、投弹。

敌人摸不清虚实，有的往南跑，有的往北窜，拥来挤去，越来越乱。

这会儿，村子东边也打得很激烈。

周大勇急得通身流汗，心里油煎〔85〕，他怕敌人爬上巷两旁的房子抵抗。但是失掉建制〔86〕的敌人，官抓住兵，兵找不着官，乱成一窝蜂。

李江国呼哧呼哧带着战士们从村北凹道冲进了村。一进村，他就把三挺轻机枪摆起来，顺大巷扫射敌人。

周大勇喊："江国，先指挥战士上巷两旁的房子！"

"早上去了！"

话没落点，巷两旁房屋上的手榴弹，披头盖脑〔87〕地浇下来。火光中，只见敌人纷纷倒下。满村都是战士们的呼喊声：

"缴枪不杀！"

"人民解放军宽待俘虏！"

一共二十分钟，战斗结束了。

满巷都是火光，敌人的死尸，死骡马，被子，迫击炮，小炮，重机枪……

李江国把俘虏集合起来，一清点，一百有余。他连忙又把敌人军官清出来，让战士押上。

周大勇握住马长胜的手，说："是你在房子上指挥战士们？打得很漂亮！"

马长胜用帽子擦擦脖子上的汗，蹲在一块石头上，脸朝墙壁，独自说："这也不解恨！"

周大勇进了敌人营长驻过的房子，想要找个俘虏来查明村周围的情况。突然，西边枪声很激烈，而且越来越近，好象立刻就要接近这村子。周大勇两个拳头支在桌子上，面色紧张。他思谋〔88〕了一阵，说："江国，去，把俘虏里头那些贼眉溜眼〔89〕的兵油子挑出一二十个放掉，而且用巧妙的方法说透〔90〕：我们队伍多得很，现在要朝北走！"

李江国说："这些作法，敌人眨眼就识透了。"

周大勇说："识透就识透吧。反正敌人得到这些乌七八糟〔91〕的情况，就要分析研究。他们三分析五研究，我们就走出二三十里了。再说，夜里敌人不敢胡冲乱撞〔92〕。"

战士们打扫完战场；李江国把村西放战斗警戒的部队撤回来。周大勇让战士们拿足弹药，让俘虏们背上卸去枪拴〔93〕的武器，消消停停〔94〕地向东南方前进了。

周大勇带上部队走了六七里路，侦察员赶上来报告，西面村子里的敌人听见东面打响，派出一个营向东伸〔95〕。可是闹不清是什么原因，敌人突然退回西村，并且在西村周围急急忙忙做工事。

周大勇说："他做他的工事，咱们走咱们的路，互不干涉！"

他得意地笑了。

	译	注
[1] 开初	kāichū	au début
		at the beginning
[2] 枪梢	qiāngshāo	bout de fusil
		muzzle of a gun
[3] 缀	zhuì	parsemer
		stud
[4] 稠	chóu	dense
		dense
[5] 厮杀	sīshā	combattre

			fight
[6]	抬杠	táigàng	contredire
			argue for the sake of arguing
[7]	瞎扯	xiāchě	bavarder
			talk rubbish
[8]	摸不清底	mō bù qīng dǐ	ne pas savoir clairement
			don't know the real situa-
			tion
[9]	晃游	huàngyou	errer
			wander
[10]	巡查哨	xúnchá shào	patrouille
			a patrol
[11]	弹性	tánxìng	agile
			elasticity
[12]	饱蓄精力	bǎoxù jīnglì	être plein d'entrain
			full of vigour
[13]	垅坎	lǒngkǎn	sillon
			a ridge in plowed land
[14]	隐蔽	yǐnbì	camoufler
			take cover
[15]	热闹处卖母	rènào chù mài	tout gâcher
	猪，尽干些	mǔzhū,jìn gàn xiē	unable to accomplish any-
	败兴事	bàixìng shì	thing but liable to spoil
			everything
[16]	婊子	biǎozi	prostituée
			prostitute
[17]	阳关大道	yángguān dàdào	grande route
			broad road
[18]	倒……楣	dǎo …… méi	avoir la malchance

432

			have bad luck
[19]	谱儿	pǔr	en parfaite connaissance de cause
			an idea about how to do something
[20]	一声不吭	yìshēng bùkēng	garder le silence
			keep silent
[21]	盘算	pánsuan	réfléchir
			figure
[22]	磨蹭	móceng	traîner
			slow-paced
[23]	思量	sīliang	réfléchir
			consider
[24]	征候	zhēnghòu	signe
			sign
[25]	素来	sùlái	toujours
			always
[26]	拧	níng	ici: saisir
			grip
[27]	筹思	chóusī	penser
			think
[28]	兵荒马乱	bīnghuāng-mǎluàn	troubles provoqués par la guerre
			turmoil and chaos of war
[29]	收拾	shōushi	détruire
			fight
[30]	王老虎	Wáng Lǎohǔ	*surnom d'une personne*
			nickname of a person
[31]	兴许	xīngxǔ	peut-être

433

			perhaps
[32]	宿营	sùyíng	camper
			camp
[33]	驻守	zhùshǒu	stationner
			station
[34]	侦察	zhēnchá	faire une reconnaissance
			reconnoitre
[35]	拼刺刀	pīn cìdāo	combattre corps à corps
			fight it out with bayonets
[36]	虚实	xūshi	faux ou vrai; ici: situation
			the actual situation
[37]	冒险	màoxiǎn	se risquer
			take the risk
[38]	戳	chuō	percer
			enter
[39]	招架	zhāojià	résister
			resistance
[40]	端掉	duāndiào	anéantir
			wipe out
[41]	业绩	yèjī	exploit
			merits
[42]	鼓动	gǔdòng	encourager
			incite
[43]	冲突	chōngtū	entrer en conflit
			conflict
[44]	烦乱	fánluàn	être anxieux
			be vexed
[45]	发躁	fāzào	impatient
			restless

434

[46]	心眼死	xīnyǎnr sǐ	têtu
			one-track minded
[47]	开阔地	kāikuòdì	terrain ouvert
			open terrain
[48]	私心	sīxīn	égoïsme
			selfish ideas
[49]	目下	mùxià	maintenant
			at present
[50]	擤	xǐng	se moucher
			blow (one's nose)
[51]	伤疤	shāngbā	cicatrice
			scar
[52]	草包	cǎobāo	bon à rien
			good-for-nothing
[53]	估摸	gūmo	estimer
			estimate
[54]	灵验	língyàn	efficace
			efficacious
[55]	眨眼工夫	zhǎyǎn gōngfu	en un clin d'œil
			in the twinkling of an eye
[56]	作用	zuòyòng	fonctionner
			function
[57]	榆林	Yúlín	*nom de lieu*
			name of a place
[58]	溃散	kuìsàn	être mis en déroute
			be defeated and dispersed
[59]	浪吃浪喝	làngchī lànghē	festiner
			feast
[60]	估划	gūhuà	estimer

estimate

[61] 迂迴　　　　yūhuí
détourner
outflank

[62] 警戒　　　　jǐngjiè
en garde
on guard

[63] 寻思　　　　xínsi
réfléchir
think

[64] 名堂　　　　míngtang
résultat
information

[65] 犯疑　　　　fànyí
soupçonner
be suspicious

[66] 前思后想　　qiánsī-hòuxiǎng
réfléchir longtemps
think over

[67] 左右为难　　zuǒyòu-wéinán
être pris entre deux feux
in a dilemma

[68] 打草惊蛇　　dǎcǎo-jīngshé
effrayer le serpent en remuant
　l'herbe
alert the enemy with rash
　actions

[69] 叮咛　　　　dīngníng
recommander
urge again and again

[70] 旱烟锅　　　hànyān guō
pipe chinoise
Chinese pipe

[71] 发懵　　　　fāměng
confus
get confused

[72] 牙关子　　　yáguānzi
dents
tooth

[73] 圪嘣嘣　　　gēbēngbēng
onomatopée
onomatopoeia

436

[74] 揽工	lǎngōng	travailler comme journalier
		work as a farm hand
[75] 熬活	áohuó	vivre misérablement
		work
[76] 支差	zhīchāi	en mission
		take up a mission
[77] 安顿	āndùn	recommander
		comfort
[78] 灵动	língdòng	sage
		be sensible
[79] 遮掩	zhēyǎn	déguiser
		disguise
[80] 百无一失	bǎiwúyìshī	être infaillible
		infallible
[81] 漏子	lòuzi	accident
		accident
[82] 纠缠	jiūchán	obséder
		tangle with
[83] 影影绰绰	yǐngyǐng-chuòchuò	vaguement
		vaguely
[84] 天塌地裂	tiāntā dìliè	le ciel s'écroule, la terre se fend
		as if there is an earthquake
[85] 油煎	yóujiān	s'inquiéter
		burning with impatience
[86] 建制	jiànzhì	organisation
		organization
[87] 披头盖脑	pītóu-gàinǎo	assener un rude coup à la tête

		right in the face
[88] 思谋	sīmóu	réfléchir
		think
[89] 贼眉溜眼	zéiméi-liūyǎn	air louche
		shifty eyed
[90] 透	tòu	à fond
		thoroughly
[91] 乌七八糟	wūqī-bāzāo	pêle-mêle
		awful (situation)
[92] 胡冲乱撞	húchōng luànzhuàng	foncer tête baissée
		dash around madly
[93] 枪栓	qiāngshuān	détente
		rifle bolt
[94] 消消停停	xiāoxiao-tíngtíng	tranquillement
		tranquilly
[95] 伸	shēn	avancer
		advance

曲 波

当代作家，山东蓬莱人，1923年生，16岁时参加了八路军，1943年入胶东抗大学习。1946年冬，他带领小部队深入牡丹江一带的林海雪原，与国民党残匪艰苦战斗半年，1950年因负重伤转业到工业部门工作。

曲波的文学活动开始于抗日战争时期，1955年开始业余写作。他的长篇小说《林海雪原》于1957年9月出版，以后又相继出版了《山呼海啸》、《狂飙曲》、《桥隆飙》等长篇小说和其他一些作品。

林 海 雪 原

（节选）

这部长篇小说描写了中国人民解放军在解放战争初期，为了巩固东北解放区的后方，保护土地改革，发动群众支援革命战争，组织了一支三十六人的小分队，深入林海雪原进行剿匪斗争的故事。小说以惊险曲折的情节和复杂多变的斗争方式，刻画了杨子荣、少剑波等英雄人物的大智大勇。作品充满传奇色彩，是一部描写解放军战斗生活的优秀作品。下面选文是该书的第20节。

* * *

20　逢险敌，舌战小炉匠

……

威虎山上。

杨子荣〔1〕摆布〔2〕一天的酒肉兵，把座山雕〔3〕这个六十大寿〔4〕的百鸡宴〔5〕，确安排得十分排场〔6〕。

傍晚，他深怕自己的布置有什么漏洞〔7〕，在小匪徒吆二喝三〔8〕忙忙活活的碗盘布置中，他步出〔9〕威虎厅，仔细检查了一遍他的布置。当他确信自己的安排没有什么差错的时候，内心激起了一阵暗喜，"好了！一切都好了！剑波同志，您的计划，我执行这一部分已经就绪〔10〕了。"可是在他的暗喜中，伴来了一阵激烈的担心，他担心着小分队此刻走在什么地方呢？孙达得是否取回了他的报告呢？剑波接没接到呢？小分队是否能在今夜到达呢？大麻子还没回来，是否这个恶匪会漏网〔11〕呢？总之，在这时间里，他的心里是千万个担心袭上来。

他又仰面环视了一下这不利的天气，厚厚的阴云，载来那滚滚的雪头，眼看就会倾天盖地压下来，更加重着他的担心。他走到鹿砦〔12〕边上，面对着幕色浮盖下的雪林，神情十分焦躁。他想："即便是小分队已经来了，会不会因为大雪盖踪而找不到这匪巢呢？特别是我留下最后一棵树上的刻痕离这里还有几里远。"他的担心和烦恼，随着这些激剧地增加着。

"九爷，点不点明子〔13〕？"

杨子荣背后这一声呼叫，把他吓了一跳，他马上警觉到自己的神情太危险，他的脑子唰的象一把刷子刷过去，刷清了他千万个担忧。他想："这样会出漏子的。"于是，他立即一定神〔14〕，拿出他司宴官〔15〕的威严，回头瞥了一眼他背后的那个连副〔16〕，慢吞吞地道："不忙！天还不太黑，六点再掌灯〔17〕。"

"是！"那个匪连副答应着转身跑去。

杨子荣觉得不能在这久想，需马上回威虎厅，刚要回身，突然瞥见东山包下，大麻子出山的道路上走来三个移动的人影。他的心突然一翻，努力凝视着走来的三个人，可是夜幕和落雪挡住了他的视线，怎么也看不清楚。他再等一分钟，揉了揉眼睛，那三个人影逐渐地走近了，看清了是两个小匪徒，押来一个人。眼上蒙着进山罩〔18〕，用一条树枝牵着。"这是谁呀？"顿时〔19〕千头万绪的猜测袭上他的心头。"是情况有变，剑波又派人来了吗？""是因为我一个人的力量单薄〔20〕派人来帮忙吗？""是孙达得路上失事，派人来告知我吗？""这个被押者与自己无关呢，还是有关？""是匪徒来投山吗？""是被捉来的老百姓吗？是大麻子行劫带回来的俘虏〔21〕吗？"

愈走近，他看被押来的那人的走象〔22〕愈觉得眼熟〔23〕，一时又想不起他到底是谁。他在这刹那间想遍了小分队所有的同志，可是究竟这人是谁呢？得不出结论。

"不管与我有关无关"，他内心急躁地一翻，也得快看明白，如果与自己有关的话，好来应付〔24〕一切。想着，他迈步向威虎厅走来。当他和那个被押者走拢〔25〕的时候，杨子荣突然认出了这个被押者〔26〕，他立时大吃一惊，全身怔住了，僵僵地站在那里。

"小炉匠，栾警尉〔27〕，"他差一点喊出来，他全身紧张得象块石头，他的心沉坠的象灌满了冷铅。"怎么办？这个匪徒认出了我，那一切就全完了。而且他也必然毫不费事地就能认出我。这个匪徒他是怎么来的呢？是越狱〔28〕了吗？还是被宽大〔29〕释放〔30〕了他又来干呢？"

他眼看着两个匪徒已把小炉匠押进威虎厅。他急躁地两手一擦脸，突然发现自己满手握着两把汗，紧张得两条腿几乎是麻木了。他发觉了这些，啐〔31〕了一口，狠狠地蔑视了一番自己，"这是恐惧的表现，这是莫大的错误，事到临头这样的不镇静，势必〔32〕出大乱子〔33〕。"

他马上两手一搓，全身一抖，牙一咬，马上一股力量使他镇静下来。不管这个匪徒是怎么来的，反正他已经来了！来了就要想来的法子。"他的眉毛一皱，一咬下嘴唇，内心一狠，"消灭他，我不消灭他，他就要消灭我，消灭小分队，消灭剑波的整个计划，要毁掉我们歼灭座山雕的任务。"

一个消灭这个栾匪的方案，涌上杨子荣的脑海，他脑子里展开一阵激烈的盘算：

"我是值日官，瞒过座山雕，马上枪毙他！"他的手不自觉地伸向他的枪把，可是马上他一转念，"不成！这会引起座山雕的怀疑。那么就躲着他，躲到小分队来了的时候一起消灭。不成，这更太愚蠢，要躲，又怎么能躲过我这个要职司宴官呢？那样我又怎么指挥酒肉兵呢？不躲吧！见了面，我的一切就全暴露了！我是捉他的审他的人，他怎么会认不出我呢？一被他认出，那么我的性命不要紧，我可以一排子弹，一阵手榴弹，杀他个人仰马翻〔34〕，打他个焦头烂额〔35〕，死也抓几个垫肚子的。可是小分队的计划，党的任务就落空〔36〕了，那么，怎么办呢？怎么办呢？……"

他要在这一秒计算的时间里，完全作出正确的决定，错一点就要一切完蛋〔37〕。他正想着，突然耳边一声"报告"，他定睛一看，一个匪徒站在他的面前。

"报告胡团副，旅长有请。"

杨子荣一听到这吉凶〔38〕难测〔39〕的"有请"两字，脑子轰地一下象要爆炸似的激烈震动。可是他的理智和勇敢，不屈的革命意志和视死如归的伟大胆魄，立即全部控制了他的惊恐和激动，他马上向那个匪徒回答道：

"回禀三爷，说我马上就到！"

他努力听了一下自己发出来的声音，是不是带有惊恐？是不是失去常态？还不错，坦然，镇静，从声音里听不出破绽。他自己这样品评着。他摸了一下插在腰里的二十响〔40〕，和插在腿上的一把锋利的匕首〔41〕，一晃肩膀，内心自语着："不怕！有利条件多！我现在已是座山雕确信不疑的红人〔42〕，又有'先遣图'〔43〕的铁证，我有置这个栾匪于死地的充分把柄〔44〕。先用舌战，实在最后不得已，我也可以和匪首们一块毁灭，凭我的杀法，杀他个天翻地覆，直到我最后的一口气。"

想到这里，他抬头一看，威虎厅离他只有五十余步了，三十秒钟后，这场吉凶难卜，神鬼难测的斗争就要开始。他怀着死活无惧的胆

442

魄，迈着轻松的步子，拉出一副和往常一样从容的神态，走进威虎厅。

威虎厅里，两盏野猪油灯，闪耀着蓝色的光亮。座山雕和七个金刚〔45〕，凶严地坐在他们自己的座位上，对面垂手站立着栾匪。这群匪魔在静默不语。杨子荣跨进来看到这种局面，也猜不透事情已有什么进程，这群匪魔是否已计议了什么？

"不管怎样，按自己的原套〔46〕来。"他想着，便笑嘻嘻地走到座山雕跟前，施了个匪礼，"禀三爷，老九奉命来见！"

"嘿！我的老九！看看你这个老朋友。"座山雕盯着杨子荣，又鄙视了一下站在他对面的那个栾警尉。

杨子荣的目光早已盯上了背着他而站的那个死对头〔47〕，当杨子荣看到这个栾匪神情惶恐、全身抖颤、头也不敢抬时，他断定了献礼时的基本情况还没变化，心里更安静了，他便开始施用他想定的"老朋友"见面的第一招〔48〕，他故意向座山雕挤了一下眼，满面笑容地走到栾匪跟前，拍了一下他那下坠的肩膀，"噢！我道是谁呀，原来是栾大哥，少见！少见！快请坐！请坐。"说着他拉过一条凳子。

栾匪蓦〔49〕一抬头，惊讶地盯着杨子荣，两只贼眼象是僵直了，嘴张了两张，也不敢坐下，也没说出什么来。

杨子荣深恐他这个敌手占了先，便更凑近栾匪的脸，背着座山雕和七个金刚的视线，眼中射出两股凶猛可怕的凶气，威逼着他的对手，施用开他的先发制敌〔50〕的手段，"栾大哥，我胡彪先来了一步，怎么样？你从哪来？嗯？投奔〔51〕蝴蝶迷〔52〕和郑三炮〔53〕高抬〔54〕你了吗？委〔55〕了个什么官？我胡彪祝你高升〔56〕。"

栾匪在杨子荣威严凶猛的目光威逼下，缩了一下脖子。被杨子荣这番没头没脑〔57〕、盖天罩地〔58〕、云三吹五〔59〕的假话，弄得蒙头转向〔60〕，目瞪口呆〔61〕。他明明认出了他眼前站的不是胡彪，胡彪早在奶头山落网了；他也明明认出了他眼前站的了是曾擒过他、审过他的共军杨子荣，可是在这个共军的威严下却说不出半句话来。

座山雕和七个金刚一阵狞笑。"蝴蝶迷给你个什么官？为什么又

443

到我这来？嗯？”

　　杨子荣已知道自己的话占了上风，内心正盘算着为加速这个栾匪毁灭来下一招。可是这个栾匪，神情上一秒一秒地起了变化，他由惊怕，到镇静，由镇静，又到轻松，由轻松，又表现出了莫大希望的神色。他似笑非笑地上下打量着杨子荣。

　　杨子荣看着自己的对手的变化，内心在随着猜测，“这个狡猾的匪徒是想承认我是胡彪，来个将计就计〔62〕借梯子下楼呢，还是要揭露我的身份以讨座山雕的欢心〔63〕呢？”在这两可之间，杨子荣突然觉悟到自己前一种想法的错误和危险，他清醒到在残酷的敌我斗争中不会有什么前者，必然是后者。即便是前者，自己也不能给匪徒当梯子，必须致他一死，才是安全，才是胜利。

　　果不出杨子荣的判断，这个凶恶的匪徒，眼光又凶又冷地盯着杨子荣冷冷地一笑，“好一个胡彪！你——你——你不是……”

　　“什么我的不是，”杨子荣在这要紧关头摸了一下腰里的二十响，发出一句森严的怒吼，把话岔到题外〔64〕，“我胡彪向来〔65〕对朋友讲义气〔66〕，不含糊，不是你姓栾的，当初在梨树沟你三舅家，我劝你投奔三爷，你却硬要拉我去投蝴蝶迷，这还能怨我胡彪不义气？如今怎么样？”杨子荣的语气略放缓和了一些，但含有浓厚的压制力，“他们对你好吗？今天来这儿有何公干〔67〕哪？”

　　七个金刚一齐大笑，“是啊！那个王八蛋〔68〕不够朋友，不是你自己找了去的？怎么又到这里来？有何公干哪？”

　　杨子荣的岔题显然在匪首中起了作用，可是栾匪却要辩清他的主题。瞧七个金刚一摆手，倒露出一副理直气壮的神气，“听我说，我不是这个意思，我是说……”

　　“别扯淡〔69〕，今天是我们三爷的六十大寿，”杨子荣厉声吓道，“没工夫和你辩是非。”

　　“是呀，你的废话少说，”座山雕哼了哼鹰嘴鼻子，“现在我只问你，你从哪里来？来我这干什么？”

　　栾匪在座山雕的怒目下，低下了头，咽了一口冤气，身上显然哆

444

嗦起来，可也不知是吓的，还是气的，干哑哑的嗓子挤出了一句："我从……蝴蝶迷那里来……"

杨子荣一听他的对手说了假话，不敢说出他的被俘，心中的底更大了。确定了迅速进攻，大岔话题。别让这个恶匪喘息〔70〕过来，也别让座山雕这个老匪回味〔71〕。他得意地晃了晃脑袋，"那么栾大哥，你从蝴蝶迷那里来干什么呢？莫非〔72〕是来拿你的'先遣图'吗？嗯？"杨子荣哈哈地冷笑起来。

这一句话，压得栾匪大惊失色，摸不着头绪，他到现在还以为他的"先遣图"还在他老婆那里，可是共军怎么知道了这个秘密呢？他不由得两手一张，眼一僵。

"怎么？伤动你的宝贝啦？"杨子荣一边笑，一边从容地抽着小烟袋，"这没法子，这叫着前世有缘〔74〕各保其主呀！"

这个匪徒楞了有三分钟，突然来了个大进攻，他完全突破了正进行的话题，象条疯狗一样吼道：

"三爷你中了共军的奸计了！"

"什么？"座山雕忽地站起来瞧着栾匪惊问。

"他……他……"栾匪手指着杨子荣，"他不是胡彪，他是一个共军。"

"啊！"座山雕和七个金刚，一齐惊愕地瞅着杨子荣，眼光是那样凶恶可畏。

这一刹那间，杨子荣脑子和心脏轰的一阵，象爆炸一样。他早就提防的问题可怕的焦点，竟在此刻，在节节顺利的此刻突然爆发，真难住了，威虎厅的空气紧张得象要爆炸一样，"是开枪呢，还是继续舌战？"他马上选择了后者，因为这还没到万不得已的境地。

于是他噗哧一笑，磕了磕吸尽了的烟灰，更加从容和镇静，慢吞吞〔75〕地、笑嘻嘻地吐了一口痰，把嘴一抹说道：

"只有疯狗，才咬自家的人，这叫作六亲不认。栾大哥，我看你象条被挤在夹道里的疯狗，翻身咬人，咬到咱多年的老朋友身上啦。我知道你的'先遣图'，无价宝，被我拿来，你一定恨我，所以就诬我是共军，真够狠毒的。你说我是共军，我就是共军吧！可是你怎么知道我是共军呢？嗯？！你说说我这个共军的来历吧？"说着他朝旁边椅上一坐，掏出他的小烟袋，又抽起烟来。

座山雕等被杨子荣那派从容镇静的神态，和毫无紧张的言语，减轻了对杨子荣的惊疑，转过头来对栾匪质问道：

"姓栾的，你怎么知道他是共军？你怎么又和他这共军相识的？"

"他……他……"栾匪又不敢说底细[76]，但又非说不可，吞吞吐吐[77]地，"他在九龙汇，捉……捉……过我。"

"哟！"杨子荣表示出一副特别惊奇的神情，"那么说，你被共军捕过吗？"杨子荣立起身来，更凶地逼近栾匪，"那么说，你此番究竟从哪里来的？共军怎么又把你放了？或者共军怎么把你派来的？"他回头严肃地对着座山雕道："三爷，咱们威虎山可是严严实实呀！所以共军他才打不进来，现在他被共军捉去过，他知道咱们威虎山的底细，今番来了，必有鬼！"

"没有！没有！"栾匪有点慌了，"三爷听我说，……"

"不管你有没有，"杨子荣装做怒火冲天的样子，"现在遍山大雪，你的脚印，已经留给了共军，我胡彪守山要紧。"说着他高声叫道：

"八连长！"

"有！"威虎厅套间跳出一个匪连长，带一块黄布值日袖标，跑到杨子荣跟前。

杨子荣向那个八连长命令道："这混蛋，踏破了山门，今天晚上可能引来共军，快派五个游动哨，顺他来的脚印警戒，没有我的命令，不许撤回。"

"是！"匪连长转身跑出去。

杨子荣的这一招安排，引起了座山雕极大的欢心，所有的疑惑已被驱逐得干干净净。他离开了座位，大背手，逼近栾匪，格格一笑，"你这条疯狗，你成心和我作对，先前你拉老九投蝴蝶迷，如今你又

446

来施〔78〕离间计〔79〕，好小子！你还想把共军引来，我岂能容你。"

栾匪被吓得倒退了两步，扑倒跪在地上，声声哀告："三爷，他不是胡彪，他是共军！"

杨子荣心想时机成熟了，只要座山雕再一笑，愈急愈好，再不能纠缠。他确定拿拿架子〔80〕，于是袖子一甩，手枪一摘，严肃地对着座山雕道：

"三爷，我胡彪向来不吃小人的气，我也是为把'先遣图'献给您而得罪了这条疯狗，这样吧，今天有他无我，有我无他，三爷要是容他，快把我赶下山去，叫这个无义的小子吃独的〔81〕吧！我走！我走！咱们后会有期〔82〕。"说着他袖子一甩就要走。

这时门外急着要吃百鸡宴的群匪徒，正等得不耐烦，一看杨子荣要走，乱吵吵地喊道：

"胡团副不能走……九爷不能走……"吵声马上转到对栾匪的叫骂，"那个小子，是条癞疯狗，砸碎他的骨头，尿泡的……"

座山雕一看这个情景，伸手拉住杨子荣，"老九！你怎么耍开了孩子气，你怎么和条疯狗耍性子〔83〕？三爷不会亏你。"说着回头对他脚下的那个栾匪格格一笑，狠狠地象踢狗一样地踢了一脚，"滚起来！"他笑嘻嘻地又回到他的座位。

杨子荣看了座山雕的第二笑，心里轻松多了，因为座山雕有个派头，三笑就要杀人。匪徒中流传着一句话："不怕座山雕暴，就怕座山雕笑。"

座山雕回到座位，咧着嘴瞧着栾匪戏耍地问道："你来投我，拿的什么作进见礼〔84〕？嗯？"

栾匪点头弯腰地装出一副可怜相，"丧家犬，一无所有，来日我下山拿来'先遣图'作为……"

"说的真轻快，"座山雕一歪鼻子，"你的'先遣图'在哪里？"

"在我老婆的地窖里。"

杨子荣噗哧笑了，"活见鬼，又来花言巧语地骗人，骗到三爷头上了。"

447

座山雕格格又一笑，顺手从桌下拿出一个小铁匣，从里面掏出几张纸，朝着栾匪摇了两摇，"哼……哼……它早来了！我崔某用不着你雨过送伞，你这空头人情还是去孝敬你的姑奶奶吧。"

栾匪一看座山雕拿的正是他的'先遣图'，惊得目瞪口呆，满脸冒虚汗。

"栾大哥，没想到吧？"杨子荣傲慢地道，"在你三舅家喝酒，我劝你投奔三爷，你至死不从，我趁你大醉，连你的衣服一块，我就把它拿来了！看看！"杨子荣掀了一下衣襟，露出擒栾匪时在他窝棚里所得栾匪的一件衣服，"这是你的吧？今天我该还给你。"

栾匪在七大金刚的狞笑中，呆得象个木鸡〔85〕一样，死僵的眼睛盯着傲慢的杨子荣。他对杨子荣这套细致无隙的准备，再也没法在座山雕面前尽他那徒子徒孙的反革命孝心了。他悲哀丧气地喘了一口粗气，象个泄了气的破皮球，稀软稀软地几乎站不住。可是这个匪徒突然一眨巴眼，大哭起来，狠狠照着自己的脸上打了响响的两个耳光子。"我该死！我该死！三爷饶我这一次，胡彪贤弟，别见我这个不是人的怪，我不是人！我不是人！"说着他把自己的耳朵扭了一把，狠狠地又是两个耳光子。

杨子荣一看栾匪换了这套伎俩，内心发出一阵喜笑，暗喜他初步的成功。"不过要治死这个匪徒，还得费一些唇舌，绝不能有任何一点松懈。对敌人的仁慈，就是对人民对革命的犯罪。必须继续进攻，严防座山雕对这匪徒发万一可能的恻隐之心〔86〕，或者为了发展他的实力而收留了这个匪徒。必须猛攻直下，治他一死，否则必是心腹之患。现在要施尽办法，借匪徒的刀来消灭这个匪徒。这是眼前的首要任务。"

他想到这里，便严肃恭敬地把脸转向座山雕，"禀三爷，再有五分钟就要开宴，您的六十大寿，咱的山礼山规，可不能被这条丧家的癫疯狗〔87〕给扰乱了！弟兄们正等着给您拜寿呢！"

拥挤在门口的匪徒们，早急着要吃吃喝喝了，一听杨子荣的话，一齐在门口哄起来，"三爷，快收拾了这条丧家狗！""今天这个好日子，这个尿泡的来了，真不吉利！""这是个害群马〔88〕，丧门星〔89〕，不宰了他，得倒霉一辈子！"群匪徒吵骂成一团。

"三爷……三爷……"栾匪听了这些，被吓得颤抖地跪在座山雕面前，苦苦哀告。"饶我这条命……弟兄们担戴〔90〕……胡……胡……"

"别他妈的装洋熊，"杨子荣眼一瞪，袖子一甩，走到大门口，向挤在门口气汹汹、乱哄哄的匪徒高喊道：

"弟兄们！司宴官胡彪命令，山外厅里一齐掌灯！准备给三爷拜寿，弟兄们好大饮百鸡宴！"

匪徒们一听，嗷的一声喊："九爷！得先宰了这个丧门星！"喊着一哄拥进了十几个，象抓一只半死的狐狸一样，把个栾匪抓起来，狠狠地扭着他的胳臂和衣领，拼命地揉了几揉，一齐向座山雕请求道："三爷早断。"

座山雕把脚一踩，手点着栾匪的脑门骂道："你这个刁棍，我今天不杀了你，就冲了我的六十大寿！也对不起我的胡老九。"说着他把左腮一摸，"杀了丧门星，逢凶化吉〔91〕；宰了猫头鹰〔92〕，我好益寿延年。说着他身子一仰，坐在他的大椅子上。

七大金刚一看座山雕的杀人信号，齐声喊道："架出去！"

匪徒们一阵呼喊怪叫，吵成一团，把栾匪象拖死狗一样，拖出威虎厅。

杨子荣胜利心花顿时开放，随在群匪身后，走出威虎厅，他边走边喊道：

"弟兄们！今天是大年三十，别伤了你们的吉利，不劳驾各位，我来干掉他。你们快摆宴张灯。"杨子荣走上前去，右手操枪，左手抓住栾匪的衣领，拉向西南。群匪徒一齐忙碌，山外厅里，张灯摆宴，威虎山灯火闪烁。

杨子荣把栾匪拉到西南陡沟沿，回头一看，没有旁人，他狠狠抓着栾匪衣领，低声怒骂道：

"你这个死不回头的匪徒，我叫你死个明白，一撮毛杀了你的老婆，夺去你的'先遣图'。我们捉住了一撮毛，我们的白姑娘又救活了你的老婆。本来九龙汇就该判决你，谁知今天你又来为非作恶，罪上加罪。这是你自作自受。今天我代表祖国，代表人民，来判决你的死刑。"

杨子荣说完，当当两枪，匪徒倒在地上。杨子荣细细地检查了一番，确信匪徒已死无疑，便一脚把栾匪的尸体，踢进烂石陡沟里。

杨子荣满心欢喜地跑回来，威虎厅已摆得整整齐齐，匪徒们静等着他这个司宴官。他笑嘻嘻地踏上司宴官的高大木墩，拿了拿架子，一本正经地喊道：

"三爷就位〔93〕！"

"徒儿们拜寿〔94〕！"

在他的喊声中，群匪徒分成三批，向座山雕拜着六十大寿的拜寿礼。

杨子荣内心暗骂道："你们他妈的拜寿礼，一会儿就是你们的断命日，叫你们这些匪杂种来个满堂光。"

拜寿礼成，杨子荣手举一大碗酒，高声喊道："今年三爷六十大寿，特在威虎厅赐宴，这叫做师徒同欢。今天酒肉加倍，弟兄们要猛喝多吃，祝三爷'官升寿长'！现在本司宴官命令：为三爷的官、为三爷的寿，通通一起干！"

群匪徒一阵狂笑，手捧大饭碗，咕咚咕咚喝下去。

接着匪徒们便"五啊！六啊！八仙寿！巧巧巧哇！全来到哇！……"猜拳〔95〕碰大碗，大喝狂饮起来。

杨子荣桌桌劝饮，指挥着他的酒肉兵，展开了猛烈的攻击。可是此刻他更加激剧地盼望着、惦记着小分队。

译　　注

[1] 杨子荣　　Yáng Zǐróng　　*nom de personne*

450

		name of a person
[2] 摆布	bǎibù	ordonner
		order about
[3] 座山雕	Zuòshāndiāo	*surnom d'une personne*
		nickname of a person
[4] 大寿	dàshòu	anniversaire
		birthday
[5] 百鸡宴	bǎijīyàn	un banquet avec cent pou- lets
		a banquet with chicken as the main dish
[6] 排场	páichang	faste
		ostentatious and extravagant
[7] 漏洞	lòudòng	lacune; défaut
		lacuna
[8] 吆二喝三	yāo'èr hèsān	criailler
		noisily
[9] 步出	bùchū	sortir de
		go out
[10] 就绪	jiùxù	être prêt
		get everything ready
[11] 漏网	lòuwǎng	échapper à l'arrestation
		escape unpunished
[12] 鹿砦	lùzhài	abattis
		abatis
[13] 点明子	diǎn míngzi	allumer la torche
		light torch
[14] 定神	dìngshén	se calmer
		compose oneself

451

[15]	司宴官	sīyànguān	surintendant du banquet
			surveillant of a banquet
[16]	连副	liánfù	chef adjoint de compagnie
			deputy company commander
[17]	掌灯	zhǎngdēng	allumer la lampe
			light lamp
[18]	罩	zhào	une bande de toile noire servant à couvrir les yeux
			a strip of cloth used to cover one's eyes
[19]	顿时	dùnshí	immédiatement
			at once
[20]	单薄	dānbó	faible
			weak
[21]	俘虏	fúlǔ	prisonnier
			capture
[22]	走象	zǒuxiàng	manière de marcher
			manner of walking
[23]	眼熟	yǎnshú	familier
			look familliar
[24]	应付	yìngfu	faire face à
			handle
[25]	走拢	zǒulǒng	s'approcher
			come near
[26]	被押者	bèiyāzhě	prisonnier escorté
			captive
[27]	小炉匠 栾警尉	xiǎolújiàng Luán jǐngwèi	petit forgeur (surnom), lieutenant Luan *"Xiaolujiang" is the nickname*

[28]	越狱	yuèyù	s'évader de la prison
			escape from prison
[29]	宽大	kuāndà	indulgence
			lenient
[30]	释放	shìfàng	mettre en liberté
			set free
[31]	啐	cuì	cracher
			spit
[32]	势必	shìbì	inévitablement
			inevitably
[33]	大乱子	dà luànzi	grand trouble
			great trouble
[34]	人仰马翻	rényǎng-mǎfān	être battu à plate couture
			utterly routed
[35]	焦头烂额	jiāotóu-làn'é	être dans un état piteux
			badly battered
[36]	落空	luòkōng	manquer le but
			accomplish nothing
[37]	完蛋	wándàn	faire fiasco; défaite complète
			fail completely
[38]	吉凶	jíxiōng	bonheur ou malheur
			good or ill luck
[39]	测	cè	prévoir
			foretell
[40]	二十响	èrshíxiǎng	une sorte de pistolet automatique
			a kind of automatic pistol
[41]	匕首	bǐshǒu	poignard

453

dagger

[42]	红人	hóngrénr	un favori de quelqu'un au pouvoir
			a favourite of somebody in power
[43]	先遣图	xiānqiǎntú	carte de liaison
			liaison map
[44]	把柄	bǎbǐng	point faible
			handle
[45]	金刚	jīn'gāng	assistant dévoué
			devoted followers
[46]	原套	yuántào	plan original
			original plan
[47]	死对头	sǐ duìtou	ennemi juré
			deadly enemy
[48]	招	zhāo	parade; moyen
			plot
[49]	蓦	mò	soudain
			suddenly
[50]	先发制敌	xiān fā zhì dí	vaincre l'ennemi en frappant le premier
			gain the upper hand by striking first
[51]	投奔	tóubèn	se joindre à qqn pour rechercher sa protection
			join and declare loyalty to somebody
[52]	蝴蝶迷	Húdiémí	*surnom d'une personne*
			nickname of a person

[53]	郑三炮	Zhèng Sānpào	*surnom d'une personne* *nickname of a person*
[54]	高抬	gāotái	promouvoir excessivement qqn give big promotion to somebody
[55]	委	wěi	nommer appoint
[56]	高升	gāoshēng	être promu win promotion
[57]	没头没脑	méitóu méinǎo	incompréhensible ununderstandable
[58]	盖天罩地	gàitiān zhàodì	ici: parler avec volubilité bear down
[59]	云三吹五	yúnsān chuīwǔ	bluffer boastful
[60]	蒙头转向	mēngtóu-zhuànxiàng	avoir l'esprit troublé et être désorienté confused
[61]	目瞪口呆	mùdèng-kǒudāi	être frappé de stupeur stupefied
[62]	将计就计	jiāngjì-jiùjì	tourner à son profit l'artifice de son adversaire beat somebody at his own game
[63]	讨……欢心	tǎo …… huānxīn	faire plaisir à qqn. win someone's favour
[64]	岔到题外	chàdào tí wài	détourner la conversation turn others' attention to

another subject

[65]	向来	xiànglái	depuis toujours
			have been always
[66]	义气	yìqì	dévoué à ses amis
			loyalty to friends
[67]	公干	gōnggàn	ici: mission
			business
[68]	王八蛋	wángbādàn	bâtard
			bastard
[69]	扯淡	chědàn	non-sens
			talk nonsense
[70]	喘息	chuǎnxī	haleter
			recover oneself
[71]	回味	huíwèi	se détromper
			reconsider
[72]	莫非	mòfēi	ne serait-ce pas que; est-ce que par hasard
			isn't that ...
[73]	不由得	bùyóude	ne pouvoir s'empêcher de
			can't help doing something
[74]	前世有缘	qián shì yǒu yuán	prédestination
			follow one's settled fate
[75]	慢吞吞	màntūntūn	lentement
			slowly
[76]	底细	dǐxì	le fond d'une affaire
			ins and outs
[77]	吞吞吐吐	tūntūn-tǔtǔ	parler avec hésitation
			speak with hesitation
[78]	施	shī	pratiquer

456

play (a trick)

[79] 离间计   líjiànjì   plan pour semer la discorde

a trick to set people of the
same against one another

[80] 拿架子   ná jiàzi   se donner de grands airs

put on airs

[81] 吃独的   chī dú de   accaparer

take all for oneself

[82] 后会有期   hòuhuì-yǒuqī   se rencontrer plus tard

see you later

[83] 耍性子   shuǎ xìngzi   être de mauvaise humeur

show a bad temper

[84] 进见礼   jìnjiànlǐ   cadeau offert à un supérieur

a present offered to one's
superior for their first meet-
ing

[85] 呆得象个   dāide xiàng ge mùjī   être figé comme un coq de
     木鸡   bois

as dumb as a wooden chicken

[86] 恻隐之心   cèyǐn zhī xīn   sentiment de pitié

sense of pity

[87] 丧家狗   sàngjiāgǒu   chien errant

stray cur

[88] 害群马   hàiqúnmǎ   brebis galeuse

one who degrades the whole
group

[89] 丧门星   sàngménxīng   étoile funeste

one who brings bad luck to
the house

[90]	担戴	dāndài	tolérer
			forgive
[91]	逢凶化吉	féngxiōng-huàjí	la malchance tourne en bonne
			turn ill luck into good
[92]	猫头鹰	māotóuyīng	hibou
			owl
[93]	就位	jiùwèi	prendre place
			take seat
[94]	拜寿	bàishòu	présenter ses compliments à
			l'anniversaire de qqn.
			greet an elderly person on
			his or her birthday
[95]	猜拳	cāiquán	jeu de la mourre
			a finger-guessing game played
			with the drinking of wine

杨 沫

当代女作家,原名杨成业,后又名杨君默、杨默,抗日战争后期至今名杨沫。1914年,杨沫生于北京一个没落官僚地主家庭,上过中学。后做过小学教师、家庭教师、书店店员。抗日战争爆发后,投身抗战,作妇女和宣传工作。陆续担任过报纸编辑。解放后,杨沫曾任北京妇联宣传部长,后任北京市作协副主席、中国作家协会理事。

代表著作有长篇小说《青春之歌》和《东方欲晓》。

青 春 之 歌

(节选)

《青春之歌》1958年由人民文学出版社出版。作品以一个女青年知识分子林道静在中国共产党的影响和培养下逐渐成长为无产阶级战士的过程为主要线索,广泛地反映了从1931年"九·一八"日本帝国主义侵略中国到1935年"一二·九"抗日救亡学生运动的兴起这段动荡历史时期的社会状况,同时刻画了当时各种知识分子的精神面貌和他们的思想发展过程。下面节选该小说第2部的第1章和第2章。

·   ·   ·

———

在王教授夫妇的掩护下,道静[1]终于坐上平汉线[2]火车到了定县〔3〕，并且在东关〔4〕外的完全小学校里又当起小学教员来。由于她的热心和努力，学生们喜欢她，连严格的校长——晓燕〔5〕的姑姑王彦文也很赞赏哥哥介绍来的这个年轻女教员。

尽管如此，但是空虚、怀念过去和向往未来的焦灼之感〔6〕，仍与日俱增地烦扰着她。她常常幻想着，有一天卢嘉川或者其他的革命同志会突然来找她——那该是个多么幸福的日子啊……但是一天天过去了，这些可敬的朋友都音讯杳然〔7〕，她也无从打听他们的下落。她虽然和徐辉通着信，并从她那儿得到不少的启发和鼓励，但是，她仍是感觉不满足，感觉生活里还缺少着什么重要的东西。

这样几个月过去了。

春天，有一天，她接到徐辉的一封信，信里介绍一位名叫江华的人将去找她，并嘱咐她替他介绍职业。道静接到这信后的高兴，真是没法形容。她把信看一遍，放在桌上，一个人笑笑，一会儿又拿起来再看一遍，又笑笑。再看再笑——再笑再看。这将要找她来的虽然不是卢嘉川，不是她熟悉的人，但是她下意识地〔8〕觉得是和他们有关系的——是革命的。她捏着信坐在椅子上胡思乱想："他是什么样儿？象卢嘉川？象许宁？还是……"她觉得自己想入非非〔9〕，不觉脸红起来。整个心灵被年轻人的狂热的幻想陶醉了。

一阵兴奋过去，她又着急起来。徐辉还叫她替江华介绍职业，可怎么介绍呢？到哪儿去找门路〔10〕呢？为这个，她翻来覆去急得一夜没睡好。第二天清早她爬起床来就去找校长王彦文。

"校长，我有个表兄〔11〕失业了，他就要来找我找事情。您给帮帮忙吧！"道静事先就编好了一套话。

王彦文校长有点惊奇，她迟疑地摆着脑袋笑道：

"学校早就开学了，你知道没空位置。……没听说过你有表兄啊。啊，是表兄吗？"

王彦文是个四十岁的老姑娘，从来还没有结过婚，因此对别人的婚事就带着特别的敏感和关心。

道静不好意思地笑了笑：

"校长，您别开玩笑。还是请您给我想办法。他叫江华，北大学生。最近因为婚姻问题——他父母强迫他和一个不认识的女人结婚，他不肯，和家里闹翻了，没法再求学，只好找事情维持生活。校长，您对人热心，定县城里熟人又多，一定请您替我帮忙！"她顺嘴〔12〕按编好的故事说着，不觉满脸通红，心里乱跳。

王彦文耳里听见了"婚姻"二字，眼见道静这么热情横溢〔13〕，便把江华真当成了道静的爱人。她想了一下，点点头说："道静，别着急，等他来了再想办法。他什么时候来找你？"

"大概快了。他来了，您一定要帮忙呀！"道静高兴地握住校长的手笑起来。"姑姑，您真是个好人呀！"

"唉，好、好，还是你们年轻人……"谨慎而胆小的王校长端详着道静细嫩的脸庞〔14〕，轻轻赞叹着。迟迟疑疑地也没说完她要说的话。

当天下午，完了功课，道静在屋里待不下去了，她一个人竟跑到很远的西关〔15〕车站去接江华。等到走到那儿，她才发觉自己的荒唐〔16〕——就是那位江华真的来了，她也并不认得呀。于是她又快快地〔17〕跑了回来。

一个星期后的一个傍晚，伕役〔18〕走来告诉道静，外面有位姓江的来找。她三步并作两步跑了出去。远远就看见在大门口立着一个高高的、身躯魁伟〔19〕、面色黧黑〔20〕的青年，他穿着一身灰布中山装〔21〕，戴着半旧的灰呢帽，象个朴素的大学生，也象个机关的小职员。道静跑到这人跟前，看见左右无人，红着脸说：

"贵姓？从哪儿来？"

"江华。从徐辉那里来。"那人点点头，小声说了上面的话。于是道静抢过他手里的小提包就把他领到自己的房间里。一进屋她立刻带上屋门，转过身附在江华的耳边象对熟朋友一样亲切地小声说：

"我叫你表兄，我说你是北大的。……别忘了，有人问，咱俩好说的一样。你说是吗？"

江华随便地看了道静一眼，似笑非笑地点点头，就在椅子上坐下

461

了。道静倚在桌旁望着这陌生人，希望他能告诉自己一些什么，可是这人很奇怪：他沉稳地坐着，只用锐利而和善的眼光看着道静，好大工夫并不开口。一时倒闹得道静怪不好意思。也不知说什么好。两人沉默一大会，江华这才开始说话。只听他的声音低沉，带着北方男子的重浊音〔22〕：

"你怎么认识徐辉的？到定县多少日子了？"

道静知道江华要了解她，她就把她来定县的经过仔细地说了。她说得很快，有时竟忘情地〔23〕提高了尖嗓门，这时江华就向她摆摆手，她领悟地笑笑才又放低了声音。接着，道静又说到她怎样急着等他来，又怎样向王校长要求替他介绍职业。最后，当她问到江华临来是否见到徐辉时，江华才向她微微一笑，说：

"真谢谢你。我还替你带来一封信呢。"江华从口袋里掏出一封信交给道静。"这是徐辉给你的。那上面替我介绍了。"江华说话简单、干脆，神情淳厚〔24〕而又质朴。

"真是！为什么不早点给我？"道静一边接信一边心里嘀咕。看过了信，她笑了。不由得喜形于色〔25〕地说：

"你来了可真好！你不知道，我早就盼着——做梦还想着有人来找我呢。……想不到徐辉真的把你送来了。"

江华仰起头来望望林道静那张热情、兴奋的脸，不禁稍稍感到了惊异。但他没让它显露出来，却也象熟朋友一般毫不拘束地问道静："你吃过饭没有？我可还没吃饭呢。"

道静哎呀了一声："糟糕〔26〕！高兴得什么都忘了。我们吃过了，可忘了给你弄水弄饭。好吧，我去给你打水；叫伕役给你买点东西回来吃吧。"

她跑出去沏了一壶茶回来，给江华倒了满满一杯，"喝吧，你一定也渴了。"

江华三口两口把茶喝了，道静忙着又给他倒了第二杯，这才坐在桌旁，歪着头问他：

"你怎么想着来定县的呢？原来在哪儿工作？"

江华还没有回答，佚役送来一大包吃的东西——有火烧〔27〕，有熏鸡〔28〕，有灌肠、熟肉等等，摆了半桌子。

"为什么买这么多？"江华等佚役出去了才问。

"你饿了，多吃点吧。火烧、熏鸡是定县的名产，不过它跟有些名牌货一样，有名也不见得好。"道静张罗〔30〕着给江华弄这弄那，手脚不闲，比多年不见的老朋友还亲热。

"老江，你临来看见徐辉了么？……"

"老江，徐辉的情况怎么样？……"

道静兴奋得一个劲地问江华这个、那个，可是江华却摇摇头笑着说：

"表哥——不是老江！"别的他没有回答她。

"啊，我真糊涂！"道静不好意思地笑了。

吃过饭天黑下来，道静住的小南屋点上了煤油灯，江华和她两个人就围着桌子谈了起来。

"学校的情况怎么样？可以谈谈吧？"江华问道。

道静歪着头想了想，说："我不知道都告诉你些什么——校长王彦文是我的朋友王晓燕的姑姑。是个基督教徒〔31〕。四十多岁了，还没结婚。教员一共有九个，其中女教员连我是三个。"

"这些教员的思想、生活情况 怎么样？——好的、坏的、一般的？"

江华这突如其来〔32〕的发问，使得道静感到很奇怪。他问这些干什么呢？……

"好！"道静还是很高兴地告诉他。"我看一般教员，包括两个职员全是这样的：有忧国〔33〕思想，对腐败的政府不满意，可是只是说说而已；另外也有两三个糊糊涂涂什么也不想、瞎混日子〔34〕——吃饭、教书、睡觉、打牌〔35〕，他们的全部生活就是这样。至于两个女教员呢，一个只想挣钱养活有病失业的丈夫；一个又只想找个有钱的丈夫能够养活她。"

"那么说，你看不出一个好人来了？"江华歪着脑袋微微一笑。

"当然也有比较好的，"道静微眯着眼睛，充满了一团稚气。"另外还有一个讨厌鬼〔36〕呢。"

"说说好的和讨厌的！"江华笑着说。

"我说，"道静也笑了。"讨厌的是个名叫伍雨田的大胖子。两道浓眉拧在一起好象鼻梁上爬着一大窝蚂蚁，说起话来摇头晃脑。最可气的地方是见了女教员好象苍蝇见了屎……"她见江华噗哧笑了，自己也忍不住笑起来。"这家伙不是好东西，国民党员，常往城里党部〔37〕跑。"

"你注意过没有？"江华很注意这个情况，他立即问道静道："他在学校有活动吗？"

道静摇摇头："没觉出来。"

"那么，好的是谁？请说说吧。"

"他名叫赵毓青，原来是保定二师〔38〕的学生，年轻、热情，我们俩还谈得来。他告诉我他参加过二师的学潮，没人的时候他还说他想共产党……"

"你也谈了你也想……对么？"江华笑道。

"嗯，"道静窘了，红着脸说："你真会猜！我们时常在一起谈我们的苦闷，谈革命，当然是很机密的。"

江华没有出声。他看了道静一眼，就拿起桌子上的学生作业翻看起来。沉了沉，他用玩笑的口吻问道静：

"林道静，你也很相信我吗？"

"怎么不相信！当然相信。"道静冲口说道〔39〕。

江华点点头。把学生作业放回原处，又说起别的来。"再谈谈你们学生们的情况好吧？"

"真是！这个人怎么这么仔细得怪〔40〕？"道静见他又打听起学生的情况，什么〔41〕多少数目，家庭成份〔42〕——什么农民多少，工人多少，有没有做官的……学生家庭的生活状况又是怎样……她就在心里嘀咕起来。"他打听这些有什么用呀？"但是，她还是把她所知道的全对江华说了。当然她知道得很不具体。说到最后，她好容易找了个空子回问江华道：

"你为什么想到定县来找工作？以前都在什么地方呢？"

"没有准地方。……"江华脸上纯朴的微笑，使人并不觉得他狡猾。他随便一带，又把话题带到道静身上来。"把你的过去，还有你的希望什么的，也对我这个新朋友谈谈行吗？"

"我很愿意告诉你。"道静的神情变得严肃了，她带着沉思的姿态慢慢地说。"我是地主的女儿，也是佃农〔43〕的女儿，所以我身上有白骨头也有黑骨头*。"说到这里，她偷偷看了江华一眼，看他并没有笑她，她就继续说下去。"过去，我多愁善感〔44〕，看什么都没有意思；父母对我不好，引起我对世界上的一切都憎恨。可是那时只知道憎恨，而不知怎么去反抗。直到我认识了一个最好的人，这个人才告诉我应当走什么样的道路，怎么去反抗这不合理的社会，怎样用阶级观点去看人看事。我这才，……可以这样说吧，我的白骨头的成分才减少了。我找到了一个人应当走的道路。可是这道路也够难走的，总找不着门。……"道静说到这里把话打住了。她的两眼焦灼地看着江华，似乎还有好多话没有说出来。

许久，江华没有出声。他用深沉的目光看着道静，似乎在说："年轻的姑娘，你说的倒是实话。"

二

五月的鲜花
开遍了原野，
鲜花掩盖着志士〔45〕的鲜血，
为了挽救这垂危〔46〕的民族，
他们曾顽强地抗战不息！
……………

虽然夜里睡得很晚，但天刚亮道静就起来了。估计江华还在睡

---

* 出自俄罗斯民间传说。白骨头代表贵族，黑骨头代表奴隶和劳动人民。

觉，她就一个人走到学校附近的旷野〔47〕里，一边散步一边唱起歌来。走在一座孤坟〔48〕前，她低声地唱起了《五月的鲜花》。因为这时她想起了卢嘉川——自从江华来到后，不知怎的，她总是把他们两个人放在一起来相比。为这个，她那久久埋藏在心底的忧念又被掀动〔49〕了。为了驱走心上的忧伤，她伸手在道边摘起野花来。在春天的原野上，清晨刮着带有寒意的小风，空气清新、凉爽，仿佛还有一股沁人心脾〔50〕的香气在飘荡。她一边采着一丛丛的二月兰〔51〕，一边想着江华的到来会给她的生活带来许多新的可贵的东西，渐渐她的心情又快活了。

她采了一大把二月兰和几枝丁香花向学校跑着。她穿着天蓝色阴丹士林〔52〕的短旗袍〔53〕，外面套着浅蓝色的毛背心，白鞋白袜，颈上围着一条白绸巾，衬着她白白的秀丽的脸，这时，无论她的外形和内心全洋溢着一种美丽的青春的气息，正象这春天的早晨一样。回到学校，她把花儿分放在两只玻璃瓶子里，灌满清水，才拿着一只瓶子到江华住的西屋里去找江华。她开始蹑手蹑脚〔54〕地怕吵醒了他，可是隔着门缝一望：江华已经起来了，正在低着头看书。他一回头看见道静背着手站在门外不进来，就站起身问道：

"为什么不进屋来？手里拿着什么呀？"

"这东西你一定不喜欢。可是……"道静不好意思地把花瓶放在小桌上，有些羞涩〔55〕地说。"你一定笑话我，可是我很喜欢花，刚才摘来的。"

想不到江华连瓶子带花抱起来闻了闻，连连点头笑道："真香！真香！美好的东西人人喜欢，为什么我就一定不喜欢呢！"他把瓶子放在桌上，回身向着道静："你定县城里熟不熟？我想出去找个朋友。"

"你要出去吗？现在就要吃早饭了，吃过饭我领你去。"

"不用。你要上课，我自己去找吧。"江华说罢，沉吟〔56〕一下，微微一笑道："我想到一个问题，你必须要做精神准备——这就是别人会怎样看咱们的关系。"

道静脸孔微微一红，立刻想也不想地说道：

"那有什么关系！别人怎么看全没关系。你放心吧！"

"那很好。"江华认真地说。"这样我们更便于谈话。我想在你这儿多住几天，你看怎么样？"

"那好极啦！我就催校长赶快给你找工作。"

"好。"

这个学校的教员们，看见一个年轻男子来找道静，两个人的样子又很亲密，果真都以为江华就是道静的爱人，便三三两两交头接耳〔57〕地谈论起来了。吃饭时候，肥胖的男教员伍雨田睁着两只圆眼问道静道：

"林先生，问您点事：为什么咱中国有好些情人不承认是情人，偏要说是表兄表妹呢！"哄〔58〕的一声，七八个男女教员全笑了。只有那个问话的伍雨田，绷着油光的肥脸〔59〕，拧着象道静说的蚂蚁爬的黑眉毛〔60〕，煞有介事地〔61〕立等着〔62〕道静的回答。

道静并没有被这突然的袭击吓倒。有了江华给她做的精神准备，她采取了沉稳〔63〕的对策〔64〕，一边吃着馒头，一边不慌不忙地答道：

"您连这点事都不明白吗？这是因为中国的封建势力太大了，自由恋爱受到阻碍，说是情人行不通，那就说成表兄表妹嘛。"

伍雨田的圆眼瞪的更大了，对这答案似乎不满足，紧跟着又来了一炮〔65〕：

"那么你们二位呢？"他摇头晃脑地看看江华，又看看道静。"表兄妹乎〔66〕？情人乎？还是二者兼而有之〔67〕呢？……"

一阵大笑在饭厅里爆发了。

"就是兼而有之！"道静听得笑声小了，不耐烦地冲了一句〔68〕。

道静旁若无人〔69〕的倔强劲〔70〕，江华微笑不语的沉稳劲，和伍雨田那个探头探脑〔71〕煞有介事的滑稽劲〔72〕，引起了全屋子人更大的笑声。两个女教员扔掉了筷子笑得前仰后合〔73〕。只有校长王彦文觉得教员们对于新来的客人太不礼貌了，便调解似的晃着筷子细声细气〔74〕地喊道：

"诸位，诸位别这么笑啦！江先生是远道的客人，这样取笑，对待客人多不恭敬〔75〕呀！……江先生，别见怪，我们大伙跟道静可都象兄弟姐妹一样呢。"

"对啦，对啦，伍先生别开玩笑啦！""伍先生别当法海和尚〔76〕啦！"教员们七嘴八舌〔77〕地乱哄一阵，这才把一场取闹〔78〕结束了。

离开饭厅，江华跟着道静仍回到她的屋子里。一进屋，道静向江华忿忿地说：

"你生气了吧？……你看那些人对你多不客气呀！"

"生什么气，"江华温厚地笑着。"这些小市民〔79〕就是这样嘛。道静，你还不错，能沉着应付。咱们以后顺坡骑驴〔80〕就这样做下去吧。"江华突然大笑了。道静也大笑了。她笑得捧着肚子，眼泪几乎流了出来。

这天，江华出去了，晚上八九点钟，天气不早了，他才回来。灯下，道静正想问问江华的情况，不想江华才在桌边坐稳了，他又考问起道静来。这次他问的不是学校情况和一般的生活而是革命的道理。

"道静，咱们来谈点别的问题——你知道现在中国革命的基本问题是什么吗？"

道静睁着两只大眼睛，一下回答不上来。

"那么，再谈点别的。"等了一下江华又说。"察北〔81〕抗日同盟军〔82〕虽然失败了，但它对于全国抗日救亡运动都起了什么作用？你认为中国的革命将要沿着什么样的道路发展下去呢？"

道静抿着嘴〔83〕来回摆弄着一条白手绢，半天还是回答不上来。

平日，道静自以为读的大部头书〔84〕并不少。辩证法〔85〕三原则，资本主义的范畴〔86〕和阶段，以及帝国主义必然灭亡、共产主义必然胜利的理论，她全读得不少。可是当江华突然问到这些中国革命的具体问题，问到一些最平常的斗争知识的时候，她却蒙住〔87〕了。

她歪着脑袋使劲思索着，很想叫自己的答案圆满、漂亮。但可惜她平日并不大关心报纸，又很少学习关于中国革命实际问题的文章，因此这时越想就越心乱，想勉强说几句，又觉得残缺不全，还不如不说好。沉了半天，她才真象个答不上老师提问的小学生，两只大眼睛滴溜滴溜〔88〕在江华的脸上转一阵，最后无可如何地说：

"想半天也想不出来。你这一问可把我的老底子抖搂〔88〕出来了。……真糟糕！过去我怎么就不注意这些问题呢？"

看见道静那种狼狈而又天真的样子，江华忍不住笑了：

"那么，我再问你个问题——你说中国能够战胜日本吗？"

"当然能够！"这回道静回答得很快，她有条有理地说："第一、因为中国四万万同胞都不愿当亡国奴；第二、中国地大物博人多，而日本国小人少，光凭武器也不能取胜；第三、……"她咬着嘴唇想了想："第三、有共产党和进步人民坚决抗日，抗日阵线有共产党参加。老江，你说对吗？"

江华坐在桌旁，有一会子默不出声。看出道静站在旁边等急了，他才慢慢说道：

"前面说的还差不多。可是第三个答案有大毛病。中国革命没有共产党领导是不会成功的。抗日战争也一样。共产党不仅是参加，而且要领导。要绝对的领导，抗日这才有胜利的保障。"江华说到这儿，深沉的眼睛闪闪发光，显得热情而又激昂。道静全神贯注地听着江华的话。一种油然而生〔90〕的崇敬的感情，使得她突然异常地快活起来。她又给江华倒了一杯水，自己也喝了几口，然后靠在桌边闪着发亮的大眼睛，说：

"老江，这回碰到你多高兴！我知道的事太少啦，许多问题了解得似是而非。……你以后可真要多帮助我。你是哪个大学毕业的？参加革命好多年了吧？"

"不算是大学生。说是个工人，还更合适。"

"啊，你是工人？"江华的回答，使道静大吃一惊。

"是呀。"江华笑笑说，"不久以前我还在煤矿上呢。"

道静半信半疑地摇着头：

"我看你一点也不象工人呀，那么丰富的知识……我一直还以为你是大学生呢。"

江华笑道：

"怎么样？你以为工人都是粗胳膊笨腿，浑浑蒙蒙〔91〕的吗？不见得都是这样吧？"

一句话好象响雷般落在道静的心上。刚才江华问她问题她回答不上，但她并不觉得难堪，现在当江华说了这句话，不知怎的却使她忽然感到了羞愧。她摆弄着衣角，小声说：

"口头上我也知道工人阶级能干、有力量，可是，心里……老江，我对你说真话：我还是觉得'万般皆下品，唯有读书高'〔92〕。……今天，我才明白了我自己——空空洞洞〔93〕的绣花枕头〔94〕——对吧？"

听罢她的话，江华笑起来了。他不说话只是微笑，闹得正懊丧着的道静也只好笑了。

"道静，请你告诉我，"沉了沉，江华又向她提问题了。"你和学生们的家长〔95〕，比如象那些做工的、种庄稼的学生家长有来往吗？"

"没有。"道静不安地回答。"我真的没有想到这上头。有了时间，我只是读些书。"

江华手里玩弄着一把小米突尺〔96〕，沉思的目光紧对着道静说：

"以后，我看通过学生关系，你多跟一些工人农民的家庭来往来往，交交朋友吧，这对你是有好处的。这些人跟你过去来往的人可不一样，有意思得很。"他的话说得很自然，很随便，令人没有感到一点教训的意味。

"对！"道静说。"我有时也想跟这些人谈话，可就是不知谈什么好——好象没什么可说的。"

江华在屋子里转游起来。他开门看看黑漆漆的院子，关上门，又对着墙上挂着的白胡子托尔斯泰〔97〕的照片看了一会，然后，才回过身对道静笑道：

"道静，我看你还是把革命想得太美妙啦，太高超啦。倒挺象一个浪漫派的诗人。……所以我很希望你以后能够多和劳动者接触接触，他们柴米油盐、带孩子、过日子的事知道得很多，实际得很。你也很需要这种实际精神呢。"

道静仰脸看着江华没有回答。不知道她是接受了呢，还是没有接受他的这种劝告，当晚他们就这样分散了。

江华在定县小学暂时住下来了。道静上课时候他就出去，晚上掌灯[98]以后才回来。回来后，他还继续向道静提出各样问题叫她解答，同时也和她一同分析各种问题。有时，他们正在低声谈着话，会有好奇的同事突然推门进来。这时，江华就含着微笑，默默地站起身来；道静就安静地立在他身边，也不掩饰脸上的幸福和欢乐。

"热恋中的情人……"同事们满足地出去了，他们依旧又严肃地谈起问题来。

有一次，道静忍不住插嘴问江华：

"老江，你过去的生活，你到定县来的原因，我问了你多少次，你怎么老是不谈呀？"

江华说："我到定县找你，就是为的找点工作，没别的。至于我过去的生活，有什么可说的呢？平常得很。以后有机会再谈吧。"

道静无可奈何地笑了。她看出了江华是一个踏实、有魄力、坚毅、果决的人，而且她暗暗看出他也是一个负有重要革命任务的人。但是，他究竟是做什么的呢？他的来龙去脉[99]是怎么回事呢？她忍不住好奇心总想问。可是她问了多少次也没问出一点名堂[100]来。虽然江华对她是那样亲切而和善。

每天江华都是早出晚归。这晚，江华没回来，道静等到半夜了，还不见他回来，心里焦虑不安，睡也睡不着。江华虽然不讲，道静是知道他出去做什么的，因此，她总担着心。一直挨到后半夜了，才听见窗纸轻轻响了几下，接着一个沙哑的低声在窗外喊着：

"道静，道静……"

道静迅速跳起来，把灯捻〔101〕亮，开了屋门。

这是江华。他穿着破烂的农民服装，浑身沾满了泥水，闪身走进屋来。

微弱的灯光下只见他的脸色惨白，高大的身躯沉重地站在屋地上有几秒钟不动也不说话，仿佛一棵矗立的老树干。

道静惊悸地〔102〕望着他，心里禁不住怦怦乱跳。

"道静，发生了一点麻烦事，我就要离开你这儿。"江华的脸孔忽然抽搐〔103〕起来，好象每吐一个字都使他感到极大的痛苦。 他轻轻坐在椅子上，喘息了一阵又说："我原打算我们在一起多待些天，可惜我的打算落空了。……请把灯捻小点——越小越好。"

道静屏住〔104〕呼吸捻小了灯。随后轻轻走到江华身边， 仔细地向他望着。就着窗外透进来的薄明的月光一看——她惊呆了。只见江华的右肩膀和右臂上有湿漉漉的〔105〕红红的一大片——这不是鲜血吗？

"你，你受伤啦？"道静的声音又低又慌悚。"怎么啦？叫谁打的？"

"你想，还有什么人！"江华斜着身子靠着一把椅子休息了一会，渐渐地又恢复了从容的常态说："请你给我一块布捆一下。"

道静急忙找了一块布要替他捆扎，但他没要她包扎〔106〕，而用自己的牙齿和左手几下子就包上了右臂的伤口。当他包扎完了，这才叫道静找条布条替他扎紧。立时鲜血又浸湿出来了。

"道静，我很遗憾，没有来得及多和你谈谈工作。"他的声音很低、很弱。"这几天都是谈些闲话，没想到事情变化得这么快。……怎么样，你愿做些实际工作吗？"

"当然。可是老江，请你告诉我……"想到一个久已压在心头的问题，道静的心跳得更快了，她抑制住自己，低声地问："请你告诉我——你是共产党员吗？"

"怎么样？"

"我，我——你可以介绍我参加党吗？"

472

江华坐在椅子上，头紧紧靠在墙上。他闭着眼睛忍过一阵剧烈的痛楚，然后睁开眼盯着道静，苍白的脸上露着微微的笑容：

"你会懂得考验这两个字的意思。你从生活里考验了党，考验了革命；可是，革命也要考验你。……道静，你要经得起考验，党是会给你打开大门的。"他轻轻地咳嗽两声，头无力地垂在桌边上。过一会儿他又抬起头来看着愣在身边的道静，声音里忽然充满了关切和兄长般的慈爱。"别难过！以后你会有机会参加的。现在，要做点实际的工作。你在学生和同事当中还没有进行过工作，学生家长的工作也还没做，我走后要开始做。……现在咱们就来讨论一下怎么做法吧。"

黎明前，江华和道静的谈话结束了。他扶着桌沿站起身来望了望窗户纸——东方已经发白。他最后一次低声嘱咐着她："要大胆，又要细心，要尽量团结教职员。我相信你会做出成绩来的。好，趁着天不亮，我要走了。你把我的提包拿过来，我换件衣裳。"

看见他把血衣脱下来，卷了个卷；看见他镇静地用一只手洗了脸，从容不迫地收拾着东西，道静的心却又慌又乱象滚开的水。

"你真要走？伤口还在流血。"

"不要紧。"江华微笑的嘴唇白得没有血色。"昨夜我们正开着会被县里派来的保卫团[107]包围了。我冲出来时挨了一枪……不过不要紧。现在情况很严重，我要赶快到别处去。"

"你还回来吗？"道静的嘴角浮上希望的苦笑。

"不一定。不过以后我们会有办法联系上的。也会有人来找你的。我有个姑母，她很好，就住在这一带，也许她会找你来……好吧，你送送我，咱们从大门口走，就说赶火车。"江华又装扮成一个职员模样，拿起帽子。道静替他提着小提包就往外走。

拂晓[108]，寂寥[109]的晨星还在西方的天边闪着最后的微弱的光，城外是一片静寂。他们踏着沾满露珠的青草，在晨曦[110]中走着，路上，江华不再出声，道静的心也沉甸甸[111]的。她有好多好多的问题，但是没法向他再发问。

"这是个多么坚强、勇敢、诲人不倦[112]的人啊！"道静扭头望望她身边的江华，只见他的脸色虽然苍白，但神态却非常从容镇定，仿佛任何痛苦也没有。"他不痛？……"道静的心却痛着，忍不住低声问他："痛吗？你该在我这儿休养几天。"

江华摇摇头没有出声。只是大步走着。走到一个三岔路口〔113〕，他站住了脚：

"道静，不必这样心肠软——斗争就是残酷的嘛。……你回去吧。"

"老江，"道静忽然问道。"你的真名是什么？这一点可以告诉我吗？"

"李孟瑜。你回去吧，我该走了。再见！"江华不容道静再问下去，说罢，就向大路上走去了。

"他是不是就是北大南下示威时那个总指挥李孟瑜呢？……"她呆呆站在一棵大柳树下思索着。望着那高大的身影一点点消失在迷蒙的晨雾中了，她慢慢低下头去，好象祷告〔114〕似的在心里默默祝念〔115〕：

"同志，平安……希望你还回来。……"

译　　注

[1] 道静　　　Dàojing　　　*nom de personne*
name of a person

[2] 平汉线　　Píng-Hànxiàn　　ligne Beiping — Hankou
Beiping — Hankou Railway

[3] 定县　　　Dìng Xiàn　　　*nom d'un district* (*dans la province du Hebei*)

		a county in Hebei province
[4] 东关	Dōngguān	*nom de lieu*
		name of a place
[5] 晓燕	Xiǎoyàn	*nom de personne*
		name of a person
[6] 焦灼之感	jiāozhuó zhī gǎn	anxiété
		anxiety
[7] 音讯杳然	yīnxùn-yǎorán	pas de nouvelles
		have not been heard of
[8] 下意识地	xiàyìshide	avec subconscience
		subconsciously
[9] 想入非非	xiǎngrù-fēifēi	pousser son imagination jusqu' à la divagation
		allow one's fancy to run wild
[10] 门路	ménlù	relations sociales
		social connections
[11] 表兄	biǎoxiōng	cousin
		cousin
[12] 顺嘴	shùnzuǐ	(dire qch.) sans réfléchir
		say something without thinking
[13] 横溢	héngyì	débordant
		brim with
[14] 脸庞	liǎnpáng	visage
		face
[15] 西关	Xīguān	*nom de lieu*
		name of a place
[16] 荒唐	huāngtáng	extravagant; insensé

		ridiculous
[17] 怏怏地	yàngyàng de	mécontentement
		unhappily
[18] 伕役	fūyì	homme de service
		a service man
[19] 魁伟	kuíwěi	costaud
		big and tall
[20] 黧黑	líhēi	bronzé
		dark
[21] 中山装	zhōngshānzhuāng	costume à la Sun Yat-sen
		(à col fermé et avec quatre
		poches)
		Chinese uniform
[22] 重浊音	Zhòngzhuóyīn	consonne sonore
		heavy voiced sound
[23] 忘情地	wàngqíng de	se laisser aller
		let oneself go
[24] 淳厚	chúnhòu	honnête
		pure and honest
[25] 喜形于色	xíxíngyúsè	visage rayonnant de joie
		light up with pleasure
[26] 糟糕	zāogāo	désastreux
		too bad
[27] 火烧	huǒshao	galette
		Chinese muffin
[28] 熏鸡	xūnjī	poulet fumé
		smoked chicken
[29] 灌肠	guàncháng	saucisson
		sausage

[30]	张罗	zhāngluo	s'occuper de
			get busy about
[31]	基督教徒	Jīdū jiàotú	chrétien
			Christian
[32]	突如其来	tūrúqílái	à l'improviste
			unexpected
[33]	忧国	yōu guó	s'attrister des malheurs de la patrie
			worry about the country
[34]	瞎混日子	xiāhùn rìzi	vivre au jour le jour
			drift along aimlessly
[35]	打牌	dǎ pái	jouer aux cartes
			play cards
[36]	讨厌鬼	tǎoyàn gu	dégueulasse
			nuisance
[37]	党部	dǎngbù	comité local du Parti Nationaliste (Guomindang)
			the party committee (of Kuomintang)
[38]	保定二师	Bǎodìng Èrshī	Ecole normale N°. 2 de Baoding
			The No.2 Normal School of Baoding
[39]	冲口说道	chōngkǒu shuōdào	dire sans réfléchir
			blurt out
[40]	仔细得怪	zǐxì de guài	minutieux à outrance
			very careful
[41]	什么……	shénme ……	tel que
			such as

[42]	成份	chéngfèn	origine de classe
			class status
[43]	佃农	diànnóng	métayer
			tenant-peasant
[44]	多愁善感	duōchóu-shàngǎn	être enclin à la mélancolie
			sentimental
[45]	志士	zhìshì	personne qui a un grand idéal
			person with lofty ideals
[46]	垂危	chuíwēi	agonisant
			at one's last gasp
[47]	旷野	kuàngyě	campagne vaste et dénudée
			wilderness
[48]	孤坟	gūfén	tombeau isolé
			a solitary tomb
[49]	掀动	xiāndòng	susciter
			stir up
[50]	沁人心脾	qìnrén-xīnpí	qui apporte fraîcheur et sérénité
			refreshing
[51]	二月兰	èryuèlán	une espèce d'orchidée
			cymbidium
[52]	阴丹士林	yīndānshìlín	indanthrène
			indanthrene
[53]	旗袍	qípáo	robe chinoise
			Manchurian dress
[54]	蹑手蹑脚	nièshǒu-nièjiǎo	marcher légèrement
			tiptoe
[55]	羞涩	xiūsè	timide

478

			shy
[56]	沉吟	chényín	réfléchir
			consider something in one's mind
[57]	交头接耳	jiāotóu-jiē'ěr	parler de bouche à oreille
			whisper to each other
[58]	哄	hòng	*onomatopée*
			onomatopoeia
[59]	绷着脸	běngzhe liǎn	prendre un air sévère
			pull a long face
[60]	拧着眉毛	nǐngzhe méimao	froncer le sourcil
			knit one's brows
[61]	煞有介事地	shàyǒujièshì de	avec le plus grand sérieux
			pretend to be serious
[62]	立等着	lìděngzhe	attendre avec impatience une réponse
			wait anxiously for (an answer)
[63]	沉稳	chénwěn	avec sang-froid
			steady
[64]	对策	duìcè	contre-mesure
			counter-measure
[65]	炮	pào	*ici spécifieatif*
			a measure word
[66]	乎	hū	*particule interrogative ou dubitative*
			an interrogative particle
[67]	兼而有之	jiān'éryǒuzhī	tous les deux à la fois
			both of them
[68]	冲了一句	chòngle yí jù	riposter

		say something resolutely
[69] 旁若无人	pángruòwúrén	agir comme s'il n'y avait personne à ses côtés
		act as if there was no one else present
[70] 倔强劲	juéjiàng jìnr	air obstiné
		stubbornness
[71] 探头探脑	tàntóu tànnǎo	regarder et écouter furtivement
		pop one's head in and look about
[72] 滑稽劲	huájī jìnr	air ridicule
		funny look
[73] 笑得前仰后合	xiào de qiányǎng hòuhé	se tordre de rire
		rock with laughter
[74] 细声细气	xìshēng xìqì	à voix fine
		with a thready voice
[75] 恭敬	gōngjìng	respectueux
		respect
[76] 法海和尚	Fǎhǎi héshang	le moine Fa Hai qui empêchait le mariage des deux amoureux dans l'opéra de Pékin "Histoire du Serpent Blanc"
		name of a monk in a Chinese legend who persecuted the young couple, Xu Xian and Bai Niangzi, to death
[77] 七嘴八舌	qīzuǐ-bāshé	tout le monde parle en même

480

temps

all talking at once

[78] 取闹　qǔnào　se moquer de

make fun of

[79] 小市民　xiǎoshìmín　menu peuple citadin

common people

[80] 顺坡骑驴　shùnpō qí lǘ　agir selon les circonstances

make use of an opportunity

to gain one's end

[81] 察北　Cháběi　dans le nord de la province

du Chahaer (actuellement

province du Hebei)

the northern part of Chahaer

Province

[82] 同盟军　tóngméngjūn　forces alliées

allied forces

[83] 抿着嘴　mǐnzhe zuǐ　pincer les lèvres

compress one's lips

[84] 大部头书　dàbùtóu shū　gros volume

thick books

[85] 辩证法　biànzhèngfǎ　dialectique

dialectics

[86] 范畴　fànchóu　domaine

category

[87] 蒙住　mēngzhù　être ingorant

be puzzled

[88] 滴溜　dīliū　(tourner) vivement

glance up and down

[89] 抖搂　dǒulou　révéler totalement

			reveal thoroughly
[90]	油然而生	yóurán'érshēng	naître spontanément
			rise spontaneously
[91]	浑浑蒙蒙	húnhún méngméng	ignorant
			ignorant
[92]	万般皆下品，唯有读书高	Wànbān jiē xiàpǐn, wéiyǒu dúshū gāo	toutes les occupations sont viletés, seule l'étude des livres a de la valeur; rien n'est supérieur que la lecture
			Nothing is more superior than reading.
[93]	空空洞洞	kōngkōng-dòngdòng	creux
			empty
[94]	绣花枕头	xiùhuā-zhěntou	oreiller brodé
			embroidered pillow; Here it implies something beautiful outside, but ugly inside.
[95]	家长	jiāzhǎng	parents des élèves
			parents of students
[96]	米突尺	mǐtūchǐ	mètre
			a ruler
[97]	托尔斯泰	Tuō'ěrsītài	L.N. Tolstoï (1828-1910) écrivain russe
			Tolstoy
[98]	掌灯	zhǎngdēng	allumer la lampe
			light a lamp
[99]	来龙去脉	láilóng-qùmài	ici son origine et sa situation actuelle
			the origin and present situa-

[100] 名堂	míngtang	résultat result
[101] 捻	niǎn	ici tourner (le vis qui fait monter ou descendre la mèche d'une lampe) turn up the wick (of a lamp)
[102] 惊悸	jīngjì	frappé de stupeur palpitate with fear
[103] 抽搐	chōuchù	se crisper twitch
[104] 屏住	bǐngzhù	retenir (son haleine) hold (one's breath)
[105] 湿漉漉的	shīlùlù de	humide wet
[106] 包扎	bāozā	bander bind up (a wound)
[107] 保卫团	bǎowèituán	troupe locale réactionnaire local reactionary troops
[108] 拂晓	fúxiǎo	aube at dawn
[109] 寂寥	jìliáo	solitaire solitary
[110] 晨曦	chénxī	aurore aurora
[111] 沉甸甸的	chéndiāndiān de	lourd heavy
[112] 诲人不倦	huìrénbújuàn	instruire avec zèle teach with tireless zeal

[113] 三岔路口	sān chà lùkǒu	carrefour
		a junction of three roads
[114] 祷告	dǎogào	prier
		pray
[115] 祝念	zhùniàn	souhaiter
		wish

李英儒

当代作家，河北省保定人，1914年生，1938年参加八路军，先后做编辑、记者工作。1940年开始文艺创作，1953年起在部队做文化工作，1954年发表了第一部长篇小说《战斗在滹沱河上》。1958年出版了他的代表作、长篇小说《野火春风斗古城》。1961年以后，他从事专业创作，写出了不少短篇小说以及长篇小说。

野火春风斗古城

这部长篇小说描写了抗日战争时期，在敌占区做地下工作的杨晓冬、金环、银环、杨母等英雄人物，为了中国人民的解放事业，置个人生死于度外，在敌人严密统治的地区，展开英勇顽强、机智灵活的斗争的故事。下面节选的是这部小说的第5章第2节。

● ● ●

一刻钟后，银环〔1〕出了南门。为了争取时间，她抄小道〔2〕走。天阴着，呜儿呜儿的刮着西北风。她心急赶路，对准方向，乘着顺风，走一阵跑一阵，工夫不大，感到周身汗渍渍〔3〕的。行至村边，她停住脚步，想听听动静，结果任何声响也听不到，一切音籁〔4〕都被狂吼的西北风吞噬〔5〕了。东北角一里远的地方，敌人盘据的营房顶上，露着时睁时闭象魔鬼眼睛似的电灯。挺出房顶的几个烟囱，不断气地喷吐黑烟，黑烟刚一冒出，即被狂风吹散，边冒边吹，似乎那里是个专门散布浑浊〔6〕与黑暗的所在。

银环悄悄走进村庄，无论天色怎样暗淡，她能一眼瞧见自家那两间土坯〔7〕房。土房门窗朝南，门口挂着挡风御寒的谷草帘〔8〕。风吹帘响的声音，有一种凄凉的味道，只有窗户纸上映出的那一片红润润的灯光，才给人一种有生气〔9〕的感觉。瞧见灯光，银环知道是那盏俗名"黑小子"的煤油灯。她猜想："父亲一定是守着孤灯呻吟，也许他老人家还没吃饭，他多么盼望女儿回来呵！"

她急速地掀起门帘，三步当两步走。正想扑到老人身上，喊叫声爸爸。一种完全陌生的景象，使她惊呆了，她瞪圆两只黑黑的大眼，几乎疑惑〔10〕自己走错了门，甚至想退出去。因为，炕上并没有卧病的爸爸。代替他盘膝〔11〕坐在炕头的，是一位头发花白、衣服洁净、神态〔12〕纯朴但又是农村走亲〔13〕打扮的老太太。从面部轮廓〔14〕上看，仿佛在哪里见过面，一时又想不起来。

"老太太！你是……"

"姑娘！让我先问你，你可是叫银环？"

老太太流露的感情和语气是诚恳又率直的，银环大胆地点了点头，同时不断上下打量客人，想从她身上预先推测出一些什么。

老太太迅速地出溜〔15〕下炕来，凑到银环跟前，压低声音说："我是肖部长指派来给你们送信的。在这里等了好久啦，你父亲说天黑风大，怕你来时胆小，他到发电厂大路上接你去啦。没碰上？"她说着朝窗外看了看，表示很关心。

"老太太，你说的是什么呀？我怎么听不懂。"银环故作〔16〕惊讶。她不轻易〔17〕暴露自己的身份。

"姑娘！别多心哪！冰天雪地，爬沟过界〔18〕，我舍生忘死〔19〕地赶到这儿，还会有差错儿？罢呀！私凭文书官凭印〔20〕，你往外瞧着点，我掏给你点东西看。"

银环按照她的要求注视外面动静的时候，就见她撩〔21〕起棉上衣，翻开裤腰〔22〕，用力撕开一块缝好的补钉〔23〕，掏出一丸指头般大的用美浓纸迭成的信笺〔24〕，收信人是"10"，署名是"09"。银环知道这两个代号是表示肖部长给杨晓冬的。她代替杨晓冬打开信，发现信是平原区党委敌工部写来的，说从北京出来一批青年学生，其中四人中途失掉联系，现住城内迎宾旅馆，要设法从速〔25〕把他们送到根据地，迟误时期，可能被敌人发觉，那就直接影响到北京的内线工作，后面写着注意事项。银环看过信，说：“你的任务完成了，回头我一准〔26〕把信交上去。”说着收藏好信件，请客人到炕上坐，一面动手点火烧水，一面试探〔27〕着叙家常〔28〕。

“老人家，你常到城里来吗？”

“不价〔29〕！庄稼人，除围着乡庄子转转，没见过大世面〔30〕。”

“在区，还是在村里搞工作？”

“我哪会搞工作！”老太太谦虚地微笑后，话儿密了。“家住在边沿区，除非夜间才有咱们的人活动，白天净〔31〕受鬼子汉奸的辖制〔32〕，啥事也不好办，啥话也不敢说。这次，姓肖的派人找到我，说外边人手不方便，要我帮助送封信。起初，我觉得自己有年岁的人了，拙嘴笨腮〔33〕，又没心计儿〔34〕。他们都说：‘儿子搞地下工作，妈妈当联络〔35〕，最好掩护。’还说苏联的什么书上也有妈妈同儿子一块闹革命的故事。其实，咱们这土里土气〔36〕满脑袋高粱花子〔37〕的人，还敢比古〔38〕！不过话又说回来，孩子有胆量，敢在敌人枪尖底下挺着胸脯搞工作，当娘的还能缩脖子打退堂鼓〔39〕？再说俺娘俩上次见面，儿子要求我给他捎书传信〔40〕的时候，我也答应过。”看到银环对她的话满有兴趣，心里感到喜悦，尽量地讲开了。“姑娘，头来之前，我睡不好觉呵！天不亮就动身，通过炮楼〔41〕，心惊肉跳，腰里缝的鸡毛重的一片纸，总觉着有个包袱沉……豁着一身剐，敢把皇上拉下马〔42〕。事到临头〔43〕，也就不怕啦。谢谢老天爷〔44〕的保佑〔45〕，也算托肖部长和你们大家的福〔46〕，三关六卡没翻没拦平平安安地走过来啦。唯独西北风顶头呛〔47〕得厉害，棉衣棉裤穿在身上，象裹着层灯花纸，一点不挡寒。”

银环听她提起肖部长的名字来很随便，插话问道：“你和肖部长认识？”

“他跟俺家冬儿是老同学啦！”

“你的儿子是……”银环本来想问谁是她的儿子，忽然想起刚才人家说是搞地下工作的，遵照内线工作的纪律，话到嘴边又咽下去了。

"嗨呀！净怨我说话着三不着两〔48〕的，把你这聪明人搅糊涂啦！怎么，你还没闹清楚，俺家孩子不就是跟你一块工作？刚才的信就是老肖给他的呗！"

"哎哟！我的天！你，你是杨晓冬同志的母亲。"银环慌忙从锅台旁边站起，上前攥住老太太的双手。"伯母！这是怎么说的！多么失敬〔49〕呵！快到炕头里坐，盖暖和点，不用说你还饿着肚子呢，我马上给你作饭。关于信上的事，不用挂心，由我办好啦。"平素银环不是好说道〔50〕的人，此时此地看到杨晓冬的妈妈，心里又兴奋又激动。从新打量老太太，见她的面部轮廓眼神嘴角都酷肖〔51〕杨晓冬，心想：怪不得〔52〕才见面时觉得挺面熟呢。

杨老太太听完银环的话，一叠〔53〕连声问：儿子住在哪里，是否报上户口，生活指靠什么，有没有公开职业。这些问题经过银环巧妙的回答，老人满意了，她用嘱托〔54〕和央告的表情说："晓冬这个人，外表和善，内心梗直〔55〕，跟他妈妈一样，有股子宁折不弯〔56〕的怪脾气。你们一块工作，多担戴〔57〕他，对外共事，不断地劝导着他点……"

"快别这样说哟！"银环拦住她的话。"杨同志是俺们的领导人，在他跟前，我们都是无知的孩子；他讲的话，大家没有不依从的。"

"你们拿他当领导人，我眼里，他还是孩子，不过比你们大点罢咧！"

"伯母说的对呀！儿子白了头发，在妈妈面前，也是孩子嘛！"

"姑娘！你说什么？俺家晓冬在你们眼里究竟有多大？别看他胡子拉碴〔58〕的，满打满算〔59〕，还不到二十七岁。"

"呵！……"老太太这句话，不知触动了银环什么，她陷入了沉思，刹那间〔60〕，她对杨晓冬的家世作了种种猜想，之后，用侦察〔61〕的口吻说："大娘你出来，家里还留什么人？"

"家里独门独户，冷冷清清，出来进去，就是我这一个孤老婆子！"

"那么，杨同志在外边可曾有女朋友？"她终于嗫嚅地说出了这句话——这句难于开口、不说又不甘心的话，既然说出来希望老太太顺口〔62〕回答一下也就算啦。偏是老太太没有立刻回答，闹得银环怪不好意思。后悔不该说这句话。人家有没有女朋友于自己有什么关系呢？为了摆脱这种尴尬情况，她随手拔下墙上一支系着红线的针，故作安闲地用针挑拨〔63〕灯芯。灯芯挑大冒黑烟时，又往下捺〔64〕，捺到灯光变成豆粒大时，又急急地挑出来。反复如是，直到她感到难换〔65〕的时候，老太太无限深思地说："姑娘，俺冬儿是个苦命人呀！听我从头告诉你：

"我们的老家，住在城东十里的连环闸。晓冬的父亲看管闸口，整天向水里求食，是个有出息〔66〕的渔民和水手。1917年发大水，他和另一个伙伴被吴财主家觅〔67〕去打捞东西，一连去了五天没有音信。有一天晚上，我心里很烦乱，想起孩子他爹，再也睡不着觉，听着河边水声越流越响。想起我在河坡上支的跳网，出溜下炕，踱到河坡，看了看，跳网上只有几个白鳞鲫瓜〔68〕。正想去拿，猛然贴着网边窜出条大鲤鱼，跳离水面有一人高，看着至少有四五斤重，鲤鱼落在网绳上，三颠两跳又沉入水底。我知道鱼有游一条水流的习惯，迟早〔69〕还要回来，便蹲下等着。等了有吃顿饭的工夫，发现对岸河坡上有人探出头来，接着把两个什么沉重的东西投进水里。第二天听村里人们传说，吴家的金银财宝都是两个水手打捞的，打捞完了，怕水手往外说，借着请客为名，把他们灌醉啦……。我听了这个消息，想起夜里的情景，心撕成一片一片的了。这天傍晚，吴家派人送来一袋白面，五块白洋，声言〔70〕是晓冬爸爸临走留下的工钱。我问孩子他爹到哪去了。他们撒谎说不知道，问得急了，他们狗脸一翻丢下东西便走。我一切都明白了，咬牙切齿〔71〕，把白洋和面粉统统〔72〕投进滚着浪涛的河里。要不是看着冬儿这孩子留下没人管，我立刻就得找到吴老财家拼命去。后来想：君子报仇十年不晚〔73〕。我慢慢把孩子拉扯〔74〕大了再说。又一想，不行，蝎子针毒〔75〕，财主心狠。不早离开这块是非地，他们要挖苗断根〔76〕哩！当夜我带着孩子搬到三十里外的古家庄。姑娘，你知道杀人凶手吴老财是谁吗？就是今天伪省长吴赞东的胞兄弟。

"晓冬九岁我送他上了学。每天放学回来，帮助我打筷子〔77〕络线〔78〕，碾苇〔79〕介枚子〔80〕。十二岁他考入平里镇高小当走读生。来回二十里路，中午在校啃块干粮喝碗白开水。虽然这样，我也拿不起一年六块白洋的学费呀。读了半年高小，他到省城酱园〔81〕当学徒了。学徒生活多苦，白天干一整天，晚上还得去掌柜〔82〕的家里抱小孩洗衣服，哪里错一丁点〔83〕，遭他们指点着脑门子〔84〕臭骂。即使这样，晓冬都能忍耐，有一点工夫他还是念书写字温习功课。过春节，掌柜的家里请新媳妇，叫他去送开水，晓冬很腼腆，跟女人说话好红脸，看到满桌都是穿的花花丽丽的女眷〔85〕，便低头灌暖壶，壶灌满了，刚捺进软木塞，蹭〔86〕的一声木塞窜起，不左不右，正落在大冰盘〔87〕里，汤水四溅，老板娘臭骂他，女眷们嘲笑他，晓冬一怒，离开酱园，哭哭啼啼跑回家来。以后才考取了不花钱的公费学校……

"你不是问他有没有对象吗？这个事可曲折啦，他读高小的时候，同本村后街的一个姑娘订了婚，当时他也没意见，一到师范学校念书，他变卦〔88〕了，非要罢亲不结〔89〕。后来才知道他有个姓陈的女朋友，俩人的关系很好，只隔一层薄窗户纸，一捅就破，就是谁也不先开口。抗战后，姓陈的姑娘抛开家跟他一起参加工作，在一块工作了两年。后来上级调女的赴路西受训〔90〕。头走之前，上级找了他们去，先对姓陈的姑娘说：终身大事该办啦！姑娘红着脸没吭气〔91〕。问到晓冬，他笑着直摇头。领导上说：不晚不早，今天就好。……哎呀，银环姑娘，你别烧着手呵！"

银环注意到自己时，针尖业已〔92〕烧灼了手指。她脸涨红了，忍着蜂螫〔93〕般的痛楚，把针掷到窗台上。老太太的故事又继续了：

"当天晚上，那姑娘找了他去，问他到底怎么办。晓冬说：抗战正在艰苦的时候，咱们年轻轻的，先好好努力工作加紧学习吧。姑娘没吭声就同他分了手。半年以后，姑娘受训期满，回平原过路时牺牲了。晓冬听说这个消息，表面上没显什么，工作也照常地干，同志们看得出来，他象得了一场病，身体都消瘦了。从此晓冬来信，再不提念婚姻的事。上次夜里回家，我一盘问，才知道他还是光棍〔94〕一条哩！"

银环听这一段长长的谈话时，好比负重爬山，随着故事的进展，她的思想也在跟着爬山巅〔95〕、迈沟涧〔96〕、踏岩石、履平地，最后如释重负〔97〕地吐出一口长气。她说：

"伯母呵！养儿养女不容易，你为儿子真担心哪！"

"看你说的，我五十多岁的人啦，进家没个说话的人，满打满算就这一个独生儿子，一走就是七八年，我多么盼望他……你看。"她伸出食指，露出一支嵌了两颗红心的白银戒指。"这是当年晓冬的爸爸给我打的，收藏了整三十年，什么时候，我亲自把它戴在儿媳妇的指头上，就松心〔98〕啦。"老太太谈出这种希望的时候，心头充满了喜悦，围绕儿子结婚的事，话语更多了。说来说去突然对银环提出要求：

"你们在一块工作，在点心〔99〕，帮助他找个对象吧！"

银环听了这句话，半晌没有回答，自己陷入一种惶乱〔100〕的状态。这种表情，立刻被老太太抓住了，她目不转睛地盯着银环，好象要从她的脸色上找出什么答案，屋里的空气顿时紧张了。一个张目〔101〕进攻，一个低头防御，防御者感到压力太重的时候，她站起身来说：

"爸爸还不回来，待我看看去。"

杨老太太望着她的背影，点头夸奖说："多好的姑娘呵！真要是……够多好……"听见锅里滚水〔102〕咕嘟响，老太太揭开锅，舀出一壶开水。时间不大，银环回来了，浑身带着冷气，怀里抱着苇楂〔103〕，把苇楂倒在锅台跟前，抖掉粘在衣服上的冰屑〔104〕草芥〔105〕。

"大娘你朝里坐吧，我刚才出去，看到西北方向天昏地暗，兴许下一场大风雪。"

杨老太太说："真要下大雪，那敢情〔106〕好。麦盖三层被，头枕馒头睡，来年小麦要丰收啦。"

"下雪天留客，大娘就得多住两天了。"

"真要下的太厚喽，也不好走回去，你说，趁这个机会能领我去看看晓冬吗？"

这个突然要求，银环思想没准备，一时不知该怎么回答。

"要有难处就罢咧。"老太太看出银环在犹豫，立刻改变口吻："其实也没多少事，只是上次他夜里回去的时间很短，娘儿俩没有很好说说心里话。"

"杨同志正搞一桩重要的工作，怕他分不开身。"不会说谎的银环，自己先红了脸。

"那就算了吧！"老太太矜持〔107〕地说。"我虽然是庄稼人，也懂得不妨害你们的公事。当娘的都是瞎疼爱儿女哟！"她补充了一句。

银环看出杨老太太是个既要强〔108〕又懂事的人，怕伤了她的自尊心，转换口气说："娘见儿子还有啥说的，大娘家里要是不忙，先在这里住下，我瞅空儿〔109〕领他出来就是。"

"这就不必啦！见面的日子多着哩。这么办，我到年底再来，到时候叫晓冬跟我回家过个年，你要不嫌俺们的背乡〔110〕庄子不好，也赏我个脸，去转游一趟。"

为了解决眼前的问题，为了满足老人未来的希望，银环全部答应了她的要求。顺手提壶给她倒了碗开水。这时候窗外有踢踏踢踏〔111〕的响声，银环知道是爸爸穿着"老头鞋"回来了。

老人进门看见女儿，说着充满疼爱的责备话："人家从大路上接你，偏从小道上抄过来。"边说边从怀里掏出几块烤白薯，面向客人说："买时烫手热，这遭儿〔112〕象块冻石头。没别的，就白开水，填补点！"他把最大块的挑给杨老太太。三个人清水加白薯草草用过夜餐，银环张罗〔113〕着给客人安排就寝〔114〕。

睡觉前，为了防备敌人查户口，银环同老太太编排了称呼和对话，她嘱咐老人："沉住气，别怕敌人拿刀动杖的。"

老太太很自尊地说："姑娘呵！不用多嘱咐啦。"

老太太倔强坦率的性格，反而给了银环一种镇静的力量。她觉得真要敌人来查，也没多大关系。于是两人又从新谈话，很多话是有关杨晓冬的。夜里银环和老太太共盖一条棉被，用年轻的肌体温暖着她。

这一夜伴奏她们睡眠的是嗷嗷〔115〕呼叫的北风，北风吹得草房屋檐、铁门吊拉和撕破的窗户纸发出不同的音响，象一支雄壮的交响曲。

天黎明时，银环听见响动，睁开眼睛，看见杨老太太已经起来。她一骨碌〔116〕跟着坐起，才要说话，老太太摆手，轻轻说道："别惊动你父亲啦，他整夜为咱们打更〔117〕，傍明才睡着觉的。"银环知道老太太也没睡好，要留她多休息一会儿。老太太坚持要走，银环只好送她。俩人收拾停当〔118〕，轻轻撩起草帘，户外大雪屯门〔119〕，北风嚎叫，银环见这样恶劣天气，怕老人吃不住，想再挽留〔120〕她，但老人家转过头来笑着说："我风来雨去地惯了，不怕什么，倒是你这单气〔121〕娇嫩身子，快回家暖和暖和，当心些，别感冒了。"

银环想跟她说些什么，老人家头也没回就走了。

北风吹飘着银环的黑发，吹透了她单薄的冬衣，她站在顶风的村头上，早已忘掉自己，无限情深地凝视着一望无边白茫茫的旷野，凝视着身入龙潭虎穴〔122〕毫不畏惧的共产党员的母亲，凝视着母亲那步履〔123〕艰难但又坚强的背影。母亲的形象突然在银环的脑海里高大起来。一股暖流从她内心喷出，顿时浑身都是力量，仿佛裁判员发令要她同老人赛跑一样，她顾不上回家，扭转身子，朝着还在闪着灯光的城垣矫健地走去。

译　注

[1] 银环　　　Yínhuán　　　　　　*nom de personne*

			name of a person
[2] 抄小道	chāo xiǎodào		prendre un raccourci
			take a shortcut
[3] 汗渍渍	hàn zīzī		être tout en sueur
			wet with sweat
[4] 音籁	yīnlài		bruit
			sound
[5] 吞噬	tūnshì		engloutir
			engulf
[6] 浑浊	húnzhuó		impur
			turbidity
[7] 土坯	tǔpī		brique rudimentaire
			sun-dried mud brick
[8] 草帘	cǎolián		rideau en paille
			straw curtain
[9] 生气	shēngqì		vitalité
			vitality
[10] 疑惑	yíhuò		douter
			suspect
[11] 盘膝	pánxī		s'asseoir en tailleur
			cross-legged
[12] 神态	shéntài		expression
			expression
[13] 走亲	zǒuqīn		rendre visite à des parents
			visit a relative
[14] 轮廓	lúnkuò		contour
			contour
[15] 出溜	chūliu		descendre
			slide
[16] 故作	gùzuò		faire mine de

		pretend
[17] 轻易	qīngyì	facilement
		easily
[18] 爬沟过界	pá gōu guò jiè	traverser des fossés et passer des limites
		cross over trenches and limits
[19] 舍生忘死	shěshēng-wàngsi	au mépris de sa vie
		disregard onc's own safety
[20] 私凭文书 官凭印	sī píng wénshū guān píng yìn	Il faut une lettre de recommandation dans les rapports personnels, un sceau dans les rapports officiels
		There must be a certificate of this kind or that kind.
[21] 撩	liāo	relever
		hold up something from the bottom
[22] 裤腰	kùyāo	partie supérieure du pantalon
		waist of trousers
[23] 补钉	bǔding	pièce cousue pour boucher le trou d'un habit
		patch
[24] 信笺	xìnjiān	papier à lettre
		letter paper
[25] 从速	cóngsù	le plus rapide possible
		as soon as possible
[26] 一准	yìzhǔn	sûrement
		surely
[27] 试探	shìtàn	essayer de
		sound out

[28] 叙家常	xù jiācháng	bavarder
		engage in small talk
[29] 不价	bùjia	non
		no
[30] 大世面	dà shìmiàn	être peu instruit et mal renseigné
		sophisticated urban life
[31] 净	jìng	toujours
		merely
[32] 辖制	xiázhì	contrôler
		control
[33] 拙嘴笨腮	zhuó zuǐ bèn sāi	n'avoir pas le parler facile
		awkward in speech
[34] 没心计儿	méi xīnjìr	manque d'intelligence
		be short of intelligence
[35] 联络	liánluò	agent de liaison
		liaison person
[36] 土里土气	tǔlitǔqì	manière campagnarde
		countrified
[37] 高粱花子	gāoliáng huāzi	ici caractère campagnard
		flower of sorghum
[38] 比古	bǐgǔ	en camparaison des prédécesseurs
		show off one's knowledge
[39] 打退堂鼓	dǎ tuìtánggǔ	rentrer dans sa coquille
		retreat
[40] 捎书传信	shāoshū chuánxìn	transmettre le courrier
		deliver letters
[41] 炮楼	pàolóu	blockhaus

blockhouse

[42] 豁着一身　huōzhe yì shēn guǎ,　celui qui ne craint pas d'être
剐，敢把皇　gǎn bǎ huáng-　lardé de coups d'épée ose
上拉下马。　shang lāxià mǎ　désarçonner l'empereur
as brave as those who dare
to overthrow an emperor

[43] 临头　líntóu　imminent
imminent

[44] 老天爷　lǎotiānyé　Dieu
Heavens

[45] 保佑　bǎoyòu　protection
bless

[46] 托福　tuōfú　grâce à
thanks to

[47] 呛　qiāng　étouffer
against (wind)

[48] 着三不着两　zháo sān bù zháo　(parler) à tort et à travers
liǎng　not to the point

[49] 失敬　shījìng　manque de respect
unrespectful

[50] 好说道　hào shuōdao　bavard
talkative

[51] 酷肖　kùxiāo　ressembler à
strongly resemble

[52] 怪不得　guàibude　il n'y a rien d'étonnant
no wonder

[53] 一叠　yìdié　sans arrêt
continuously

[54] 嘱托　zhǔtuō　recommandation

497

entrust

[55]	梗直	gěngzhí	honnête et franc
			honest and frank
[56]	宁折不弯	nìngshébùwān	mieux vaut briser que courber
			would rather die than sur-render
[57]	担戴	dāndài	tolérer
			forgive
[58]	胡子拉碴	húzi lāchā	barbu
			with a stubby beard
[59]	满打满算	mǎndǎ mǎnsuàn	au maximum; au plus
			at the very most
[60]	刹那间	chà'nàjiān	en un clin d'œil
			all of a sudden
[61]	侦察	zhēnchá	observer
			investigate
[62]	顺口	shùnkǒu	parler sans réfléchir
			say offhandedly
[63]	挑拨	tiǎobō	remuer
			poke
[64]	捺	nà	presser
			press down
[65]	难挨	nán'ái	avoir du mal à supporter
			hard to bear
[66]	有出息	yǒu chūxi	avoir de l'avenir; capable
			capable
[67]	觅	mì	appeler
			call

[68]	鲫瓜	jìguā	une sorte de carpe
			silver carp
[69]	迟早	chízǎo	tôt ou tard
			sooner or later
[70]	声言	shēngyán	clamer
			claim
[71]	咬牙切齿	yǎoyá-qièchǐ	serrer les dents
			gnash the teeth
[72]	统统	tǒngtǒng	tout
			all
[73]	君子报仇	jūnzǐ bàochóu	La vengeance est un plat qui se mange froid.
	十年不晚	shí nián bù wǎn	
			It won't be too late for a gentleman to take his revenge.
[74]	拉扯	lāche	élever
			bring up
[75]	蝎子针毒	xiēzi zhēn dú	l'aiguillon de scorpion est toxique
			the sting of a scorpion is poisonous
[76]	挖苗断根	wā miáo duàn gēn	ici: exterminer toute la famille
			extinguish the whole family
[77]	打绗子	dǎ fūzi	filer
			wind thread round spindle
[78]	络线	luòxiàn	enrouler les fils
			wind thread with a spinning wheel

[79]	碾苇	niǎn wěi	mouiller et amollir les roseaux sous le rouleau
			flatten reed
[80]	介枚子	jièméizi	couper les roseaux en pièces fines
			split reed into thin pieces
[81]	酱园	jiàngyuán	épicerie ou l'on vend les produits dérivés du soja
			sauces shop and pickles
[82]	掌柜	zhǎngguì	patron
			shopkeeper
[83]	一丁点	yì dīngdiǎnr	un tout petit peu
			a wee bit
[84]	脑门子	nǎoménzi	front
			forehead
[85]	女眷	nǔjuàn	femmes
			females of a family
[86]	蹭	cēng	*onomatopée*
			onomatopoeia
[87]	冰盘	bīngpán	plateau
			plate
[88]	变卦	biànguà	changer d'idée
			change one's mind
[89]	非…不结	fēi … bùjié	être déterminé de faire qch
			be determined to do something
[90]	受训	shòuxùn	s'entraîner
			receive training
[91]	吭气	kēngqì	dire un mot

			utter a word
[92]	业已	yè yǐ	déjà
			already
[93]	蜂螫	fēng shí	dard d'une guêpe
			be stung by a wasp
[94]	光棍	guānggùnr	célibataire
			unmarried
[95]	山巅	shāndiān	sommet de la montagne
			the summit of a mountain
[96]	沟涧	gōujiàn	ravin
			ravine
[97]	如释重负	rúshì-zhòngfù	comme si on était délivré d'un fardeau
			as if relieved of a heavy load
[98]	松心	sōngxīn	détendu
			be relieved
[99]	在点心	zài diǎnr xīn	faire attention à
			pay attention to
[100]	惶乱	huángluàn	perplexe
			flurried
[101]	张目	zhāngmù	ouvrir ses yeux
			open one's eyes wide
[102]	滚水	gǔnshuǐ	eau bouillante
			boiling water
[103]	苇楂	wěichá	tiges et racines de roseau
			reed stubble
[104]	冰屑	bīngxiè	petits morceaux de glace
			ice bits
[105]	草芥	cǎojiè	brin d'herbe

501

[106]	敢情	gǎnqing	sans doute
			certainly
[107]	矜持	jīnchí	sérieux
			restrainedly
[108]	要强	yàoqiáng	ne pas se résigner à rester en arrière
			be anxious to outdo others
[109]	瞅空儿	chǒukòngr	trouver une occasion
			find a chance
[110]	背乡	bèixiāng	pays reculé
			remote
[111]	踢跶	tīda	onomatopée
			onomatopoeia
[112]	这遭儿	zhè zāor	maintenant
			now
[113]	张罗	zhāngluo	s'occuper de
			get busy about
[114]	就寝	jiùqǐn	se coucher
			go to bed
[115]	嗷嗷	āo'āo	onomatopée
			onomatopoeia
[116]	一骨碌	yìgūlu	d'un seul coup
			roll off the bed
[117]	打更	dǎgēng	faire la ronde de nuit
			be on guard
[118]	停当	tíngdàng	prêt
			ready
[119]	屯门	túnmén	barrer la porte

		block up the door
[120] 挽留	wǎnliú	retenir
		persuade somebody to stay
[121] 单气	dānqì	fragile
		fragile
[122] 龙潭虎穴	lóngtán-hǔxué	refuge de dragons et tanière de tigres; ici endroit dangereux
		all kinds of danger
[123] 步履	bùlǚ	marche
		steps

柳青 (1916——1978)

    当代著名作家，原名刘蕴华，陕西省吴堡县人。他在中学学习时，阅读了许多进步书刊和中外文学名著，并开始写短篇小说。1935年参加了"一二·九"运动，任学联刊物《救亡线》的编辑。1938年到延安。1947年创作了第1部反映陕北解放区农村生活的长篇小说《种谷记》。1951年完成了第2部长篇小说《铜墙铁壁》。1959年发表了长篇巨著《创业史》第1部。该书被译成了多种外国文字。

    柳青曾任中国作家协会理事、作协西安分会副主席。

创 业 史

（节选）

    这部长篇小说是描写中国农村社会主义革命的史诗性著作。作者计划通过四部连续性的长篇，对中国农业合作化运动的进程进行全面的艺术概括。在第1部里， 作者通过梁生宝一家三代在旧社会创家立业的失败，概括了旧中国广大农民所走过的历史道路，说明他们从未有过真正的创业史，有的只是劳动史、饥饿史和屈辱史。只有当共产党把他们引向社会主义道路时，他们才开始自己真正的创业史。下面节选小说的第1部第5章。

*   *   *

    春雨唰唰地下着。透过外面淌着雨水的玻璃车窗，看见秦岭〔1〕西部太白山的远峰、松坡，渭河上游的平原、竹林、乡村和市镇，百里烟波，都笼罩〔2〕在白茫茫的春雨中。

当潼关〔3〕到宝鸡〔4〕的列车进站的时候，暮色正向郭县〔5〕车站旁边同铁路垂直相对的小街合拢来。在两分钟里头，列车把一些下车的旅客，倒在被雨淋着的小站上，就只管自己顶着雨毫不迟疑地向西冲去了。

这时间，车站小街两边的店铺〔6〕，已经点起了灯火，挂在门口的马灯照到泥泞的土街上来了。土街两头，就象在房脊〔8〕后边似的，渭河春汛〔9〕的呜哨声，在人们不知不觉中，增高起来了。听着象是涨水，其实是夜静了。在春汛期间，郭县北关渭河的渡口〔10〕，暂时取消了每天晚班火车到站后的最后一次摆渡，这次车下来的旅客，不得不在车站旅馆宿夜。现在全部旅客，听了招徕〔11〕客人的旅馆伙计〔12〕介绍了这个情况，都陆陆续续进了这个旅馆或那个旅馆。小街上，霎时间，空寂无人。只有他——一个年轻庄稼人〔13〕，头上顶着一条麻袋，背上披着一条麻袋，一只胳膊抱着用麻袋包着的被窝卷儿〔14〕，黑幢幢地站在街边靠墙搭〔15〕的一个破席棚〔16〕底下。

你为什么不进旅馆去呢？难道所有的旅馆都客满了吗？

不！从渭河下游坐了几百里火车，来到这里买稻种〔17〕的梁生宝〔18〕，现在碰到一个小小的难题。蛤蟆滩〔19〕的小伙子问过几家旅馆，住一宿都要几角钱——有的要五角，有的要四角，睡大炕也要两角。他舍不得花这两角钱！他从汤河上的家乡起身〔20〕的时候，根本没预备住客店〔21〕的钱。他想：走到哪里黑了，随便什么地方不能滚一夜呢？没想到天时〔22〕地势〔23〕，就把他搁在这个车站上了。他站在破席棚底下，并不十分着急地思量着：

"把它的！这到哪里过一夜呢？……"

他那茁壮〔24〕的身体，站在这异乡〔25〕的陌生〔26〕车站小街上，他的心这时却回到渭河下游终南山下的稻地里去了。钱对于那里的贫雇农〔27〕，该是多么困难啊！庄稼人们恨不得把一分钱掰〔28〕成两半使唤。他起身时收集稻种钱，可不容易来着！有些外互助组〔29〕的庄稼人，一再表示，要劳驾他捎〔30〕买些稻种，临了〔31〕却没弄到钱。本互助组有两户，是他组长垫〔32〕着。要是他不垫，嘿，就根本没可能全组实现换稻种的计划。

"生禄！"他在心里恨梁大老汉的儿子梁生禄〔33〕说，"我这回算把你看透了。整党学习以前，我对互助合作的意义不明了〔34〕，以为你地多、牲口〔35〕强，叫你把组长当上，我从旁帮助。真是笑话！靠你那种自发〔36〕思想，怎能把贫雇农领到社会主义的路上哩嘛？我朝你借三块钱，你都不肯。你交够你用的稻种钱，多连一角也不给！我知道你管钱，你推到老人身上！好！看我离了你，把互助组的稻种买回来不？"

现在离家几百里的生宝，心里明白：他带来了多少钱，要买多少稻种，还要运费〔37〕和他自己来回的车票。他怎能贪图睡得舒服，多花一角钱呢？从前，汤河上的庄稼人不知道这郭县地面有一种急稻子，秋天割倒稻子来得及种麦，夏天割倒麦能赶上泡地〔38〕插秧〔39〕；只要有肥料〔40〕，一年可以稻麦两熟〔41〕。他互助组已经决定：今年秋后不种青稞〔42〕！那算什么粮食？富农姚士杰、富裕中农〔43〕郭世富、郭庆喜、梁生禄和中农冯有义他们，只拿青稞喂牲口；一般中农，除非不得已，夹带着吃几顿青稞；只有可怜的贫雇农种得稻子，吃不上大米，把青稞和小米、玉米一样当主粮〔44〕，往肚里塞哩。生宝对这点，心理总不平服〔45〕。

"生宝！"任老四曾经弯着水蛇腰〔46〕，嘴里溅〔47〕着唾沫星子〔48〕，感激地对他说，"宝娃子！你这回领着大伙试办成功了，可就把俺一亩地变成二亩罗！说句心里话，我和你四婶念你一辈子好！怎说呢？娃〔49〕们有馍〔50〕吃了嘛！青稞，娃们吃了肚里闹哄〔51〕哩。……"

"就说稻地麦一亩只收200斤吧！全黄堡区〔52〕5000亩稻地，要增产100万斤小麦哩！生宝同志！……"这是区委王书记用铅笔敲着桌子说的话。这位区委书记敲着桌子，是吸引人们注意他的话，他的眼睛却深情地盯住生宝。生宝明白：那是希望和信赖的眼光……

"不！我哪怕就在房檐底下蹲一夜哩，也要节省下这两角钱！"

生宝站在席棚底下对自己说，嗅[53]惯了汤河上亲切的烧稻草根的炊烟，很不习惯这车站小街上呛[54]人的煤气味。

做出这个决定，生宝心里一高兴，连煤气味也就不是那么使他发呕[55]了。度过了讨饭[56]的童年生活，在财东[57]马房[58]里睡觉的少年，青年时代又在秦岭荒山里混日子，他不知道世界上有什么可以叫做"困难"！他觉得：照党的指示给群众办事，"受苦"就是享乐。只有那些时刻盼望领赏的人，才念念不忘自己为群众吃过苦。而当他想起上火车的时候，看见有人在票房[59]的脚地睡觉的印象，他更高兴了——他这一夜要享福[60]了，不需要在房檐底下蹲了。嘻嘻……

他头上顶着一条麻袋，背上披着一条麻袋，抱着被窝卷儿，高兴得满脸笑容，走进一家小饭铺里。他要了五分钱的一碗汤面[61]，喝了两碗面汤，吃了他妈给他烙的馍。他打着饱嗝[62]，取开棉袄口袋上的锁针[63]用嘴唇夹住，掏出一个红布小包来。他在饭桌上很仔细地打开红布小包，又打开他妹子秀兰写过大字的一层纸，才取出那些七凑八凑起来的，用指头捅鸡屁股[64]、锥鞋底子[65]挣来的人民币来，拣出最破的一张五分票，付了汤面钱。这五分票再装下去，就要烂在他手里了。……

尽管饭铺的堂倌[66]和管账先生[67]一直嘲笑地盯他，他毫不局促[68]地用不花钱的面汤，把风干[69]的馍送进肚里去了。他更不因为人家笑他庄稼人带钱的方式，显得匆忙。相反，他在脑子里时刻警惕自己：出了门要拿稳，甭慌，免得差错和丢失东西。办不好事情，会失党的威信哩。

梁生宝是个朴实庄稼人。即使在担任民兵队长的那二年里头，他也不那号伸胳膊踢腿、锋芒毕露[70]、咄咄逼人的角色。在1952年，中共全党进行社会主义思想教育的整党运动中，他被接收入党的。雄心勃勃[72]地肩负[73]起改造世界的重任以后，这个朴实庄稼人变得更兢兢业业[74]了，举动言谈，看上去比他虚岁27的年龄更老成持重[75]。和他同一批入党的下堡村有个党员，举行过入党仪式[76]从会

507

议室出来，群众就觉得他派头大了。梁生宝相反，他因为考虑到不是个人而是党在群众里头的影响，有时候倒不免过分谨慎。……

踏着土街上的泥泞，生宝从饭铺跑到车站票房了。1953年间，渭河平原的陇海沿线，小站还没电灯哩。夜间，火车一过，车站和旁的地方一样，陷落在黑暗中去了。没有火车的时候，这公共场所反而是个寂寞僻陋〔77〕的去处。生宝划着一根洋火，观察了票房的全部情况。他划第二根洋火，选定他睡觉的地方。划了第三根洋火，他才把麻袋在砖漫〔78〕脚地上铺开来了。

他头枕着过〔79〕行李的磅秤〔80〕底盘，和衣〔81〕睡下了，底盘上衬着麻袋和他的包头巾〔82〕。他掏出他那杆一巴掌长的旱烟锅，点着一锅旱烟，睡下香喷喷地吸着，独自一个人笑眯眯地说：

"这好地场嘛！又雅静〔83〕，又宽敞……"

他想：在这里美美睡上一夜，明日一早过渭河，到太白山下的产稻区买稻种呀！

但是，也许是过分的兴奋，也许是异乡的情调，这个远离家乡的庄稼人，睡不着觉。

票房的玻璃门窗外头，是风声，是雨声，是渭河的流水声。

不管他在火车上也好，下了火车也好，不管他离开家乡多远，下堡村对岸稻地里那几户人家，在精神上离他总是最近的。他想到他妈，这时准定挂着他在这风雨之夜，住在什么地方。他想到继父〔84〕，不知道老汉因他这回出门生气没有。他想到妹子秀兰，准定又在进行宣传，耍老人相信他走对了路。他想到他互助组的基本群众——有万〔85〕、欢喜〔86〕、任老四〔87〕……当他想到改霞〔88〕的时候，他的思想就固执地停留在这个正在考虑嫁给谁的大闺女身上了：改霞离他这样近，他在这砖脚地上闭起眼睛，就象她在身边一样。她朝着他笑，深情的眼睛扑扇扑扇瞟〔89〕他，扰乱他的心思……

在土改那年，他俩在一块接触得多。他和她一同到县城参加过一回青年积极分子代表会议。他俩也经常同其他村干部和积极分子一块过汤河，到下堡村乡政府开会。改霞总显得喜欢接近生宝。开会的时候，她使人感觉到她故意挨近他坐；走在路上，她也总在他旁边走着。有一天黑夜，从乡政府散了会回家，汤河涨水拆了板桥，人们不得不脱脚〔90〕蹚〔91〕水过河。水嘴孙志明去搀改霞，她婉言拒绝〔92〕了，却把一只柔软的闺女家的手，塞到生宝被农具磨硬的手掌里。渐渐地，人们开始用一种特别的眼光看他俩，背后有了细声细气的议论。那时间，改霞和周村家还没解除〔93〕婚约〔94〕，他的痨病〔95〕童养媳妇还活着哩。在下堡乡党支书卢明昌隐隐约约暗示过生宝一回以后，生宝就以一种生硬的方式，避免和改霞接近了。现在，已经二十一岁的改霞，终于解除婚约了，他可怜的童养媳妇也死去了。他是不是可以和她……不！不！那么简单？也许人家上了二年学，眼高了，看不上〔96〕他这个泥腿〔97〕庄稼人了哩！……

他想：用什么办法试探一下她的心底才好呢？给他妹子秀兰说，又说不出口。"把它的！这不是托人办的事情嘛！"

他还没想出试探改霞的办法，就呼呼地睡着了。

……

早晨天一亮，一个包头巾、挟行李的野小伙子，出现在渭河上游的黄土高岸上了。他一只胳膊抱着被窝卷儿，另一只手在嘴上做个喇叭筒〔98〕，向南岸呐喊着水手开船。他一直呐喊到住在南岸稻草棚棚里的水手应了声，才在渭河岸上蹓跶着，看陌生的异乡景致〔99〕，等开船……

春雨在夜间什么时候停了，梁生宝不知道；但当下，天还阴着，浓厚的乌云还在八百里秦川上空翻腾哩。可能还有雨哩。昨天在火车上看见的太白山，现在躲在云彩里头去了。根据汤河上的经验，只有看见南山的时候，天才有放晴〔100〕的可能—— 这里也是这样吧？

生宝注意到一个非常有趣的事情：渭河上游的河床〔101〕很狭窄，竟比平原低几十丈；而下游的河床，只比平原低几尺，很宽，两岸有沙滩〔102〕，河水年年任性〔103〕地改道〔104〕。这是什么道理呢？啊啊！原来上游地势高，水急，所以河床淘得深；下游地势平，水缓，所以淤〔105〕起来很宽的沙滩。

"高。是高。这里地势是高。"他自言自语说："同是阴历二月中间天气，我觉着这里比汤河上冷。"站在这里时间长了，他感觉出这个差别来了。

噢噢！对着哩！怪不道这里有急稻子。这里准定是春季暖得迟，秋季冷得早，所以稻子的生长期短。

生宝觉得：把许多事情联系起来思量，很有意思。他有这个爱好。

咦咦！这里的土色怎么和汤河上的土色不同哩？汤河上的土色发黑，是黑胶土，这里好象土色浅啊！他弯腰抓起一把被雨水湿透了的黄土，使劲一捏，又一放。果然！没汤河上的土性粘〔106〕。他丢掉土，在麻袋上擦着泥手，心里想："啊呀！这里适宜的稻种，到汤河上爱长不爱长哩？种庄稼，土性有很大的关系；这倒是个事哩！跑这远的，弄回去的稻种使不成，可就糟〔107〕哩。"

这样一想，倒添了心思。他急于过渭河到太白山下的产稻区看看稻种，问清楚这种稻种的特性〔108〕。

直至平原上的村庄处处冒出浓白柴烟的时候，生宝才同后来的几个行人，一船过了渭河。

他在郭县东关一家茶铺吃了早饭——喝了一分钱的开水，吃了随身带来的馍。

当他吃毕早饭的时候，春雨又下起来了。淅淅沥沥〔109〕地……

梁生宝从茶铺出来，仰头东看西看，雨并不甚大。他决定赤脚。他把他妹子秀兰用白羊毛给他织的袜子和他妈给他做的布鞋，包在麻袋里头。然后，他把棉裤的裤腿卷了起来，白布里子卷到膝盖底下。他又往头上顶着一条麻袋，背上披着一条麻袋，抱着用麻袋裹着的行李卷儿，向白茫茫的太白山下出发了。

"嘿！小伙子真争〔110〕！啥事这么急？"他听见茶铺的人在背后说他。

一霎时以后，生宝走出郭县东关，就毫不畏难地投身在春雨茫茫的大平原上了。广阔无边的平原上，只有这一个黑点在道路上挪动〔111〕。

生宝刚走开，觉得赤脚冰冷；但走一节以后，他的脚就习惯了雨里带雪的寒冷了。

梁生宝！你急什么？难道不可以等雨停了再走吗？春雨能下好久呢？你嫌车站、城镇住旅馆花钱，可以在路边的什么村里随便哪个庄稼院避一避雨嘛！何必故意逞能呢？

不！梁生宝不是那号逞能的楞小伙子。他知道他妈给他带的馍有限，要是延误了时光，吃不回家怎么办？而且，他一发现渭河上游和下游土性有差别，他就恨不得一步跷〔112〕到目的地，弄清此地稻种的特性，他才安心。要是他还没从下堡村起身，他可以因故再迟十天半月来；既然他走在路上了，他就连一刻也闲待不住。他就是这样性子的人。

他在春雨中踩着泥路走着。在他的脑子里，稻种代替了改霞，好象他昨晚在车站票房里根本没作桃色的遐想〔113〕。

春雨的旷野里，天气是凉的，但生宝心中是热的。

他心中燃烧着熊熊的热火——不是恋爱的热火，而是理想的热火。年轻的庄稼人啊，一旦燃起了这种内心的热火，他们就成为不顾一切的入迷人物。除了他们的理想，他们觉得人类其他的生活简直没有趣味。为了理想，他们忘记吃饭，没有瞌睡，对女性的温存淡漠，失掉吃苦的感觉，和娘老子闹翻〔114〕，甚至生命本身，也不是那么值得吝惜的了。

二十几年以前，当生宝是一个六、七岁娃子的时候，陕北的年轻庄稼人，就是这样开始组织赤色游击小组的。这是陕北的人、县委杨副书记说的。那年头，在陕北和在全中国一样，国民党军队、国民党政府、豪绅〔115〕和地主的统治，简直是铁桶江山〔116〕。但是，年轻庄稼人组织起来的游击小组，在党领导下，开始了推翻这个统治的尝试。杨副书记在正月〔117〕里举行的互助组长代表会上作报告的时候说：1933年，陕北的老年庄稼人还说游击小组是胡闹哩，白送命哩；到1935年，游击小组变成了游击支队，建立起赤色政权，压住山头同国民党军队挺硬打，当初说胡闹的老年人，也卷入这个斗争了。经过了多次失败和胜利，多少换上军衣的年轻庄稼人的鲜血，洒在北方的黄土山头上，终于在梁生宝虚岁〔118〕23的那年，全中国解放了，可怜的"地下农民"梁生宝站出来了！

生宝现在就是拿这个精神，在小农经济自发势力的汪洋大海中，开始搞互助组哩。杨副书记说得对：靠枪炮的革命已经成功了，靠优越性，靠多打粮食的革命才开头哩。生宝已经下定决心学习前代共产党人的榜样，把他的一切热情、聪明、精力和时间，都投入党所号召的这个事业。他觉得只有这样，才活得带劲儿，才活得有味儿！

正月里，全省著名的劳模、窦堡区大王村互助组长王宗济从扩音器〔119〕里发出的声音，永远在梁生宝记忆里震荡着。

"我们大王村，五〇年光我这个互助组认真互助，其余都是应名哩。过了两年，受了我这个组的带动，全村整顿起14个互助组，都认真了。今年正月，我们两个组联起一个农业生产合作社……"

梁生宝当时是3000个听众里头的一个。他坐在3000个党的和非党的庄稼人里头，心在他穿棉袄的胸脯里头蛮动弹。他对自己说：

"王宗济是共产党员，咱这阵也是共产党员了。王宗济能办成的事，咱办不成吗？他是漏河川〔120〕的稻地村，咱是汤河川的稻地村。百姓从前是一样的可怜，只要有人出头，大伙就能跟上来！"

但他又想："啊呀！咱比王宗济年轻呀！人家40多岁，咱20多岁，村内威信不够，怎办？要是郭振山领头干，咱跟上做帮手，还许差不多哩。可惜！可惜！振山，你为啥对这事不热心嘛？……"

"亥！这有啥怕头？"生宝最后鄙视自己这种没出息的自卑〔121〕心理，想道："王宗济自己也说：是靠乡支部和区委的领导。有党领导，咱怕啥？"

于是，在王宗济发表毕挑战的讲演以后，穿黑棉袄、包头巾的小伙子，在人群中站了起来，举起一只胳膊，大声向主席台喊：

"黄堡区下堡乡第五村梁生宝，要求讲话！"

当他在主席台上表示毕决心下来的时候，区委书记就在通道上欣喜地等着他，握住他的手，攀住他的肩膀，亲热地说："开毕会就到蛤蟆滩帮助你整顿互助组，订生产计划。"从那时候，生宝的心里就烘烘地热了起来。

他现在跑到几百里外，在渭河上游冒雨走路的劲头，就是同那天上台讲话的劲头相联系的。

在雨是带雪的春寒中，他走得满身汗。因为道路泥滑，他得全身使劲，保持平衡，才不至于跌跤〔122〕。

直至响午时光，他走了30里泥路。他来到鸭鸿河上的一个稻地村庄里。他的麻袋已经拧过三回水，棉衣却没湿，只是潮潮。他心里畅快得很哪！这个身强力壮的小伙子！

译 注

[1] 秦岭	Qín Lǐng	les monts Qinling the Qinling Mountain
[2] 笼罩	lǒngzhào	couvrir envelop
[3] 潼关	Tóngguān	*nom de lieu* *name of a place*
[4] 宝鸡	Bǎojī	*nom de lieu* *name of a place*
[5] 郭县	Guō Xiàn	*nom d'un district* *name of a place*
[6] 店铺	diànpù	magasin shop
[7] 马灯	mǎdēng	lanterne

513

			lantern
[8]	房脊	fángjǐ	arête d'une maison
			the ridge of a roof
[9]	春汛	chūnxùn	flot du printemps
			spring flood
[10]	渡口	dùkǒu	embarcadère
			ferry
[11]	招徕	zhāolái	attirer (la clientèle)
			solicit (customers)
[12]	伙计	huǒji	employé
			shop assistant
[13]	庄稼人	zhuāngjiarén	paysan
			peasant
[14]	被窝卷儿	bèiwojuǎnr	un paquet de couvertures
			a package of quilt
[15]	搭	dā	dresser
			build
[16]	席棚	xípéng	cabane de natte
			mat shed
[17]	稻种	dàozhǒng	semences de riz
			rice seeds
[18]	梁生宝	Liáng Shēngbǎo	*nom de personne*
			name of a person
[19]	蛤蟆滩	háma tān	*nom de lieu*
			name of a place
[20]	起身	qǐshēn	partir
			set off

514

[21] 客店	kèdiàn	auberge
		inn
[22] 天时	tiānshí	temps
		weather
[23] 地势	dìshì	situation géographique d'un lieu
		physical features of a place
[24] 茁壮	zhuózhuàng	robuste
		robust
[25] 异乡	yìxiāng	un pays étranger
		a strange land
[26] 陌生	mòshēng	inconnu
		strange
[27] 贫雇农	pín gùnóng	paysans pauvres et fermiers
		poor peasants and farm hands
[28] 掰	bāi	partager
		divide
[29] 互助组	hùzhùzǔ	groupe d'entraide
		mutual-aid team (an elementary form of organization in China's agricultural cooperation)
[30] 捎	shāo	faire qch. en passant
		take along sth. to or for sb.
[31] 临了	línliǎo	finalement
		finally
[32] 垫	diàn	payer pour autres personnes qui doivent rembourser plus tard

pay the money which one
expects to be repaid

[33] 梁生禄　　Liáng Shēnglù　*nom de personne*
　　　　　　　　　　　　　　name of a person

[34] 明了　　　míngliǎo　　comprendre
　　　　　　　　　　　　　　understand

[35] 牲口　　　shēngkou　　bétail
　　　　　　　　　　　　　　draught animals

[36] 自发　　　zìfā　　　　spontané
　　　　　　　　　　　　　　be concerned with one's own
　　　　　　　　　　　　　　　prosperity only

[37] 运费　　　yùnfèi　　　frais de transport
　　　　　　　　　　　　　　transportation expenses

[38] 泡地　　　pàodì　　　irriguer
　　　　　　　　　　　　　　irrigate

[39] 插秧　　　chāyāng　　repiquer les plants de riz
　　　　　　　　　　　　　　transplant rice seedlings

[40] 肥料　　　féiliào　　　engrais
　　　　　　　　　　　　　　fertilizer

[41] 两熟　　　liǎngshú　　deux récoltes par an
　　　　　　　　　　　　　　two crops a year

[42] 青稞　　　qīngkē　　　*qingke* (une sorte d'orge)
　　　　　　　　　　　　　　highland barley

[43] 富裕中农　fùyù zhōngnóng　paysan moyen aisé
　　　　　　　　　　　　　　well-to-do middle peasant

[44] 主粮　　　zhǔliáng　　céréales principales
　　　　　　　　　　　　　　staple food grain

[45] 平服　　　píngfú　　　être convaincu
　　　　　　　　　　　　　　be convinced

[46]	水蛇腰	shuǐshéyǎo	ici: le dos un peu courbé
			delicate and kent waist
[47]	溅	jiàn	jaillir
			fly
[48]	唾沫星子	tuòmo xīngzi	salive
			particles of saliva
[49]	娃	wá	enfant
			child
[50]	馍	mó	pain
			steamed bun
[51]	闹哄	nàohong	ici: souffrir des troubles digestives
			suffer from digestive troubles
[52]	黄堡区	Huángpù Qū	arrondissement de Huangpu
			Huangpu district
[53]	嗅	xiù	flairer
			smell
[54]	呛	qiàng	irrité
			irritate
[55]	发呕	fā'ǒu	soulever le cœur
			vomitory
[56]	讨饭	tǎofàn	mendier
			as a beggar
[57]	财东	cáidōng	propriétaire foncier
			landlord
[58]	马房	mǎfáng	écurie
			stable
[59]	票房	piàofáng	office de billets

booking office

[60] 享福　xiǎngfú　mener une vie aisée et confortable

live in ease and comfort

[61] 汤面　tāngmiàn　soupe de nouilles

noodle soup

[62] 饱嗝　bǎogér　rot

belch

[63] 锁针　suǒzhēn　épingle

safety pin

[64] 捅鸡屁股　tǒng jī pìgu　ici: vendre des œufs

sell eggs

[65] 锥鞋底子　zhuī xiédǐzi　coudre des semelles (de chaussures d'étoffe)

stitch soles (of cloth shoes)

[66] 堂倌　tángguān　garçon

waiter

[67] 管账先生　guǎnzhàng xiān-sheng　caissier

bookkeeper

[68] 局促　júcù　gêné

ill at ease

[69] 风干　fēnggān　sec

dried and stale

[70] 锋芒毕露　fēngmáng-bìlù　faire étalage de son esprit et de ses talents

seize every opportunity to show one's abilities

[71] 咄咄逼人　duōduōbīrén　d'un air menaçant

overbearing

518

[72] 雄心勃勃	xióngxīnbóbó	ambitieux
		ambitious
f73] 肩负	jiānfù	se charger de
		take on
[74] 兢兢业业	jīngjīngyèyè	précautionneux et conscien-cieux
		conscientious and devoted
[75] 老成持重	lǎochéng-chízhòng	être mûr et prudent
		experienced and prudent
[76] 仪式	yíshì	cérémonie
		ceremony
[77] 僻陋	pìlòu	humble et reculé
		secluded and simple
[78] 漫	màn	être pavé en
		paved with
[79] 过	guò	peser
		weigh
[80] 磅秤	bàngchèng	balance
		platform scale
[81] 和衣	héyī	habillé
		with one's clothes on
[82] 包头巾	bāotóujīn	serviette servant à couvrir la tête
		towel used as cover of head
[83] 雅静	yǎjìng	tranquille
		quiet
[84] 继父	jìfù	beau-père (le deuxième mari de sa mère)
		stepfather

[85]	有万	Yǒuwàn	*nom de personne*
			name of a person
[86]	欢喜	Huānxǐ	*nom de personne*
			name of a person
[87]	任老四	Rén Lǎosì	*nom de personne*
			name of a person
[88]	改霞	Gǎixiá	*nom de personne*
			name of a person
[89]	瞟	piǎo	regarder de biais
			look sidelong at
[90]	脱脚	tuōjiǎo	débarrasser ses chaussures
			take off one's shoes
[91]	蹚	tāng	passer un gué
			wade
[92]	婉言拒绝	wǎnyán jùjué	refuser poliment
			decline
[93]	解除	jiěchú	annuler
			break off
[94]	婚约	hūnyuē	engagement des fiançailles
			engagement
[95]	痨病	láobìng	tuberculose
			tuberculosis
[96]	看不上	kàn bú shàng	regarder qqn de haut
			look down upon someone
[97]	泥腿	nítuǐ	paysan rustique
			bumpkin
[98]	喇叭筒	lǎbatǒng	en forme de trompette
			bell (of a wind instrument)
[99]	景致	jǐngzhì	paysage

scene

[100]	放晴	fàng qíng	devenir clair clear up
[101]	河床	héchuáng	lit de la rivière riverbed
[102]	沙滩	shātān	grève sandy beach
[103]	任性	rènxìng	capricieux self-willed
[104]	改道	gǎidào	changer de cours change course
[105]	淤	yū	envaser silt up
[106]	粘	niɩn	glaise sticky
[107]	糟	zāo	être raté in a wretched state
[108]	特性	tèxìng	caractéristique specific property
[109]	淅淅沥沥	xīxī lìlì	*onomatopée* *onomatopoeia*
[110]	争	zhēng	montrer sa puissance demonstrate one's strength
[111]	挪动	nuódòng	se mouvoir move
[112]	跷	qiāo	enjamber jump
[113]	遐想	xiáxiǎng	rêverie dream

[114]	闹翻	nàofān	rompre avec qqn
			fall out with somebody
[115]	豪绅	háoshēn	despote
			despotic gentry
[116]	铁桶江山	tiětǒng jiāngshān	pouvoir puissant
			unshakable state power
[117]	虚岁	xūsuì	d'après les traditions, on considère que le bébé à la naissance a déjà un an
			one's age counted according to traditional Chinese way usually one year older than the person's real age
[118]	正月	zhēngyuè	premier mois du calendrier lunaire
			the first month of the lunar year
[119]	扩音器	kuòyīnqì	haut-parleur
			megaphone
[120]	漉河川	Lùhéchuān	*nom de lieu*
			name of a place
[121]	自卑	zìbēi	complexe d'infériorité
			inferiority complex
[122]	跌跤	diējiāo	tomber
			fall

罗广斌（1924—1967）
杨益言

均为当代作家。罗广斌，四川成都人，青年时期就参加并领导学生运动。后作过中学教师。1948年被国民党反动派逮捕，因于重庆"中美合作所"集中营。

杨益言，生于1925年，四川重庆人。1944年考入上海同济大学，1948年因参加反对美蒋的学生运动被开除。同年8月被特务逮捕，也囚于"中美合作所"集中营。

解放后，罗、杨均在重庆作共青团工作。他们以在集中营里的亲身经历，成功地创作了长篇小说《红岩》。于1961年出版。此外，还合写有报告文学《圣洁的血花》和回忆录《在烈火中永生》。罗广斌、杨益言后加入中国作协，为重庆文联专业作家。

红　岩

小说以1948年黎明前的黑暗笼罩着的重庆为背景，生动感人地描述了共产党人及进步人士与国民党反动派所进行的艰苦卓绝的斗争史实。作品成功地塑造了共产党人江姐、许云峰、华子良等许多英雄形象，他们在敌人的监狱中，不畏残酷的刑讯和血腥屠杀，同敌人展开了殊死的搏斗，终于在解放军的炮声中迎来了革命胜利的黎明。

《红岩》是用革命烈士的鲜血和生命写成的悲壮史诗。

本文选自《红岩》，中国青年出版社1977年版。

＊　　　＊　　　＊

长途汽车溅着泥浆开进车站，停了下来。旅客从车上涌下，车顶上的行李也解开递下来了。在中途同江姐〔1〕一道上车的华为〔2〕，提起箱子，又去帮她拿行李。江姐是初次到川北来，华为作了她的向导，为了旅途的方便，他们便以姐弟相称。

"天下雨，路不好走，姐姐，这里没有力夫〔3〕，我来提吧。"

"你提箱子，行李卷给我。"

就在这时候，他们忽然听见车站上的职员大声招呼着：

"请旅客们排队出站，检查行李！"

江姐愣了一下。这时汽车司机离开车子，踱到江姐身边，低声道：

"我上一趟来没有检查。这里怎么也紧起来了？"他从华为手上接过那只重要的箱子，朝车里司机座位上一放。轻声打了个招呼："等一会儿我给你们送来。"

江姐没有开口，她对这里的情况是陌生的。华为便机灵地点了点头，叮咛了一句："我们在城门口等着。"顺手提起了江姐那件小小行李卷。

在车站出口处，他们遇到了严格的检查，虽然江姐拿出了证件，但是军警还是查看了行李卷，这使江姐感到意外，清楚地看出这座县城完全被一种特别严重的白色恐怖笼罩〔4〕着。如果不是司机沿途保护，他们很可能刚到目的地就出事了。

出了车站，他们放心了些，但仍不便逗留。江姐一边走，心中还丢不下那只放满药品的箱子，又不知道司机要过多久才能送来，便问华为："进城有多远？"

"不远，十来分钟就走到了。"华为说着，心中倒很坦然〔5〕，他到底年轻一些，并不在乎这件小小的意外。

在进城的路上，华为兴奋地望着远处，心情难免有些激动。几年以前，他在自己的故乡读中学，常常为妈妈跑腿、送信，参加过秘密活动，情况是很熟悉的。他和妈妈分手，是在考上大学以后。妈妈和同志们去年又上了山，他是在学校里知道的。能够回来参加武装斗争，他十分高兴。因此，他不愿为刚才遇到的危险担忧，放开心怀在江姐耳边轻声说道："姐姐，你瞧，那边的山……妈妈可能还不知道我回来咧！"

出发以前，江姐听李敬原说过，华为的妈妈是个了不起的老同志，坚强而且富有斗争经验，老彭下乡以后，就和她在一起工作。因此，她对这位老妈妈有着特别亲切的印象。江姐向着华为指点的方向望去，透过飘忽的雨丝，可以看到在平坦的田野尽头，一条连绵不绝的山脉遮住了半边天，奔腾起伏的峰峦〔6〕被覆着苍翠的森林……她也不由得〔7〕赞美道：

"好雄伟的气派！这就是有名的华蓥山脉〔8〕？"

华为点点头，尽量抑制着心里的激动，小声说着："我们要和游击队见面了！"

江姐笑了。一边走，一边眷恋地望着郁郁苍苍的崇山峻岭。她不知道老彭是否住在这座山上。如果真的住在这山上，这样大的山，又到哪里去找呢？上山的路华为可能知道，但她此刻不急于问。不知怎的，她总觉得老彭一定住在那一座尖尖的，象剑一样刺破天空的最高的峰顶。这种想法，连她自己也觉得好笑，"住得那么高，那才脱离群众咧！"但她却禁不住要这样猜想。

"半山上，隐隐约约的那个白点点……看见了吗？我们就是到那里去。过去川陕苏区老红军也在那里设过司令部！"

果然，和她想象的完全不同，那地方，不是在山顶，而是在半山上。江姐忍不住抿着嘴唇〔9〕笑了。

"那里叫东海寺。地形险要，左边是悬岩，右边是天池，传说天池通东海，所以叫东海寺……"

"你真是个好向导。"江姐愉快地说着，加快了脚步。

"我是本地人嘛。我妈妈当时就参加了斗争，在山上打过仗……"

"你爸爸呢？"

"不知道。"华为沉默了一下，声音变低了。"我很小的时候，爸爸就被敌人捉去，恐怕早就牺牲了……"

江姐不知道华为的心上有着这段痛苦的回忆，她不愿让华为过多地回想这些，就没有再问华为什么。过了一会，江姐又忍不住用和缓的声调发问："那么，你从小就跟着妈妈？"

"嗯，一直跟着妈妈。可是我从来没见妈妈流过眼泪。妈妈常对我说：孩子，快长大吧！红军一定会回来的！血仇要用血来报，剩下孤儿寡妇，一样闹革命！妈妈说得对，现在妈妈不是又上山打游击去了！听说她现在作了司令员啊！"

江姐仔细地听着，从华为的口中，象见到了这位久经考验的坚强战友。她的思绪已随着谈话，飞到了山上。她对华为说："你有这样英雄的妈妈，真是了不起！真希望很快就见到她。"

"一定能见到！"华为说："听说大家都不喊她的名字，喜欢尊称她叫'老太婆〔10〕'啊！"

江姐的心绪，被华为牵动了。她想象着华为的妈妈，更想念着和那英雄的老太婆战斗在一起的自己的丈夫彭松涛。分别一年了，今天就可以重逢，就可以见到他，而且在一起过着新的战斗生活。这怎能不使她兴奋激动啊！

说着话，离城不远了。路渐渐变得更溜滑〔11〕难走，满地泥泞〔12〕，雨又下大了。同车下来的旅客，都远远地走在他们前面，快到城门口了。江姐头上的纱巾被雨淋透了，她伸手遮住迎面的急雨，目光穿过雨丝，望见城门边拥挤着的人群。转念之间，江姐敏感地担心进城时又会遇到检查，虽然她有证件，却不愿轻易冒险。她的目光一闪，瞥见〔13〕路旁正好有一家小小的饭店。

"我们先吃饭吧，"江姐说："顺便躲躲雨。"

下雨天，小饭店里冷清清地没有顾客。在一张桌边坐下，江姐问："有什么菜？"

"来一份麻婆豆腐。"华为笑嘻嘻地说："川北凉粉又麻又辣，来两碗尝尝？"

江姐点头微笑。

华为端起凉粉尝了一口，兴高采烈地说，"你尝，真好呀！乡下就是比城市好。我小时候，有一回，凉粉吃多了，又吐又泻，把妈妈急坏了。"

"你小时候一定很调皮〔14〕！"

华为点点头，悄悄地说："妈妈教我打枪，我就瞄着家里的老母鸡当靶子。那回，我挨了打。哈哈！"华为扬起眉毛，望着江姐的眼睛，回味着童年生活。回到家乡，这里的事物，对他是那么熟悉，自然，可爱。眉宇〔15〕之间，显示着，家乡是属于他的，他也是属于自己的家乡的。

"妈妈带我吃尽了苦，我从小也受惯了苦。仔细想起来，又是那么值得留恋。我爱川北，虽然过去的日子，除了苦难，并没有留下什么值得留恋的东西，但我始终热爱这地方！"

门外的雨下过一阵，渐渐小了，屋檐上的水珠还不断地滴滴嗒嗒，华为充满自信和乐观地讲说着他的心愿：

"将来，我们要在华蓥山里开凿石油钻井〔16〕！在嘉陵江上架起雄伟的铁桥，让铁路四通八达〔17〕，把这里富饶的物产送到全国去！"想了想，他又在江姐耳边小声地说："还要修一座纪念碑，纪念为革命牺牲的先烈！"

江姐吃完了饭，放下筷子，目光不时地打量着周围。在学校里稳重缄默〔18〕的华为，回到家乡，话也多了，人也活跃了。他毫不隐瞒回到家乡的喜悦，一路上小心翼翼的神情，随着风雨飘走了。开始，江姐还有些担心，可是当她看了看环境，饭店里除了他们两人，再没有顾客，也就放心了。

"江姐，"华为大口地扒着饭〔19〕，又低声说道，"在这儿打两年游击，你一定会爱上川北！将来你就留在这里，你一定留在川北。打下天下，再把它建设起来！"

"如果将来成瑶〔20〕不肯来，你安心留在川北么？"江姐微笑着问。

华为毫不迟疑地回答："不爱川北的人，我决不爱她！"接着，他象暴露内心的秘密似地，悄悄告诉江姐，"她告诉过我，她早就想来了！"

527

华为看见江姐愉快地笑着，突然放大胆子说道："姐姐，听说你的丈夫也在华蓥山上，要是他和我妈妈在一起，那才好咧！"他有点调皮地眨了眨眼睛："可是，我还不知道我的'姐夫'叫什么名字。"

江姐眼里闪动着愉快的光辉，笑道："见了面，你就会知道他是谁了。"

"还有菜，你再吃碗饭吧。"江姐见华为只顾说话，没有吃多少饭，有意改变了话题。

华为笑着，低头扒饭。江姐望望店门外的蒙蒙细雨，心里又想着进城的问题。出发前，约定的第一套联络的办法是：把箱子送进城去，交给城里的秘密联络站，然后由联络站派人护送他们上山。可是从种种迹象看来，这里的情况可能发生了变化。送箱子进城，恐怕有些危险。就是在城门口等候司机同志送箱子来，也不安全，容易引起旁人注目。因此，她低声告诉华为："我先到城门口看看。"并且叫华为慢慢吃饭，留在店里等着司机路过。

华为点头会意，放慢了扒饭的速度。

江姐走到店门口，又谨慎地向坐在柜台里的老板——一个老态龙钟〔21〕的胡子老头探问："老大爷，附近有卖伞的吗？"

随着店老板的指点，江姐从容地向城门口走去。城门口仍然挤着很多人。这情景，增添了江姐的戒心，她感到不安，渐渐加快了脚步。距城门愈来愈近，她发现在城门口聚集的人丛中，有光头赤足的挑伕，有戴着斗笠〔22〕的农民，也有撑着雨伞的市民和商人。有的往城头望了望，低下头走开了，有些人，伫足〔23〕瞧看着，还在交头接耳议论着。江姐心里更起了疑团。她似乎发现那雨蒙蒙的城楼上，象挂了一些看不清楚的东西。

又向前走了一段路，看得稍微清楚了。高高的城楼上，挂着几个木笼子。啊，这不是悬首示众〔24〕吗？江姐一惊，紧走了几步，仔细一看，木笼子里，果然盛着一颗血淋淋的人头！

江姐趋前几步，挨近围在城墙边的人群。她听见人丛里有低沉的叹息，有愤慨的不平，这种同情和悲痛，深深注进她的心坎。又是一批革命者，为党为人民，奉献出了自己宝贵的生命。虽然还不太了解情况，但是凭着经验，她知道牺牲的定是自己的同志。她在心中喃喃地说："安息吧，同志，我们定要为你们复仇！"

江姐想到自己的任务，尽量冷静下来，不愿久看，掉回头，默默地走开了。她刚走了几步，心里又浮现出一个念头：就这样走开，连牺牲者的姓名也不知道，这对得起死难的战友吗？应该仔细看看，了解他们的姓名，记住他们牺牲的经过，报告给党，让同志们永远纪念他们。鲜红的血，应该播下复仇的种子！

江姐转回头，再一次靠近拥挤的人群，强自镇定〔25〕着脸上的表情，抑制着不断涌向心头的激怒。她的目光逡巡〔26〕着，忽然看见城墙上，张贴着一张巨幅布告。布告被雨水淋透了，字迹有些模糊，几行姓名，一一被红笔粗暴地勾画过，经过雨水浸渍，仿佛变成朵朵殷红的血花……江姐挤过了几个人，靠近布告，她的目光，突然被第一行的姓名吸引住，一动不动地死盯在那意外的名字上。

是眼神晕眩〔27〕，还是自己过于激动？布告上怎么会出现他的名字？她觉得眼前金星飞溅，布告也在浮动。江姐伸手擦去额上混着雨水的冷汗，再仔细看看，映进眼帘〔28〕的，仍然是那行使她周身冰冷的字迹：

华蓥山纵队政委彭松涛

老彭？他不就是我多少年来朝夕相处，患难与共的战友、同志、丈夫么！不会是他，他怎么能在这种时刻牺牲？一定是敌人的欺骗！可是，这里挂的，又是谁的头呢？江姐艰难地，急切地向前移动，抬起头，仰望着城楼。目光穿过雨雾，到底看清楚了那熟悉的脸型。啊，真的是他！他大睁着一双渴望胜利的眼睛，直视着苦难中的人民！老彭，老彭，你不是率领着队伍，日夜打击匪军？你不是和我相约：共同战斗到天明！

江姐热泪盈眶〔29〕，胸口梗塞〔30〕，不敢也不愿再看。她禁不住要恸哭出声。一阵又一阵头昏目眩，使她无力站稳脚跟……

"姐姐！"

一个亲切的声音，响在耳边。江姐一惊，后退了一步。定定神，慢慢回过头，她看见了华为关切的目光。

"姐姐，我到处找你！"

江姐茫然的视线，骤然碰到华为手里的箱子……

"我在干什么？"一种自责的情绪，突然涌上悲痛的心头。这是什么地方？什么时候？自己负担着党委托的任务！不！没有权利在这里流露内心的痛苦，更没有权利逗留。江姐咬紧嘴唇，向旁边流动的人群扫了一眼，勉强整理了一下淋湿的头巾，低声地，但非常有力地对华为说：

"走吧，不进城了。"

江姐接过行李卷，挥了挥手，叫华为快走。可是自己却站着不动，她再一次抬起头来，凝望着雨雾蒙蒙的城楼……

江姐终于离开了人群，默默地朝华为走过的方向走去，赶上了他。她的脚步，不断踏进泥泞，一路上激起的水花、泥浆，溅满了鞋袜，她却一点也不知道。这时，她正全力控制着满怀悲愤，要把永世难忘的痛苦，深深地埋进心底。渐渐地，向前凝视的目光，终于代替了未曾涌流〔31〕的泪水。她深藏在心头的仇恨，比泪水更多，比痛苦更深。

江姐的脚步愈走愈急，行李在她手上仿佛失去了重量；提着箱子伴随她的华为，渐渐地跟不上了……

一个背着背兜的农民，遥遥走在前面，沿着一条曲折的石板路，转过山坳〔32〕去了。华为领着江姐，远远地跟着那农民，唯恐他的背影突然消失。

这一带地方，华为也没有走过，一路上翻山越岭，遇见村落时，还要绕道而行。已经是半下午了，那领路的农民既没有和他们说一句话，也没有停步休息。这就使得华为深深地感到：穿过敌人的封锁，是一件很不容易的事。

一路上，江姐沉默不语，象有重大的心事，也使华为感到纳闷

〔33〕。他记得，自己只在饭店里等了一会儿，司机同志便送箱子来了。他和江姐分手，只不过十来分钟，不知道为什么江姐的心情，竟突然变得悒郁〔34〕不乐起来。找到江姐时，他看出她的神色不好，急于去招呼她，竟没有来得及细看那城门口的布告。眼见到牺牲了的同志遭受敌人的凌辱，谁的心里能不痛苦？但是江姐的感受，似乎更深，以致难以理解。他也觉得，在当时的情况下，放弃第一套联络办法，不再进城去是对的；因此，江姐一提示，他便遵照江姐的意见，改用了第二套联络办法：他们从城边转向离城三里路的白塔镇，找到了那家兴隆客栈，装作住栈房的模样进了客栈，对了接头暗号。客栈"老板"的神色也有些紧张，什么情况也没有谈，只催他们快点吃饭上路。而且他说，敌人封锁很紧，暂时不能上山去找游击队，只能把他们送到一处上级指定的秘密地方去。江姐换了衣服，变成农村妇女的打扮，箱子和小行李卷，交给客栈"老板"叫来领路的农民，装在他的大背兜里，面上还放了些零碎东西，遮掩着。临走时，"老板"一再叮咛：情况很紧，路上多加小心，莫要和领路的人说话，只远远地跟着走，要是遇到意外，才好见机行事……华为对这一切，起初倒并不觉得严重，他估计这是因为城门口的示众布告，引起了不安。直到一次次绕过敌人设在附近村落里的许多哨点，才渐渐发觉农村的情况，的确也十分紧张。

路两边，许多田地都荒芜〔35〕了。已经是麦穗扬花〔36〕的季节，但是田地里的麦苗，却显得稀疏萎黄，胡豆〔37〕、豌豆〔38〕也长得不好。全是肥沃的好地方啊，华为不禁痛苦地想：抓丁、征粮，故乡的农民被反动派蹂躏得再也活不下去了……

背着背兜的农民，从山头上一处破败的古庙边穿过丛林，脚步跨得更快了。可是江姐走过庙门时，不顾急于跟上农民的华为，渐渐站住了，一副石刻的对联，在庙门边赫然〔39〕吸引了她的视线。华为见江姐驻脚，也停下来，解释道：

"这一带，有很多这样的遗物，都是川陕苏维埃时代的。"

江姐凝视的目光，停留在气势磅礴的石刻上，那精心雕刻的大字，带给她一种超越内心痛苦的力量：

　　　　斧头劈翻旧世界
　　　　镰刀开出新乾坤

庙门正中，还有四个代替庙匾〔40〕的闪闪发光的字：

　　　　前仆后继

　　目睹着暴风雨年代革命先烈留下的字句，心头激起一种无限复杂而深厚的感情，江姐的眼眶不禁潮湿了。她由此得到了巨大的启示，来自革命前辈的顽强战斗的启示！

　　前面，成片的竹林掩映着一座大院落。领路的农民，在一株巨伞般的黄桷树下站住了。那黄桷树正长在离院落不远的山岩上，站在树下可以一眼望见前面起伏的无数山峦。那农民四边望望，然后回头暗示地看了他们一眼，背着背兜穿过竹荫，走到成片瓦房的院落附近，把背兜放在那大院落前的晒坝〔41〕边，便独自向另一条路上走开了。这院落比农村常见的院落大些，房子也要好些。院坝里喂了一群鸡，猪圈的柱头上，系着耕牛，几个农民坐在院坝里修整农具。一个农民走过来，背起背兜，向他们点了点头，引着他们进了院坝，从挂着匾额的堂屋旁边，弯弯拐拐地穿过几间房子，进到后院。

　　江姐他们走进后院，在天井里站了一下，便看见一个头发斑白腰干硬朗的老太婆，撩开〔42〕袍角快步跨出门来。

　　"妈妈！"华为低叫了一声，扑上去抓住了老太婆的双手。他没有想到不是在山上的游击队里，而是在这个地方意外地遇到了妈妈。

　　领路的农民，在他们进屋时，已经从背兜里取出了箱子和行李卷，放在屋角，提起空背兜悄悄地走了出去。

　　"妈妈，我来介绍一下。"华为说道："这是江姐，江雪琴同志。"

　　老太婆的目光朝江姐一扫，便走上前，眯起满是皱纹的眼睛，细心地端详着她，然后伸出手来，紧抱住江姐的肩头。

　　"早就听说你要来了！"

　　老太婆的声音，洪亮有力，充满了刚强和自信，和她慈祥温和的目光，成为强烈的对比。江姐平静地露出一丝笑容，伸手扶住了老太婆瘦削的肩头。

"走，到里边休息。"

老太婆牵住江姐的手，迈开脚步，把江姐领进又一道门，径直走进了她那陈设简单的寝室。从这最初的接触中，江姐已感觉出这位早已闻名的老太婆的豪爽〔43〕直率；只是，她的动作似乎过于急促，仿佛要想掩饰内心的活动。江姐刚刚坐下，便听见老太婆朗朗地说道："你来得不巧，昨天老彭刚好出去检查工作，过几天才回来。华为，你怎么不给江姐倒茶？"

老太婆接过华为手上的热茶，亲自递到江姐手上。"先喝口茶吧！"她的目光扫过狭窄的房间，解释道："这几天敌人封锁很紧，不容易上山，所以老彭要我赶下山来接你。这里比较安全，是一个当乡长的同志的家。"

江姐喝着茶，不时打量着老太婆，这位久经风雨的老战士，如果到了战场，江姐相信，她定是叫敌人丧胆的威武指挥员。可是此刻，她的举止却微显不安，使江姐对她刚才说的那句意外的话，不能不怀疑。江姐慢慢放下茶杯，声音尽量开朗地说："我把情况汇报一下。"

"不用急！"老太婆打断江姐的话。"吃了饭再说。"

江姐压抑着奔腾的心潮，继续观察着面前的战友。热腾腾的菜饭，很快就送进房来，看得出来，这是早就准备好了的。

"吃饭吧！"老太婆让江姐坐定，便把菜一箸一箸地挟到她的碗里。

"你尝尝，城里哪有这样的鲜菜！"

老太婆不让江姐开口，又接着说道："这是专门为你做的一碗红烧肉，你要多吃点！我的牙齿不好，吃不动瘦肉……老彭在山上时，一有空，就种些我爱吃的芋头，萝卜……怎么酒还没有拿来？"老太婆是很健谈的，可是她此刻的话说得又快又多，并不让江姐插话，使华为也感到奇怪，她过去并不是这样的呀。

老太婆衣袖一拂，一只空酒杯被打翻了。她看了华为一眼，"你去拿酒！"华为惶惑地放下筷子，跑了出去。

江姐听出，老太婆又一次提到了老彭，心里不禁一动：是老太婆还不知道老彭的牺牲，还是有意隐瞒这不幸的消息？老太婆这种充满热情的不显得有丝毫做作的神态，又使江姐心里浮起了一种侥幸〔44〕的念头：莫非老彭没有牺牲，那张布告只是敌人无耻的欺骗？可是她亲眼看见的不是他那永不瞑目的眼睛么……江姐抬头细看，老太婆始终面不改色，仍然不断地给自己夹菜。

华为拿着酒瓶回来了。老太婆斟了一个满杯，递给江姐，又斟了两杯，一杯给华为，一杯自己举起来："江姐，这杯酒，我代表同志们，也代表老彭，给你洗尘〔45〕。"

江姐没想到对方又提到老彭，她心里一时竟涌出阵阵难忍的悲痛，嘴唇沾了沾苦酒，默默地把酒杯放下了。她悲痛地感触到对方也有隐藏的苦衷，她不忍当面刺伤老太婆苦苦的用心。勉强吃完那碗说不出滋味的菜饭，便轻轻放下了筷子。

"你怎么只吃这点点东西？"老太婆目光一闪，立刻追逼着问。

"江姐饭量不大。"华为在旁边代她回答。他不了解妈妈的怀疑，更无法看穿江姐的心事。

"身体不舒服吗？"

"没有什么。"

老太婆锐利的目光，久久地停留在江姐脸上。江姐虽然尽力克制着自己的感情，但她的面颊上仍然显得苍白，两只水汪汪的眼睛，也泄露着心头的秘密。老太婆的目光，忽然转向华为。

"这是怎么回事？"

"我的饭量不大。"江姐重复着华为的话，抢先说。

华为略一思索，便告诉老太婆："江姐和我心里都很难受，我们在城边看见了……"

"嗯？"

华为痛苦地低下了头："我看见了木笼，没有看清布告，江

534

姐……"他的目光转向江姐，仿佛说：布告上的姓名，江姐可能全都记下来了。

老太婆脸色霍然〔46〕一变，直视着江姐。

"我全都知道了！"江姐猛然抓住老太婆的双手，顿时泪如雨下，但她并不回避老太婆的目光，昂起头来急切地说道："我看见了……"

一连串的泪珠，从年迈的老太婆痛楚的脸颊上，沿着一条条的皱纹，涌流出来，她用双手紧抱着江姐的肩头，什么话也不说了。

"我知道，同志们怕我难受，我知道你……"江姐的语音里夹杂着呜咽，"早点知道也好，老彭留下的担子，应该马上承担……"

"原谅我，江姐！"华为猛然醒悟过来，他这时才明白那城门口的示众，为什么给江姐带来了这么大的悲痛。"一路上……我不知道你心里多么难受……"年轻的华为，忍不住心中的剧痛，他忽然掀开房门，撒着热泪，冲了出去，吧嗒一声又把门掩了回来。

"莫憋在心头，江姐……"老太婆的喉头梗塞，纵横的老泪滑过脸上的皱纹。"我懂得你的心。我们有相同的不幸……多少年来，为了胜利，为了继承先烈的遗志，实现我们共同的理想……江姐，战士的眼泪不是脆弱的表现，它代表坚贞〔47〕的心向革命宣誓……在亲人面前，你放声痛哭一场吧！江姐，江姐，你要把眼泪流干啊……"

江姐竭力控制着自己，但是，她怎么也禁不住泪水的涌流……她想说话，却什么也说不出，只把双手紧抱住慈母般的老太婆。她的思绪，又一再牵向那雨雾蒙蒙的城楼。

"你放声哭吧！"

无声的泪，不断地流，江姐做梦也没有想到，自己会遭受这样的不幸。多少欢乐的想念，多少共同战斗的企望，全都化为泡影〔48〕。动身的时候，她还想着他肺病很重，给他带来了瓶鱼肝油，可是谁想到……江姐无力地依在老太婆的肩头，大睁着泪眼，她真想放声一哭！

"不，不啊……"江姐忽然轻轻摇头。"哭，有什么用处？"老

太婆也默然了，更紧地把江姐搂在怀里。江姐微微抽泣着，时断时续，但她却不肯顺从老太婆对她善意的纵容……她终于慢慢抬起头来，深情的目光，凝视着老太婆的泪眼，仿佛从她满是皱纹的脸上，感受着无穷的爱和恨，感受着共同的感情。"你说过，剩下孤儿寡妇，一样闹革命！"江姐轻轻吐出心坎里的声音："我怎能流着眼泪革命？"

"江姐……"随着声音，老太婆一边伸出火热的手指，梳理着江姐的鬓发，一边又在耳边讲述那不该对她隐瞒的真情：那天，双河场开抗丁抗粮群众大会，老彭临时决定去参加。还没有进场口，就发现乡场被匪军包围了，匪军在场口上架上两挺机枪，准备扫射、屠杀！可是开会的群众还不知道，还在高呼口号！眼看群众就要血染全场，老彭在那千钧一发的时刻，立刻鸣枪示警，并且掩护群众撤退……就这样，为了上千群众，老彭他们三个同志……

江姐默默地听着，渐渐地，眼里的泪水不再滴落了。她的目光，仿佛望见了老太婆告诉着她的情景。她喃喃地，低声说道："我希望，把我派到老彭工作过的地方……"

"前仆后继，我们应该这样。"回答的声音，是那样的刚强。久经患难的老太婆带着虔敬〔49〕的心回忆着："老彭说过：你把群众当作自己的父亲，群众才把你看成自己的儿子。鞠躬尽瘁，死而后已〔50〕。他给我们，也给群众留下了多么光辉的榜样！"

译　注

[1] 江姐	Jiāngjiě	*nom de personne* *name of a person*
[2] 华为	Huá Wéi	*nom de personne* *name of a person*
[3] 力夫	lìfū	*porteur*

			porter
[4]	笼罩	lǒngzhào	couvrir
			envelop
[5]	坦然	tǎnrán	tranquille
			calm and confident
[6]	峰峦	fēngluán	pics d'une chaîne de montagnes
			ridges and peaks
[7]	不由得	bùyóude	ne pouvoir s'empêcher de
			can't help
[8]	华蓥山脉	Huáyíng Shānmài	les monts Huaying
			the Huaying mountain
[9]	抿着嘴唇	mǐnzhe zuǐchún	pincer les lèvres
			compress one's lips
[10]	老太婆	lǎotàipó	*surnom d'une personne*
			nickname of a person
[11]	溜滑	liūhuá	glissant
			slippery
[12]	泥泞	nínìng	boueux
			mud
[13]	瞥见	piējiàn	ici: voir, remarquer
			get a glimpse of
[14]	调皮	tiáopí	espiègle
			naughty
[15]	眉宇	méiyǔ	sourcils
			forehead
[16]	钻井	zuànjǐng	forer un puits
			well drilling
[17]	四通八达	sìtōng-bādá	qui mène à toutes les direc-

tions
extend in all directions

[18] 稳重缄默　wěnzhòng jiānmò　sûr et silencieux
steady and reticent

[19] 扒饭　bā fàn　manger
eat

[20] 成瑶　Chéng Yáo　*nom de personne*
name of a person

[21] 老态龙钟　lǎotài-lóngzhōng　vieillard tout cassé
doddering

[22] 斗笠　dǒulì　chapeau de bambou tressé
bamboo hat

[23] 伫足　zhùzú　s'arrêter
stop

[24] 悬首示众　xuánshǒu shìzhòng　suspendre la tête coupée en public
cut off a person's head and hang it up as a warning to all

[25] 强自镇定　qiángzì zhèndìng　s'efforcer de garder son calme
make an effort to calm down

[26] 逡巡　qūnxún　hésiter
hesitate

[27] 晕眩　yūnxuàn　avoir des vertiges
dizzy

[28] 眼帘　yǎnlián　yeux
eye

[29] 热泪盈眶　rèlèi-yíngkuàng　avoir les larmes aux yeux
One's eyes brim with tears.

[30]	梗塞	gěngsè	suffoquer
			be suffocated
[31]	涌流	yǒngliú	jaillir
			well
[32]	山坳	shān'ào	vallée
			col
[33]	纳闷	nàmèn	perplexe
			feel puzzled
[34]	悒郁	yìyù	mélancolique
			melancholy
[35]	荒芜	huāngwú	désert
			deserted
[36]	扬花	yánghuā	floraison
			flowering (of cereal crops)
[37]	胡豆	húdòu	fève
			broad bean
[38]	豌豆	wāndòu	pois
			peas
[39]	赫然	hèrán	tout à coup
			suddenly
[40]	匾	biǎn	panneau portant unc inscrip-tion suspendu au-dessus de la porte d'entrée
			a horizontal inscribed board
[41]	晒坝	shàibà	aire
			threshing floor
[42]	撩开	liāokāi	relever
			hold up
[43]	豪爽	háoshuǎng	franc et généreux

straightforward

[44] 侥幸   jiǎoxìng   par bonheur

by luck

[45] 洗尘   xichén   banquet offert en l'honneur de l'arrivée de qqn.

give a dinner of welcome (to a visitor from afar)

[46] 霍然   huòrán   tout à coup

suddenly

[47] 坚贞   jiānzhēn   inaltérable

faithful

[48] 泡影   pàoyǐng   châteaux en Espagne

visionary hope

[49] 虔敬   qiánjìng   pieux

reverent

[50] 鞠躬尽瘁   jūgōng-jìncuì   s'atteler à la tâche jusqu'à son dernier souffle
死而后已   sǐérhòuyǐ

bend one's back to the task until one's dying day

姚雪垠

现代作家，1910年生于河南省邓县，小时候因家贫只读过三年小学，后靠自学走上创作道路。

抗战期间，被选为中华全国文艺界抗敌协会理事，并担任创作研究部副部长，后期任东北大学副教授，抗战胜利后任上海大夏大学教授。

解放后，在河南省文联、武汉作协从事专业创作，现任湖北省文联主席。

主要作品有：短篇小说《差半车麦秸》，中、长篇小说《牛全德和红萝卜》、《春暖花开的时候》、《戎马恋》、《长夜》等。1957年开始创作长篇历史小说《李自成》，1963年出版第一卷，1977年和1981年分别出版第二、三卷。

李 自 成

（节选）

长篇历史小说《李自成》共分五卷，约三百万字。

小说以写明末的农民战争为主，描绘了不同阶级的代表人物的形象，以及各阶级、各集团之间的错综复杂的矛盾关系，展开了色彩缤纷的历史画卷。

第一卷所写的故事发生在崇祯十一年（1638年）冬天到次年夏天。当时农民战争处于低潮。农民起义军领袖李自成在潼关附近陷于明军包围，经过英勇战斗，才突围出来。他又在商洛山中积极经营，克服了种种困难，终于重整旗鼓，并推动张献忠重新起义，把农民战争推向新的高潮。

本文选自《李自成》第一卷，中国青年出版社1977年版。

* * *

第十八章

丫环〔1〕打起帘子。张献忠〔2〕同徐以显〔3〕把李自成〔4〕让进屋里。丁氏〔5〕已经躲进里间去了。献忠把她唤出来，介绍给自成说：

"李哥，认识认识，这是你第八个弟妹。怎么，还俊俏〔6〕吧？"

李自成比献忠长几个月，按照自古传下来的老规矩，兄长〔7〕是不能在弟媳妇面前开半句玩笑的，朋友间也是如此，何况自成又是个比较严肃的人，所以当时感到有点窘〔8〕，无话回答。幸好丁氏匆匆地向他福〔9〕了福，羞得满面通红，一转身逃进绣房。张献忠乐了，拈着长胡须哈哈地大笑起来。

他们正要上楼，马元利〔10〕来了。马元利同李自成从前也很熟，今晚因留在察院〔11〕照料〔12〕，没有机会来奉陪接风〔13〕酒筵。他同自成见过礼〔14〕，寒暄〔15〕几句，就把一个红纸礼单呈给献忠。献忠紧皱粗眉，握着长须，把礼单细看一遍，抬起头来问：

"不能再少一些？"

"我同林大人的两位亲信幕僚〔16〕琢磨〔17〕很久，这一股子脓，疼是疼，恐怕要出。林大人跟他的左右，这次来谷城，不把胃口填饱恐怕不会离开。"

献忠带着怒意地说："请他赶快滚还不容易？"

"当然容易。在谷城故意搞点儿小乱子，就会把他吓跑。可是咱们现在还得打鬼就鬼。腊月〔18〕二十三打发老灶爷〔19〕上天，用灶糖粘住他的嘴，让他上天后不能说坏话。大帅，你就忍口气，也忍点疼，全当是打发灶君上天吧。"

献忠沉吟说："这么算下来，光送礼也得五千两银子以上。只是，这一颗大珍珠不好弄到……"

马元利笑着说："听林大人的一位亲信说，这是四姨太太亲口说出来的，不好拒绝。她原想要一颗祖母绿，后经我再三说明咱们这里如今没有，才改成大珍珠。"

"操他们的祖宗八代！"献忠轻轻地骂了一句，就往里间去了。

李自成完全明白是怎么回事儿，在心中暗笑说："你玩假降这一手，玩来玩去，现在可尝够了好滋味！"同时他更觉得自己来的恰是时候，不怕献忠不听从他的劝说。为着避免打听，他不再同马元利说话，背过身去，打量着屋中的高雅[20]布置。家具都是楠木的，式样古雅[21]；墙上挂几幅名人字画，一张三弦，一管紫竹玉屏箫。箫的尾端带有杏黄色的两条丝穗子，上边用一块小小的汉玉坠儿[22]绾[23]着。他的眼光扫到山墙上，看见了一副装裱考究的红纸洒金对联，上写着颜体[24]行书，十分雄劲[25]和奔放[26]：

柳营[27]春试马
虎帐[28]夜谈兵

他知道柳营是用的西汉名将周亚夫的典故，觉得这对联很合乎献忠的身分。看看落的下款[29]，是题着"谷城徐以显彰甫[30]拜书[31]"。今晚看见献忠的军师，他对这个人的印象不怎么好。并没有什么根据，只是凭着他的人生阅历[32]，朦胧地觉得徐以显是个阴险的人。但徐以显的一笔颜体字他觉得不错，增加了对这个人的敬意。

正当他欣赏徐以显的书法的时候，他听见是献忠的八夫人小声赌气说：

"你们近来给大官儿们送礼，总是来挤我，把我当成个出血筒子。上月你们拿走我的一块祖母绿去给总理的小姐送礼，今晚又来要我的大珍珠。我不给！"

张献忠走出来，没有生气，无可奈何地对马元利笑着说：

"这个礼单放在我这里，咱们明天再商量吧。"

马元利一走，献忠就把自成请到楼上去，并对徐以显说：

"老徐，你也上楼去谈谈吧。"

徐以显陪笑着说："我还有事，不能奉陪〔33〕闯王啦。"

献忠也不勉强，说："你是忙人，随你的便。"

李自成对徐以显拱拱手〔34〕，随着献忠上楼了。徐以显小声对春兰说：

"请夫人出来，我跟她说句话。"

丁氏从里间抱着婴儿出来了。她以为徐以显要问下毒药的事。但徐以显不再提这件事，因为他后来想，不得献忠同意决不能下此毒手〔35〕。献忠的脾气他很知道，一旦动了火，他的头就保不住了。

"夫人，你跟大帅说了么？"他小声问。

"说了。"

"大帅怎么说？"

"他不许我多嘴。看他的脾气，他心里有些肯。"

徐以显轻轻点了一下头，没有说别的话，转身走出。他已经想好杀害李自成的新办法，用不着丁氏了。

李自成一到楼上，看见放着许多书架子，上边摆满了书，简直发呆了。他用眼睛扫着书架子，问：

"敬轩〔36〕，这是个藏书楼么？"

"不是，不是。这些书都是方岳贡家的，官兵糟踏，咱的弟兄也糟踏，有的考火啦，有的垫马棚啦。后来方岳宗请我帮忙，下令不准再糟踏这些书，把已经散失的也收集起来，搬到这座楼上藏起来。这楼同咱们吃酒的花厅都不是方家的，同方家是紧邻，我把两家宅子打通啦，还开了一道月门。你看，你在这里住，不会有人打扰吧？"

"这地方确实清静。"

"只要你不嫌招待不周，在这里多住些日子吧，决不会风吹草动。"

自成笑着说："八弟妹住在下边，自然闲杂人不敢进来。"

他们在靠近火盆的八仙桌边坐下。桌上放着一个雾红〔37〕官窑梅瓶，新插了两枝红白二色的腊梅〔38〕。春香来替他们倒了两杯茶。献忠一挥手，她赶快下楼了。献忠是一个不喜欢安静的人，更不喜欢稳重地坐下谈话。他站起来走到自成的身边，在他的肩上拍了一下，嘻嘻地笑着说：

"哎，李哥，你不如跟着咱老张投降朝廷吧，何必天天奔波？"

自成转过头来，看看献忠。看见他的狡猾的笑容，猜不透他这话到底是什么意思。但是他不管献忠的话是真是假，他把身子往椅背上猛一靠，头一仰，回答说：

"啊，不行，决不投降！"

"好家伙，已经'赔了老婆又折兵〔39〕'，还不服输？"

"胜败兵家常事。没有败，也就不会有胜。自古起义，哪有一帆风顺的？"

"好我的哥，你难道打算丢掉几次老婆孩子？我看，还是受招安〔40〕吧。"

自成笑一笑，说："要是只打算一家团聚，死在老婆床头，咱们起初就不必造反啦。"

"你真的不肯洗手？"

"既然造反，不反到北京城永不罢休。"

献忠瞪着眼睛在自成的脸上注视一阵，又在自成的肩膀上重重地拍一下，大声说：

"好样的，我就猜到你一定不服输，也不泄气！"随即哈哈地大笑起来，坐回原位。"李哥，咱们打开窗户说亮话，你以后打算怎么办？"

"我想听听你的主见。"

"听我的主见？"张献忠狡猾地挤挤眼睛，拈着大胡须说："咱老张已经受了招安，也算是朝廷的人啦。咱们分了路，各人有各人的打算。你怎么好听我的主见？"

"敬轩，咱们说正经话，别开玩笑啦。我这次来看你，就是要跟你谈谈今后我们应该怎么办。"自成把"我们"二字说得很重，很慢。停顿片刻，见献忠一直含笑地盯着他，老不做声，他接着说："从前官兵的力量比如今大，可是因为咱们十三家拧成一股绳，齐心作战，把官兵杀得顾东不能顾西。这两年，咱们十三家分成几股，你，曹操[41]，我，老回回[42]，还有革里眼他们，各打各的，没有好生配合，互相策应，都吃了官兵的亏。敬轩，如今满鞑子[43]深入畿辅[44]，洪承畴[45]和孙传庭[46]都去勤王，内地官兵空虚，加上河南等省连年灾荒，人吃人的年景，正是咱们大干一番的好时机。我不能住在商洛[47]山中当神仙，你也不应该就这样在谷城[48]长住下去。你说，咱们应该怎么办？"

"你想重振旗鼓[49]，当然很好。痛快说吧，你可是要我帮助你？"

"我来谷城，不是来求你帮助，只是要跟你商议商议咱们今后应该如何干。一个巴掌拍不响，两个巴掌就拍得响。我来找你，不光是为我，也是为你。"

献忠又笑起来，说："好家伙，还为我！"

"是，也为你。你大概还记得，几年前咱们在城固[50]左近抢渡汉水，没有船只，水流很急，还有风浪。骑兵过去后，步兵过不去。大家正没办法，还是你想出主意，叫步兵强的跟弱的搭配，人牵人，手拉手，扯成长线，踏过汉水。转眼间，不但步兵都平安过来，连老弱伤病的弟兄也过来了。风浪大的地方，许多人手牵手站成人排，挡住浪头，让抬运伤病和辎重[51]的弟兄们顺利过去。可见，力量分散了，就抵不住激流，挡不住风浪，力量合起来就什么困难也不怕。"

"你的力量在哪里，我的哥？你的人马不是打完了么？"

"那是暂时的事情。时候一到，只要我的路子走得正，重竖起我的闯字大旗，人马要多少会有多少。"

"你有把握？"

"有把握。明朝已经失尽人心，加上灾荒连年，饿殍[52]满地，只要我们能够为民除害，救民水火，还怕没有老百姓跟着造反？"

"你真是要干到底？"

"说实话，我目下已经在商洛山中集合力量。"

张献忠猛地跳起来，把大腿一拍，伸出一个大姆指，大声说："好

546

汉！好汉！自成，我就知道你不会完蛋，定有重振旗鼓的一天。果然你丝毫不丧气，不低头，是一个顶天立地的铁汉子！高如岳〔53〕死后大家推你做闯王，真不愧这个'闯'字！不过老兄，你也不要在我老张面前打肿脸装胖子，硬不要朋友帮助。说吧，你需要什么？需要我老张送一些人马给你吗？需要多少……嗯？说！"

"敬轩，你的情谊我十分感激。可是，请你暂且不谈怎样帮助我。咱们先商量今后大计要紧。"

"好，暂且放下这章，先谈重要的。你打算今后怎么干？"

"我想先问问你：你打算怎么干？"

张献忠拈着大胡须笑一笑，重新坐进椅子里，装出心安理得的样子说："你看，咱俩走的不是一条路，我已经娶了八个老婆，不久还要娶第九房，是本城敖秀才家的姑娘，十七岁。咱们造反，还不是为着过几天舒服日子！"他挤挤眼睛，摇摇头，打个饱嗝〔54〕，双脚蹬在桌撑上，接着说："我没有别的打算，只想在谷城安安稳稳地住下来，把兵练好，朝廷需要我出力的时候我就出把力。"

自成笑着问："真的么？"

献忠说："信不信由你。"

自成坐下去，诚恳地、严肃地、不慌不忙地微笑着说："敬轩，你不要跟我开玩笑，良机〔55〕难得，咱弟兄俩应该好生谈一谈。咱们起义已经十来年啦，兄弟们死了不知多少，老百姓遭殃更大，到如今还没有打出个名堂来。你抱定宗旨〔56〕杀贪官污吏〔57〕，可是贪官污吏越杀越多，看起来非推倒明朝江山，来一个改朝换代，吏治是不会清明的。我知道你想喘喘气，然后大干。可是这情形不能拖得太久。你在整练人马，左良玉〔58〕们也在整练人马。你只有谷城县弹丸〔59〕之地。池塘小，难养大鱼。等到你的创伤养好了，羽毛丰满〔60〕了，左良玉们的人马也整练好了，比以前更多了。你的把戏只能够骗住熊文灿〔61〕，可是骗不住左良玉和罗岱〔62〕，骗不住朝廷，骗不住众人的眼睛。目前正是极其有利的局面……"

张献忠截断自成的话，问："自成，自成，凭良心说，这几个月

547

来你们是不是常骂我老张脊梁骨[63]软？说我张献忠是真投降了？"

"不管别人如何说你，我自己心中有数。"

"好，还是你厉害，有见识！"献忠因为自成没有误解他，快活地连连点头。随后，他叹口气说："自成，你不明白，我的日子也不是好过的。熊文灿在广东招抚[64]过刘香[65]，在福建招抚过郑芝龙[66]，发了大财，吃贯了这号[67]利，把我也当成刘香和郑芝龙。嗨，他妈的，老狗熊！"

"他们把你当成了摇钱树[68]，聚宝盆[69]。"

"李哥，我这十个月的安稳日子是拿钱买的，没有一个文官武将，不向咱老张伸着手讨贿赂。妈妈的，把老子几年的积蓄快挤光了，还是填不满他们的没底坑。就从这一点说，明朝非亡不成，不亡才没有天理哩！别说我是假投降，就是真投降，这班大小官儿们也会逼得咱老张非重新起义不可。"

"所以我劝你不要这样拖下去。"

"伙计，你以为我高兴拖下去？你以为我愿意低三下四应付那些大官儿们？这班官儿们，黑眼珠只看见白银子，句句话忠君爱民，样样事祸国殃民[70]。你以为我喝了迷魂汤[71]，愿意跟他们在一起长久泡下去？咱弟兄们虽不说曾经叱咤风云[72]，跺跺脚山摇地动，可是不含糊，咱是从砍杀中闯出来的，一天不打仗急得发慌。如今这日子，象二锅水，不冷也不热，温吐噜的[73]，尽叫人磨性子，你以为我喜欢？有人说咱张献忠服输了，真想投降，这可是把眼药吃到肚里。"献忠嘿嘿地笑一阵，把大腿一拍，接着说："至于熊文灿这班龟儿子，他们忘记了，我的名儿叫张献忠，可不叫张献宝！"

"我听说你派人到北京去花了不少钱，真的吗？"

"别提啦，都怨那个薛瞎子！他龟儿子目下还住在北京。等他回来，我得好好地骂他一顿！"

自成知道他骂的是一个叫做薛子斌的，是献忠的亲信将领，一只眼睛在作战中挂了彩[74]，瞎了。自成同他也很熟。

"难道不是你派薛子斌去北京替你拿银子打通关节[75]？"

"我派他？派个屁。是他自家出的主意！我起初只打算假降一时，叫我喘口气，补充一些人马甲仗，可是老薛这个龟儿子想真降。他天天怂恿〔76〕我派他去北京，走他堂伯薛国观的门子，用金银财宝收买朝里的达官贵人替我说话。我一时糊涂，就派他去啦。妈的，钱花了不少，可是朝廷该猜疑还是猜疑，没有买到别的，只买到一点：让我暂时能够在这儿休息整顿！"

自成笑着说："有你派老薛去北京花的那些冤枉钱，拿出来一部分养兵，一部分赒济〔77〕穷人就好啦。我们要成大事，应该首先得民心，用不着拿钱买朝廷的心。敬轩，你想收买满朝的达官贵人，他们的胃口如何能填得满？你的钱扔进大海里啦。"

"扔进大海里还能听见响声，扔进他们的口袋里有时连响也不响。"

李自成诚恳地说："损失一些金银珠宝还是小事，重要的是丧失了咱们起义领袖顶天立地的英雄气概〔78〕，背离了起义宗旨，也给各地造反的人们树立了一个不好的榜样。因为咱俩是老朋友，在战场上共过患难，所以我才这么直言无忌。敬轩，你可莫见怪啊！"

张献忠点头说："李哥，你说的对，说的对。不管是真是假，到底背了投降的孬〔79〕名儿。这几年因为我老张的名声大，众人的眼睛都在望着我。我是替自己名声抹黑啊，还要低三下四地应付那些王八蛋们！"

自成又说："虽然你走这着棋替自己的半世英名抹了黑，好在赶快挽回还来得及。敬轩，我再奉劝一句：一生名节所关，你千万莫再这样下去！"

献忠点点头，但没做声。

"曹操怎么样？"自成问。

"曹操？滑得流油，滑得象琉璃珠珠。他只花了不多钱，买通了太和山〔80〕提督太监〔81〕李继政〔82〕替他向熊文灿写了一封书子，又给熊文灿送点礼物，另外没花一个冤枉钱，就占据几县地盘安安稳稳地住下来啦。老熊反而将就他，生怕他三心二意不肯投降，又是派房县知县郝景春找他劝说，拉拉交情〔83〕，又是向朝廷保他做游击将军，说他是诚意投降。妈的！有我张献忠在东边做屏风，替他遮风挡寒，他躲在大山里边安闲自在地享福啦。"献忠又笑了起来，他的眼色和笑声里带着鄙视〔84〕，但又流露着很亲切，分明很赞许曹操对朝廷的狡猾态度。

"他打算以后怎么办？"

"哼，还不是坐在山里边观望风色？熊文灿要调他出来立功，他不肯出来，说他不愿做官，也不要朝廷粮饷，只愿同他的部下散居在山里做农民，自耕自食，同老百姓在一起安居乐业〔85〕过日子。你瞧，多会应付！可是，只要咱老张干起来，他就得跟着一起干，不怕他油光水滑。"

"你到底打算什么时候起事？"

"等我准备好了以后就动手。"

"大约什么时候可以准备好？"

张献忠心里说，你现在是输光了，巴不得我老张干起来，闹得四处起火，八下冒烟，你好趁火打铁。我偏不急！于是他装做不大在意的样子说：

"说不准啊，走着瞧吧。"

李自成也不再问，淡淡一笑，从桌边站起来，背着手走近一个书架，随便欣赏着那些带布套的和带夹板的，排列整齐、但顶上蒙着一层灰尘的书，心中却在想着如何趁今晚将张献忠在谷城起事的日期商定，免得夜长梦多。献忠在他的背后忽然说道：

"李哥，你真是有胆气〔86〕！"

自成转过身来："什么有胆气？"

"我想问问你：你怎么打垮了以后不躲藏起来，竟然敢跑来谷城见我？"

"你是我的朋友，我没有做过对不起你的事，为何不敢来见你？"

"你不怕我黑〔87〕你？"

自成心中吃惊，坐下去笑着说："如果有丝毫害怕你落井下石〔88〕，我就不会来谷城。"

"俗话说，不怕一万，只怕万一。你难道不怕万一我张献忠翻脸不认人，对你下毒手？"

"我根本没想到会有万一。在我们十三家兄弟中，除象刘国能和李万庆那样枉披一张人皮的畜生，死心塌地〔89〕投降朝廷，卖友求荣，无耻之极，其余众多真正的英雄豪杰，从来没有黑过朋友的，何况你张敬轩？什么话！"

"要是俺老张处在你的地位，我的左右人就不会让我去找你。"

"那很奇怪。我的左右人没一个人不盼望我快来找你，共商大计。他们都说，只要咱弟兄俩能够携手，明朝官军虽多，就再也不会把咱们各个击破。"

"可是人们都说在十三家义军中咱俩是两雄不并立，互相不服。再说，这两三年咱俩又起了生涩〔90〕，撕破过面子〔91〕。难道捷轩他们都不想到这些事？"

自成哈哈地大笑起来，说："敬轩，你也太把我那边的朋友们看低了！"

"怎么看低了？"

"在他们看来，咱俩虽然曾闹过意见，伤过面子，但是牙跟舌头还有时不和哩，何况是朋友相处？这是家里的小事情，不能因小失大。目前大敌当前，同心协力还怕迟误，谁还记着那些鸡毛蒜皮〔92〕的小事儿！"

张献忠继续目光炯炯〔93〕地逼着自成问："可是，自成，有朝一日，打垮了明朝，咱俩终究要争江山呀！难道天有二日么？"

李自成完全没料到献忠会讲出这个问题，不禁身上出了冷汗。但是他用鼻孔冷笑一声，不慌不忙地说：

"眼下是大敌当前，只有同心协力才有办法。至于打垮了明朝以后的事，远着哩，你未免想得太早了。"

"太早？据我看，明朝也差不多到了山穷水尽地步，如今是勉强撑持，一旦要垮，很快。到那时，难道咱俩并排儿坐在金銮殿〔94〕上？"

"敬轩，我们两人都是在刀枪林中过日子，每次作战都躬冒矢石〔95〕，谁晓得何时阵亡？我们两个人倘有一个不幸阵亡，这难题岂非不解自解了么？"

"要是咱俩都不阵亡呢？"

"倘若托天之福，咱俩都不阵亡，那也好办。到那时，有一个人看见天命有定，自己争也无用，低首〔96〕称臣，早弭〔97〕兵祸，共建太平盛业，岂不甚好？"

"要是都不肯低头呢？何况你我，纵然有人肯低头，手下的将士们也不依啊！怎么办？"

"那也好办，不过多留下一些孤儿寡妇而已。"

"不是还得杀个你死我活么？"

"到那时，如果没有别的和解办法，咱弟兄俩就堂堂正正地排开战场，见个高低，总比目前大敌当前，自己家里互相残杀强得多。再说，不管你暗害我，或我暗害你，都只会使亲者痛，仇者快，失天下义士之心，留千载〔98〕不义之名。假若你战败前去见我，不惟我不会下此毒手，连我的手下人也不会想到这里，除非他疯了。倘有人对我出这号孬主意，我会立刻砍掉他的脑袋。我向来做事情光明磊落〔99〕，最恨的是当面做人，背后做鬼，阴一套，阳一套。我的部下决无人敢劝我做不光明磊落的事！"

张献忠用拳头在八仙桌上猛一捶，从椅子上跳起来，说："好哇，这些话才真是痛快！李哥，你说的很真诚，也是英雄本色，叫俺老张听起来不能不佩服。"他向楼下大声叫："拿酒来！"

自成赶快阻止说："不用拿酒，咱们还有正经话没谈完哩。"

"俗话说，喝酒见人心。一边喝一边谈，岂不更痛快？"

"你知道我平素不大吃酒，今晚已经吃的不少了。"

"好，那就算啦。自成，说实在的，这两年就吃了咱兄弟俩闹意见的亏！"

"敬轩，你这句话算说准了。过去都怪我气量窄，脾气躁，所以弄得弟兄们犯了生涩，给官军以可乘之机。三年来我吃了不少亏，作了不少难，才知道铧〔100〕是铁打的，一个屹蚤〔101〕顶不起卧单，所以冒着路途风险来找你，要同你重新拧成一股绳儿对付官军。今晚你既然掏出真心话，以大局〔102〕为重，不记前嫌，我的心就安了。我对你说句老实话，有朝一日打下了天下，只要你张敬轩对百姓仁义〔103〕，对老伙伴大度优容〔104〕，不要心存忌刻〔105〕，诛戮〔106〕功臣，我李自成愿意解甲归田，做一个尧舜〔107〕之民，决不会有非分之想。我还要劝捷轩和补之他们都拥戴〔108〕你象拥戴我一样。你放心吧，敬轩！"

　　献忠摇着头，狡猾地微笑着，拈着胡须问，"真的？"

　　"当然是真心话，我敢对天起誓。"

　　献忠往椅上猛一靠，哈哈地大笑起来。

　　"笑什么？"自成问。"你以为我说的不是真心话？"

　　"俺老张不是小孩子。枪刀林里混了十几年。刀把儿在手心里磨出茧子，肉屁股磨破了几副马鞍子，在这样事情上还不清楚！你就是一口说出二十四朵莲花不少一个瓣，咱老张也不信！你如今打成光杆了，自然没有争江山的心；等到你羽毛丰满，还会想到拥戴俺老张么？哈哈哈哈……"

　　自成望着献忠微笑，心里说："不管你多么诡诈〔109〕，只要你肯暂时同我合作，肯听我的话，在谷城起义就成！"等献忠的笑声一住，他不慌不忙地说：

　　"敬轩，你对我的话没听清楚。我是说，倘若你日后对百姓行仁义，对老伙伴大度优容，我就拥戴你。反过来说，你要是不仁不义，不能解民倒悬〔110〕，不用说别人不会拥戴你，我李自成也不拥戴你。天王老子地王爷，人血一般红。倘若你不仁不义，不能救民水火〔111〕，别人凭什么要拥戴你！"

　　"这话倒有些在理。"

　　自成忽然脸色严肃，声调沉重地说："敬轩！我虽然知道你一向直爽，可是你刚才说的那些话也真是出我意外！咱俩一起焚毁了凤阳〔112〕皇陵〔113〕,同当今皇上是不共戴天之仇。一旦满鞑子退出长城，朝廷能让你安生练兵么？你如今困在谷城,上而受朝廷疑忌〔114〕不给职衔〔115〕，不发关防〔116〕，不给粮饷，下而受地方官绅〔117〕讹诈〔118〕，日日索贿〔119〕，这处境实在不好。另外，众家起义兄弟，只要有一点骨气〔120〕的,谁不说你不该投降？不管你真降假降，别人可搗着指头骂你！这样下去，别说朝廷这一头你抓不住，连朋友也会失尽！”

“我知道。我这一年是耗子钻进风箱里，两头受气。”

“可是， 你竟然还想着咱弟兄俩日后争江山的事， 这不是奇怪么？假若有人再挑拨离间，敬轩，我劝你砍了他的脑袋！”

献忠的脸红了，嘻嘻笑着说：“李哥， 你莫疑心。 不关别人的事。是俺老张跟你说着玩儿的。”

“近来我常常想着我们这些人为什么逼得造反，越想越不能半途而废。我小的时候替人家放过羊，挨过鞭子；二十一岁的时候因欠人家的债，坐过几个月的牢。因为我坐牢，父母又气又愁，不久都下世〔121〕啦。拿你说吧,常听说你小的时候同张老伯赶着毛驴儿进川做小生意。你现在还常骂‘龟儿子’， 就是你那时在四川学的， 说习惯了。有一天你们把毛驴儿拴在一家绅粮〔122〕大门外、绅粮出来看见地上的驴屎蛋儿，逼着叫老伯捧起吃下肚去。老伯跪下去磕头求情，情愿把地上扫干净。可是那个恶霸绅粮不答应，硬逼着老伯吃下去几个驴屎蛋儿。从此老伯得了病，从四川回来不久就死了。敬轩，别说咱们起义是为了救民水火，就说咱们的私仇……”

献忠不等自成的话说完，双目圆睁，眼珠通红，用拳头在桌上猛一捶，大声说：

“我操他八辈儿老祖宗！老子日后得了地，到了四川，非把那些绅粮大户杀光不可！”

自成突然问：“你到底打算什么时候在谷城起事？”

献忠正要回答，马元利走上楼来笑着说：“真是蠓虫〔123〕飞过都有影，世间没有不透风的墙。”

自成机警地问：“老弟，什么事？”

马元利说：“你路过石花街的时候有人认出你来，已经报给襄阳兵备道张大经了。你看，多快！”

“他妈的，真快！”献忠骂了一句，看着自成说：“可是，张大经的耳报神〔124〕虽然很灵，咱的耳报神也不弱。他周围的动静不管多严密，咱这里马上就知道。”

“你的办法真多。”

“屁办法，还不是有钱能使鬼推磨！”

马元利对献忠说：“咱们得小点心。明天一早，张大经就会把这个消息禀报〔125〕林铭球〔126〕。”

献忠说：“林铭球这个龟儿子，说不定明天见面时会要我献出人来哩。”他调皮地对自成笑着挤挤眼睛：“李哥，你替我惹出麻烦啦。这可是闭门家中坐，祸从天上来。”

“这好办。你明天把我献给林铭球，岂不是既省去麻烦，又可以请功么？”

“那呀，那一搞，俺老张在朋友们面前就只好头朝下走路了。”献忠转向马元利，把右手一挥，说：“明天在城里多派巡查〔127〕，倘有人散布谣言，说闯王潜来谷城，都替我抓起来轻则打个皮开肉绽〔128〕，重则叫他的吃饭家伙〔129〕搬家。至于林铭球和张大经这两个杂种〔130〕，咱老子自然有法子应付过去。”

马元利走后，李自成有点不放心，向献忠问：“万一他们找你的麻烦，你怎么应付他们？”

献忠笑着说：“你不用担心，李哥。玩一玩这班官僚杂种们还不容易？到时候我自有办法保管你安安稳稳地住在这楼上，没人能动你李闯王一根汗毛。哎，谈咱们的正事吧。”

“好，还谈那件事吧。你说，你打算何时动手？”

“这件事我常在心中盘算。今晚同你一谈，我更想早日动手。李哥，我张献忠要不反出谷城不是父母养的！你说，我什么时候动手好？"

"我看，你最好是明年收了麦子就动手。"

"我也是这么打算。到那时，粮草就不发愁啦。"

"我的羽毛也长满啦，决不会使你陷于孤军〔131〕作战。"

"这里是四月半间开始割麦，咱们就决定在端阳节过后一两天内同时动手吧。"

"敬轩，此事非同小可。咱们今夜一言为定，你可不要中途变卦啊！"

"自成，谁要是中途变卦，你看，"献忠跳到柱子旁边，拔出宝刀，喀一声砍进柱子，大声说，"就如同这根柱子！"

自成拔出一支雕翎箭〔132〕，喀嚓一声折断，说："我李自成倘若不同你协力作战，有如此箭！"

"好啊李哥，咱们大计已定，你就在我这里安心住下去，我替你多派几个人到各处打听嫂子的下落。"

自成暂不谈是否住下去的话，却提出个新的问题："敬轩，老回回、革里眼、左金王〔133〕，他们三个人怎么办？听说他们都在观望风色，准备投降朝廷，这话可真？"

"不假。他们都想跟俺老张学，好驻扎〔134〕在大别山中休养人马，没有谁真打算洗手。"

"请你快派人劝说他们趁目前黄河以南各地官军不多，假降这一招切莫再用。请他们早作准备，一旦咱两个大举起事，他们也跟着闹腾起来。这样互相呼应，全盘棋就活了。"

献忠在自成的肩上拍了一下，笑着说："嗨，你想的真周到！请放心，他们经常派人到我这里来，我只说一声就行啦。"

自成来谷城的全部计划都成功了。他的心中十分高兴，但为着提防意外变故，决定即刻离开谷城。他紧紧地握着献忠的手，感情激动地说：

"敬轩，如今咱们两条心又合成一条心，齐力往前干，大局就在咱们的掌握中了！"

"伙计，你到底肯不肯在我这里多住些日子？"献忠问。

"不，我今夜就走。"

"什么！今夜就走！"

"今夜一定走，决不在此多停。"

"为什么这样急？又不是火烧屁股！"

"你这里朝廷耳目众多，加之张大经已知道我潜来谷城，住下去对你诸多不便。""怕个屌！他们都吃过咱们的贿，说话嘴软，也不想同咱闹翻。他们遇事替咱老张掩盖三分，双方都有好处，决不会过于顶真。再说咱老张手里有几万精兵，怕谁咬了咱的屌？倘若林铭球和张大经不识抬举〔135〕，请他们滚出谷城很容易，不用费吹灰之力。明天夜间来个假兵变，声称要向朝廷索饷〔136〕，在城里一阵鼓噪〔137〕，烧几间草棚子，杀几个人，准保他们吓得尿到裤裆〔138〕里，不敢在谷城多住。"

"不，你不明白我的意思。我在你这里住下去当然万无一失，可是咱们为着明年麦罢大举起事，万不能在事前走漏一点消息，使官军有备，甚且对你来一个'先发制人〔139〕'。你要做得真象是诚心投降，到时候给他们来一个迅雷不及掩耳〔140〕。请你不要留我，我说走就走。"

"你在路上走了五、六天，还没有歇歇呀，我的哥！"

"你我多年来鞍马为主，骑在马上就能休息。"

献忠想了一想，说："好吧，我不留你！李哥，我没有别的帮助你，送你点马匹和甲仗〔141〕好啦。你要多少？"

自成连忙说："不要，不要。这一年来你也受了挫折，马匹器械都不够用，我不能再要你的。"

"怎么，你看我不起？看我老张不够朋友是不是？你要是认为我老张不是朋友，你就不用来同咱商量什么今后大计，各人管各人的事好啦。"

"我知道你也困难……"

"我虽说也困难，目前到底比你的家底厚〔142〕，帮帮你的忙也不会叫我伤筋动骨〔143〕。说吧，李哥，要多少？"

"你要是马匹多，就送我一百匹。另外，再送我一点甲仗。"

"只要一百匹？"张献忠望着他，好象没想到他提出的数目竟是这样小。"一百匹怎么够？这样好啦，我送你二百匹好马，你所需要的甲仗可以尽量驮去。行吗？"

"这，这我可太领情啦。"李自成感激地说，连连拱手。

"小意思，小意思，算不得一回屁事儿！朋友们谁都会有困难的时候，水帮鱼，鱼也帮水。要不要一点钱用？"

"不用，不用。银子我还有。"

"这个我不勉强，要用钱你就直说。反正咱老张不打算赶上沈万三啦，从这只手里抓来钱，从那只手里花出去。真不需要？"

"真不需要。现在已经三更多天。我稍微休息一下，五更动身。你送我的马匹、甲仗，请你马上就派人准备好。还有，你顺便告诉我的人们，要他们五更以前把上路的事情准备停当。"

"我马上就去分付。你睡吧，还可以睡一个时辰。"献忠想了一下，又说："你带的人太少，马匹多，路上万一有事不好照料。我再送你一百名弟兄吧。"

献忠口说下楼，却未动身，仍在转动心思。李自成暗自庆幸不虚来谷城一趟，同时也担心他走后夜长梦多，献忠会由于嫉妒他，容易受别人挑拨，取消了明年麦收后大举起事的约定。他故意流露着心安理得的微笑望着瓶中插的梅花，并且闻了闻清幽〔144〕的芳香，打个哈欠。

"李哥，你打算从哪条路走？"

"石花街这条路我比较熟，往西去驻着王光恩的人，我想还从原路转回去。"

"不好。既然有人在石花街看见你，暗中报给张大经，你再从石花街走，岂不容易走风？再说，你五更动身，白天走在朝山大道上，很不机密。"

"我来的时候没有去找王光恩，打算回去路过均州附近时顺便约他见见面。"

"你不用见他吧。看样子他是想真心投降朝廷。连曹操近来就对他存了戒心，你何必见他？他此刻纵然不会黑你，可是万一从他那里走漏消息，你从武关附近穿过时就说不定多些麻烦。小心没大差，别走原路啦。"

"老河口对岸不是有个冷家集〔145〕么？我从冷家集和石花街中间穿过去，打青山港附近进入淅川境，你说行么？"

"不好。青山港驻有官军，附近没有别的渡口，两岸是山，水流很急。"

"那么走哪条路好？"

"我看这样吧，干脆出东门，从仙人渡浮桥过河。人们每天看见我的人马在谷城同王家河之间来来往往，一定不会起疑心。到了王家河附近，顺着官路往光化走，人们也只以为是我的人马去换防里。过光化往西北，人烟稀少，山岭重叠，就不怕走风啦。我送你的人马在光化县西边的僻静处等候。"

"好，就这样吧。"

献忠匆匆下楼去替自成准备人马和甲仗。自成又打个哈欠，向床铺走去。他们都没料到，徐以显这时已经到了王家河，正在同张可旺秘密计议，要趁机除掉李闯王的办法已经决定了。

译　　注

[1] 丫环　　　　yāhuan　　　　servante

servant girl

[2] 张献忠　　　Zhāng Xiànzhōng　　(1606-1646) *chef des rebelles paysans vers la fin de la Dynastie des Ming*

a chief of the peasant uprising

			towards the end of the Ming Dynasty (1606-1646)
[3] 徐以显	Xú Yǐxiǎn		*nom de personne*
			name of a person
[4] 李自成	Lǐ Zìchéng		(1605-1645) *chef des rebelles paysans vers la fin de la Dynastie des Ming*
			leader of the peasant uprising towards the end of the Ming Dynasty (1605-1645)
[5] 丁氏	Dīngshì		une des concubines de Zhang Xianzhong
			one of Zhang Xianzhong's concubines
[6] 俊俏	jùnqiào		charmant
			pretty
[7] 兄长	xiōngzhǎng		frère aîné, ici beau-frère
			brother-in-law
[8] 窘	jiǒng		gêné
			embarrassed
[9] 福	fú		saluer
			salute
[10] 马元利	Mǎ Yuánlì		*nom de personne*
			name of a person
[11] 察院	cháyuàn		résidence de procureur
			procuratorate
[12] 照料	zhàoliào		prendre soin de
			be in charge of
[13] 接风	jiēfēng		banquet offert à l'occasion

560

			de l'arrivée de quelqu'un
			give a banquet for a visitor from afar
[14]	见礼	jiànlǐ	salutation
			greet each other
[15]	寒喧	hánxuān	s'échanger des propos de politesse
			exchange conventional greetings
[16]	幕僚	mùliáo	conseiller
			aides and staff
[17]	琢磨	zuómo	discuter
			ponder
[18]	腊月	làyuè	douzième mois du calendrier lunaire
			the twelfth month of the lunar year
[19]	老灶爷	lǎo zàoyé	dieu du foyer
			kitchen god
[20]	高雅	gāoyǎ	élégant
			elegant
[21]	古雅	gǔyǎ	élégance classique
			of classic elegance
[22]	汉玉坠儿	hànyùzhuìr	pendeloque de marbre blanche
			marble pendant
[23]	绾	wǎn	nouer
			coil
[24]	颜体	Yán tǐ	calligraphie du style de Yan

Zhenqing (707-784)

a calligraphic style of Yan
Zhenqing (708-784)

[25] 雄劲	xióngjìn	vigoureux
		vigorous
[26] 奔放	bēnfàng	plein de vitalité
		bold and unrestrained
[27] 柳营	Liǔyíng	camp de Liu
		camp of Liu
[28] 虎帐	hǔzhàng	tente du général
		command tent
[29] 下款	xiàkuǎn	signature d'une peinture ou d'une calligraphie
		signature of a painter or calligrapher on a painting or a calligraphic work
[30] 彰甫	Zhāngfǔ	*autre nom de Xu Yixian*
		another name of Xu Yixian
[31] 书	shū	écrire
		write
[32] 阅历	yuèlì	expérience
		experience
[33] 奉陪	fèngpéi	accompagner
		accompany
[34] 拱手	gǒngshǒu	saluer des deux mains jointes
		make an obeisance by cupping one hand in the other before one's chest
[35] 毒手	dúshǒu	coup mortel

murderous scheme

[36] 敬轩	Jìngxuān	*autre nom de Zhang Xian-zhong*
		another name of Zhang Xian-zhong
[37] 霁红	jìhóng	rouge
		rouge
[38] 腊梅	làméi	prunier des frimas
		wintersweet
[39] 折兵	zhébīng	perdre la bataille
		suffer heavy casualties
[40] 招安	zhāo'ān	enrôlement des rebelles dans l'armée impériale
		(of feudal rulers) offer amnesty and enlistment to rebels
[41] 曹操	Cáo Cāo	*surnom d'un chef des rebelles*
		nickname of a chief of the peasant uprising
[42] 老回回	lǎo huíhui	*surnom d'un chef des rebelles*
		nickname of a chief of the peasant uprising
[43] 满鞑子	Mǎndázi	troupe mandchoue
		Manchuria
[44] 畿辅	jīfǔ	les environs de la capitale
		capital and the surrounding areas
[45] 洪承畴	Hóng Chéngchóu	*nom de personne*
		name of a person

[46] 孙传庭　　Sūn Chuántíng　　*nom de personne*
　　　　　　　　　　　　　　　name of a person

[47] 商洛　　　Shāngluò　　　*nom de lieu*
　　　　　　　　　　　　　　　name of a place

[48] 谷城　　　Gǔchéng　　　*nom d'une ville*
　　　　　　　　　　　　　　　name of a city

[49] 重振旗鼓　chóngzhèn-qígǔ　rallier ses forces pour recom-
　　　　　　　　　　　　　　　　mencer (après une défaite)
　　　　　　　　　　　　　　　rally one's forces (after a
　　　　　　　　　　　　　　　　defeat)

[50] 城固　　　Chénggù　　　*nom de lieu*
　　　　　　　　　　　　　　　name of a place

[51] 辎重　　　zīzhòng　　　convoi de munitions
　　　　　　　　　　　　　　　supplies and gear of an army

[52] 饿殍　　　èpiǎo　　　　affamé
　　　　　　　　　　　　　　　bodies of the starved

[53] 高如岳　　Gāo Rúyuè　　*nom de personne*
　　　　　　　　　　　　　　　name of a person

[54] 嗝　　　　gé　　　　　rot
　　　　　　　　　　　　　　　belch

[55] 良机　　　liángjī　　　belle occasion
　　　　　　　　　　　　　　　good opportunity

[56] 宗旨　　　zōngzhǐ　　　but
　　　　　　　　　　　　　　　aim

[57] 贪官污吏　tānguān-wūlì　fonctionnaires corrompus
　　　　　　　　　　　　　　　corrupt officials

[58] 左良玉　　Zuǒ Liángyù　*nom de personne*
　　　　　　　　　　　　　　　name of a person

[59] 弹丸之地　dànwánzhīdì　région aussi petite qu'une

564

balle

a tiny area

[60] 羽毛丰满　　yǔmáo-fēngmǎn　ici: être puissant

become full-fledged

[61] 熊文灿　　Xióng Wéncàn　*nom de personne*

name of a person

[62] 罗岱　　Luó Dài　*nom de personne*

name of a person

[63] 脊梁骨　　jíliánggǔ　échine

the vertebra

[64] 招抚　　zhāofǔ　enrôler des insurgés dans

l'armée impériale

merge

[65] 刘香　　Liú Xiāng　*nom de personne*

name of a person

[66] 郑芝龙　　Zhèng Zhīlóng　*nom de personne*

name of a person

[67] 号　　hào　sorte

sort

[68] 摇钱树　　yáoqiánshù　arbre magique qui donne de

l'argent

a legendary tree that

sheds coins while being

shaken — already

source of money

[69] 聚宝盆　　jùbǎopén　cuvette à trésor

treasure bowl

[70] 祸国殃民　　huòguó-yāngmín　apporter des calamités à

l'Etat et au peuple

bring calamity to the country

		and the people
[71] 迷魂汤	míhúntāng	breuvage qui égare l'esprit
		a drink that makes one con-
		fused
[72] 叱咤风云	chìzhà-fēngyún	contrôler les grands événe-
		ments du monde
		control the major events of
		the world
[73] 温吐噜的	wēntulū de	tiède
		lukewarm
[74] 挂彩	guàcǎi	blessé dans la guerre
		be wounded in action
[75] 打通关节	dǎtōng guānjié	acheter qqn du camp ennemi
		bribe someone and build up
		a connection in the enemy
		camp
[76] 怂恿	sǒngyǒng	exciter
		instigate
[77] 赒济	zhōujì	secourir
		help
[78] 气概	qìgài	allure
		mettle
[79] 孬	nāo	mauvais
		bad
[80] 太和山	Tàihé Shān	nom de lieu
		name of a mountain
[81] 太监	tàijiàn	eunuque
		(court) eunuch
[82] 李继政	Lǐ Jìzhèng	nom de personne

566

			name of a person
[83]	交情	jiāoqing	amitié; ici relation
			friendship
[84]	鄙视	bǐshì	mépriser
			despise
[85]	安居乐业	ānjū-lèyè	vivre dans la tranquillité et se complaire dans son occupation
			live and work in peace and contentment
[86]	胆气	dǎnqì	audace
			courage
[87]	黑	hēi	assassiner
			assassinate
[88]	落井下石	luòjǐng-xiàshí	lapider quelqu'un déjà tombé dans le puits
			drop stones on someone who has fallen into a well
[89]	死心塌地	sǐxīn-tādì	s'obstiner à ne pas changer
			be dead set
[90]	生涩	shēngsè	querelle
			not get along well
[91]	撕破面子	sīpò miànzi	rompre avec quelqu'un
			cast aside all considerations of face
[92]	鸡毛蒜皮	jīmáo-suànpí	insignifiant
			trivialities
[93]	炯	jiǒng	brillant
			bright

[94]	金銮殿	jīnluándiàn	salle du trône
			emperor's audience hall
[95]	躬冒矢石	gōngmào-shǐshí	braver les balles et flèches
			brave a hail of bullets and arrows
[96]	低首	dīshǒu	s'incliner
			submit to
[97]	弭	mǐ	faire disparaître
			get rid of
[98]	载	zǎi	année
			year
[99]	光明磊落	guāngmíng-lěiluò	être droit et magnanime
			open and aboveboard
[100]	铧	huá	soc
			ploughshare
[101]	疙蚤	gèzao	puce
			flea
[102]	大局	dàjú	situation d'ensemble
			overall situation
[103]	仁义	rényì	humanité et justice
			benevolent and just
[104]	大度优容	dàdù yōuróng	généreux
			magnanimous
[105]	忌刻	jìkè	jalousie et acerbe
			jealous and mean
[106]	诛戮	zhūlù	massacrer
			kill
[107]	尧舜	Yáo-Shùn	Yao et Shun, rois légendaires, incarnation de la vertu

cosmique, idéal de la vertu dans la tradition confucéenne

Yao and Shun, legendary monarchs in ancient China

[108]	拥戴	yōngdài	soutenir et respecter
			support and respect
[109]	诡诈	guǐzhà	rusé
			crafty
[110]	解民倒悬	jiěmín dàoxuán	émanciper le peuple qui vit dans une situation intenable.
			shake off the yoke
[111]	救民水火	jiùmín shuǐhuǒ	sauver le peuple trouvé dans un abîme de souffrances
			save the people from untold misseries
[112]	凤阳	Fèngyáng	*nom de lieu*
			name of a place
[113]	皇陵	huánglíng	tombeaux de l'empereur
			the emperor's tomb
[114]	疑忌	yíjì	soupçonner
			suspect
[115]	职衔	zhíxián	titre d'une fonction
			post and rank
[116]	关防	guānfáng	sceau officiel (de forme rectangulaire)
			official seal
[117]	官绅	guānshēn	mandarin et notable

government official and gentry

[118] 讹诈　　　ézhà　　　faire du chantage
extort under false pretences

[119] 索贿　　　suǒhuì　　　réclamer un dessous de table
ask for bribe

[120] 骨气　　　gǔqì　　　avoir du caractère
moral integrity

[121] 下世　　　xiàshì　　　décéder
die

[122] 绅粮　　　shēnliáng　　　propriétaire foncier
landlord

[123] 蠓虫　　　měngchóng　　　moucheron
midge

[124] 耳报神　　　ěrbàoshén　　　mouchard
informer

[125] 禀报　　　bǐngbào　　　rapporter à un supérieur
report

[126] 林铭球　　　Lín Míngqiú　　　*nom de personne*
name of a person

[127] 巡查　　　xúnchá　　　patrouille
patrol

[128] 皮开肉绽　　　píkāi-ròuzhàn　　　être cruellement torturé et gravement blessé
be bruised and lacerated (from flogging)

[129] 吃饭家伙　　　chīfàn jiāhuo　　　ici: tête
head

[130] 杂种　　　zázhǒng　　　bâtard

bastard

[131]	孤军	gūjūn	forces isolées an isolated force
[132]	雕翎箭	diāolíngjiàn	flèche arrow
[133]	左金王	Zuǒ Jīnwáng	*nom de personne* *name of a person*
[134]	驻扎	zhùzhā	stationner be stationed
[135]	抬举	táiju	les faveurs qu'on lui accorde praise or promotion
[136]	索饷	suǒxiǎng	réclamer la solde ask for pay
[137]	鼓噪	gǔzào	faire du bruit make an uproar
[138]	裤裆	kùdāng	fond du pantalon crotch (of trousers)
[139]	先发制人	xiānfāzhìrén	porter le premier coup pour avoir le dessus gain the initiative by striking first
[140]	迅雷不及 掩耳	xùnléi bù jí yǎn'ěr	la foudre ne nous laisse pas le temps de nous boucher les oreilles. as sudden as a thunderbolt
[141]	甲仗	jiǎzhàng	munition munition
[142]	家底厚	jiādǐ hòu	ici: fort puissant

financially solid

[143] 伤筋动骨　shāngjīn dònggǔ　se débiliter
be injured in the sinews or
bones

[144] 清幽　qīngyōu　délicat
delicate (fragrance)

[145] 冷家集　Lěngjiāji　*nom de lieu*
name of a place

何其芳（1912—1977）

现代诗人，文学评论家。四川万县人，1929年开始发表作品。他是中国抗战时期一位较有影响的诗人。新中国成立后，主要从事文学评论和文学研究工作。历任中国作协理事、文学研究所所长等职。同时也创作了一些较著名的诗篇，如《我们最伟大的节日》、《回答》等。他的主要著作大都收在《何其芳选集》中。

回　　答

诗人以独特的笔法，表达了自己对祖国的热爱和对它所取得成就的赞美；并决心植根于群众之中，不仅用歌声而且用行动来回答祖国的召唤。选自《何其芳选集》，四川人民出版社1979年版。

* * *

一

从什么地方吹来的奇异[1]的风，
吹得我的帆船[2]不停地颤动[3]；
我的心就是这样被鼓动[4]着，
它感到甜密，又有一些惊恐[5]。
轻一点吹呵，让我在我的河流里
勇敢地航行[6]，借着你的帮助，
不要猛烈得把我的桅杆[7]吹断，
吹得我在波涛[8]中迷失[9]了道路。

二

有一个字火一样灼热〔10〕，
我让它在我的唇边变为沉默。
有一种感情海水一样深，
但它又那样狭窄〔11〕，那样苛刻〔12〕。
如果我的杯子里不是满满地
盛着纯粹的酒，我怎么能够
用它的名字来献给你呵，
我怎么能够把一滴〔13〕说为一斗〔14〕？

三

不，不要期待着酒一样的沉醉，
我的感情只能是另一种类。
它象天空一样柔和〔15〕，广阔〔16〕，
没有忌妒〔17〕，也没有痛苦的眼泪。
唯有共同的美梦，共同的劳动
才能把人们亲密地联合在一起，
创造出的幸福不只是属于个人，
而是属于巨大的劳动者全体。

四

一个人劳动的时间并没有多少，
鬓间〔18〕的白发警告着我四十岁的来到。
我身边落下了树叶一样多的日子，
为什么我结出的果实这样稀少？
难道我是一棵不结果实的树？
难道生长在祖国的肥沃的土地上，

我不也是除了风霜的吹打，
还接受过许多雨露，许多阳光？

五

你愿我永远留在人间，不要让
灰暗的老年和死神降临到我身上。
你说你痴心〔19〕地倾听〔20〕着我的歌声，
彻夜〔21〕失眠〔22〕，又从它得到力量。
人怎样能够超出自然的限制？
我又用什么来回答你的爱好，
你的鼓励？呵，人是平凡的，
但人又可以升得很高很高！

六

我伟大的祖国，伟大的毛泽东时代，
多少英雄花一样在春天盛开；
应该有不朽〔23〕的诗篇来讴歌〔24〕他们，
使他们的名字流传到千年万载〔25〕。
我们现在的歌声却多么微茫！
哪里有古代传说中那样的歌者，
唱完以后，她的歌声的余音
还在梁间〔26〕缭绕〔27〕，三日不绝？

七

呵，在我祖国的北方原野上，
我爱那些藏在树林里的小村庄，
收获季节的手车的轮子的转动声，

农民家里的风箱〔28〕的低声歌唱!
我也爱和树林一样密的工厂,
红色的钢铁象水一样奔进,
从那震耳欲聋的马达的轰鸣里,
我听见了我的祖国的前进!

八

我祖国的疆域〔29〕是多么广大:
北京飞着雪,广州还开着红花。
我愿意走遍全国,不管我的头
将要枕着哪一块土地睡下。
"那么你为什么这样沉默?
难道为了我们年轻的共和国,
你不应该象鸟一样飞翔〔30〕,歌唱,
一直到完全唱出你胸脯〔31〕里的血?"

九

我的翅膀是这样沉重,
象是尘土,又象有什么悲恸〔32〕,
压得我只能在地上行走,
我也要努力飞腾上天空。
你闪着柔和的光辉的眼睛
望着我,说着无尽的话,
又象殷切地从我期待着什么——
请接受吧,这就是我的回答。

1952年1月写成前五节,
1954年劳动节前夕续完

译　注

[1] 奇异　　　qíyì　　　　　extraordinaire; miraculeux
　　　　　　　　　　　　　　　miraculous

[2] 帆船　　　fānchuán　　　bateau à voiles
　　　　　　　　　　　　　　　sailing boat

[3] 颤动　　　chàndòng　　　tanguer
　　　　　　　　　　　　　　　vibrate

[4] 鼓动　　　gǔdòng　　　　inspirer
　　　　　　　　　　　　　　　inspired

[5] 惊恐　　　jīngkǒng　　　effrayé
　　　　　　　　　　　　　　　alarmed and panicky

[6] 航行　　　hángxíng　　　naviguer
　　　　　　　　　　　　　　　sail

[7] 桅杆　　　wéigān　　　　mât
　　　　　　　　　　　　　　　mast

[8] 波涛　　　bōtāo　　　　　vague
　　　　　　　　　　　　　　　great waves

[9] 迷失　　　míshī　　　　　s'égarer
　　　　　　　　　　　　　　　lose (one's way)

[10] 灼热　　zhuórè　　　　brûlant
　　　　　　　　　　　　　　　scorching

[11] 狭窄　　xiázhǎi　　　　étroit
　　　　　　　　　　　　　　　narrow-minded

[12] 苛刻　　kēkè　　　　　cruel
　　　　　　　　　　　　　　　harsh

[13] 滴　　　dī　　　　　　goutte

		drop
[14] 斗	dǒu	boisseau (un boisseau = 10 litres)
		a unit of dry measure for grain (1斗 = 1 decalitre)
[15] 柔和	róuhé	doux
		soft
[16] 广阔	guǎngkuò	immense
		vast
[17] 忌妒	jìdù	jalousie
		jealousy
[18] 鬓间	bìnjiān	tempes
		temples
[19] 痴心	chīxīn	passion
		infatuatedly
[20] 倾听	qīngtīng	prêter l'oreille
		listen attentively
[21] 彻夜	chèyè	toute la nuit
		all night
[22] 失眠	shīmián	insomnie
		sleepless
[23] 不朽	bùxiǔ	immortel
		immortal
[24] 讴歌	ōugē	faire l'éloge de qn.
		sing the praises of
[25] 载	zǎi	année
		year
[26] 梁间	liángjiān	à l'entour de la poutre
		roof beam
[27] 缭绕	liáorǎo	ici: retentir

			linger in the air
[28]	风箱	fēngxiāng	soufflet
			bellows
[29]	疆域	jiāngyù	territoire
			territory
[30]	飞翔	fēixiáng	planer
			hover
[31]	胸脯	xiōngpú	poitrine
			chest
[32]	悲恸	bēitòng	affliction
			grief

闻 捷（1923——1971）

当代诗人，原名赵文节，江苏省丹徒县人。抗日战争爆发后，流亡武汉，参加抗日救亡演剧活动。1940年到延安，在陕北文工团工作，1944年开始写作。1949年随军到新疆，任新华社西北总社采访部主任。建国后任新华社新疆分社社长。五十年代写下了著名诗集《天山牧歌》。后任中国作协兰州分会副主席。写有长篇叙事诗《复仇的火焰》和诗集《东风催动黄河浪》、《生活的赞歌》等。人民文学出版社1978年出版有《闻捷诗选》。

夜莺飞去了

这是一首爱情和劳动的赞歌。年轻人热爱故乡，热爱故乡美丽而又多情的姑娘，但这并不能使他们忘记自己的职责和理想。他们有积极建设祖国的雄心，他们决心要使自己"成为一名真正的矿工"。这首诗选自作者诗集《生活的赞歌》，人民文学出版社1959年版。

* * *

夜莺〔1〕飞去了，
带走迷人〔2〕的歌声，
年轻人走了，
眼睛传出留恋〔3〕的心情。

夜莺飞向天边，
天边有秀丽的白桦林〔4〕，
年轻人翻过〔5〕天山，

那里是金色的石油城。

夜莺飞向蔚蓝的天空，
回头张望〔6〕另一只夜莺；
年轻人爬上油塔〔7〕，
从彩霞〔8〕中了望〔9〕心上的人。

夜莺怀念吐鲁番〔10〕，
这里的葡萄甜、泉水〔11〕清；
年轻人热爱故乡，
故乡的姑娘美丽又多情〔12〕。

夜莺还会飞来的，
那时候春天第二次降临〔13〕；
年轻人也要回来的，
当他成为一个真正矿工〔14〕。

1952年——1954年
乌鲁木齐——北京

译　　注

[1] 夜莺	yèyīng	rossignol
		nightingale
[2] 迷人	mírén	charmant
		fascinated
[3] 留恋	liúliàn	s'attacher à
		feel reluctant to leave
[4] 白桦林	báihuàlín	forêt de bouleaux
		the forest of white birch
[5] 翻过	fānguò	franchir

		climb over
[6] 张望	zhāngwàng	regarder
		look around
[7] 油塔	yóutǎ	tour pétrolier
		derrick
[8] 彩霞	cǎixiá	nuage pourpre
		rosy clouds
[9] 了望	liàowang	regarder au loin
		watch from a height or a distance
[10] 吐鲁番	Tǔlǔfān	nom de lieu
		name of a place
[11] 泉水	quánshuǐ	l'eau de la source
		spring
[12] 多情	duō qíng	passionné
		passionate
[13] 降临	jiànglín	arriver
		come
[14] 矿工	kuànggōng	mineur
		miner

葡萄成熟了

这是一首生活和爱情的颂歌,诗人风趣地描写了劳动的愉快、爱情的甜美。这首诗选自《生活的赞歌》,人民文学出版社1959年版。

* * *

马奶子葡萄〔1〕成熟了,
坠〔2〕在碧绿〔3〕的枝叶间,
小伙子们从田里回来了,
姑娘们还劳作〔4〕在葡萄园。

小伙子们并排站在路边,
三弦琴〔5〕挑逗〔6〕姑娘心弦〔7〕,
嘴唇都唱得发干了,
连颗葡萄子也没尝到。

小伙子们伤心又生气,
扭转身又舍不得离去:
"悭吝〔8〕的姑娘呵!
你们的葡萄准是酸的。"

姑娘们会心地〔9〕笑了,
摘下几串〔10〕没有熟的葡萄,
放在那排伸长的手掌里,
看看小伙子们怎么挑剔〔11〕……

小伙子们咬着酸葡萄,
心眼里头笑眯眯:

"多情的葡萄！
她比什么糖果都甜蜜。"

1952年——1954年
乌鲁木齐——北京

译　　注

[1] 马奶子葡萄	mǎ'nǎizi pútáo	une sorte de raisin a kind of grape
[2] 坠	zhuì	suspendre hang
[3] 碧绿	bìlù	vert-jade dark green
[4] 劳作	láozuò	travailler work
[5] 三弦琴	sānxiánqín	violon à trois cordes a three-stringed plucked instrument
[6] 挑逗	tiǎodòu	taquiner tug
[7] 心弦	xīnxián	cœur heartstrings
[8] 悭吝	qiānlìn	avare stingy
[9] 会心地	huìxīn de	avec satisfaction comprehensively

[10] 串	chuàn	grappe
		a cluster of (grapes)
[11] 挑剔	tiāotì	faire le difficile
		nitpick

阮章竞

当代诗人，曾用笔名洪荒，1914年生于广东省中山县。自幼家贫，三十年代在上海参加过抗日救亡歌咏活动。后到太行山革命根据地，从事文艺宣传工作。建国后，他曾先后担任中国作家协会青年作家工作委员会主任、作家协会理事和《诗刊》副主编等职。

主要作品有长篇叙事诗《漳河水》、童话诗《金色的海螺》和抒情诗集《霓虹集》、《迎春桔颂》等。

金色的海螺

这是一首动人的长篇童话叙事诗。在这首诗里，诗人塑造了一个勤劳、勇敢、忠于爱情的渔家少年的生动形象。这篇叙事诗选自诗集《迎春桔颂》，人民文学出版社1959年版。

＊　　　＊　　　＊

我记得是在芭蕉林〔1〕里，
跟邻家婆婆〔2〕学唱儿歌〔3〕。
我学会一个又学一个，
天天都灌满两只耳朵。

这个金色海螺〔4〕的童话〔5〕，
现在还唱得一点不差。
如果问我那时候几岁，
反正很小还没有换牙。

一

在大海的那边，
有过一个少年，
他没有父母，
也没有远亲。

一年三百六十个早晨，
他从来不肯贪睡懒觉〔6〕。
不管大海涨潮〔7〕和退潮〔8〕，
天天比太阳起得都早。

他带着鱼网，
来到海滩上。
他撒下了鱼网，
朝着大海歌唱：

"大海睡醒了，
绿绸被子似的海水蹬动〔9〕了。
东方要亮了，
鱼肚白〔10〕般的青光泛〔11〕起来了。

看那一堆一堆的白泡沫〔12〕，
多象一簇一簇的素馨花〔13〕。
太阳娘娘〔14〕在海底洗脸了，
一会就撒出金红的彩霞。"

年年都有十二个月，
不管天冷还是天热，
他天天用好听的歌，
把太阳娘娘来迎接。

有一天，中午了，
海潮刚退了，
海风不吹了，
海不呼啸〔15〕了。

大海平，平得象绿野，
平得象铺着一张芭蕉叶。
那些调皮捣蛋的小金星，
在蓝色的海面上忽明忽灭〔16〕。

少年收起了鱼网，
吹着轻轻的哨声。
他走过闪光的沙滩〔17〕，
沙滩留下了很多脚印。

少年忽然看见，
一片金光闪亮，
有一条红色金鱼〔18〕，
搁浅〔19〕在白沙滩上。

小银嘴，一张一合，
红金鳃〔20〕，一鼓一收〔21〕。
那个闪着银光的肚子，
没有气力地一动一抽〔22〕。

天上的日头晒呀！
海边的沙子煎〔23〕呀！
一只贪嘴〔24〕的老乌鸦〔25〕，
拍着翅膀〔26〕飞过来啦！

小生命，永不能，

再回到蓝海里穿〔27〕波浪，
小生命，永不能，
再回到蓝色的水家乡！

多可怜，多可怜，
眼看让老鸦啄〔28〕成碎片！
少年捧〔29〕起了小金鱼，
飞身跑向海水边。

轻轻地把金鱼放进水里，
轻轻地帮助金鱼游动〔30〕。
他长久地等着等着，
他长久地没有笑容。

时间很慢很慢地走着，
小鱼尾慢慢地会摆了。
时间很慢很慢地过去，
小金翅〔31〕慢慢地会动了。

小银嘴会吐出小泡泡，
小金鱼被救活过来，
她再三地望望少年，
才慢慢地游进大海。

二

头一天那样过去了，
第二天又这样来了。
这个少年人的歌声，
象树叶儿一样在海水上漂：

"太阳娘娘呀，
　　出来罢，出来罢！
　　拨开蓝色的海浪，
　　放出金红的朝霞……"

他撒下了补结〔32〕的鱼网，
从海水里往沙岸上拖〔33〕。
没有大鱼也不见小虾〔34〕，
只有一个金色的海螺。

唉唉！他长叹了一口气，
又把鱼网撒到大海里去。
没有心思看看金色的海螺，
远远地扔进蓝色的海里。

他又拽起〔35〕鱼网的纲绳〔36〕，
从海水里往沙岸上拖。
没有大鱼也不见小虾，
还是那个金色的海螺。

唉唉！他长叹了一口气，
又把鱼网撒到大海里去。
没有心思看看金色的海螺，
更远地扔进蓝色的海里。

他又拽起鱼网的纲绳，
从海水里往沙岸上拖。
没有大鱼也不见小虾，
又是那个稀奇的海螺。

唉唉！他泄气〔37〕地躺在沙滩上，

忍受着饥渴的折磨〔38〕。
海螺悄悄地爬到他手上，
金光一阵一阵的闪烁。

少年无意中托〔39〕起海螺，
惊奇地发现它的美丽：
象雨后晴天的彩虹〔40〕。
在他的手里闪来闪去。

少年把海螺带回家去，
养在一个清水缸〔41〕里。
他拿了网针和麻绳〔42〕，
在柳荫下补结网子。

太阳落山了，
肚子饿扁了。
拿什么来填肚子？
唉唉！少年愁死了！

少年走进了大门，
闻到一阵一阵的香味。
一桌好吃的饭菜，
惹〔43〕得他直咽〔44〕口水〔45〕。

谁家请客弄错了地方？
还是自己走错了家门？
难道是饿得做起梦来？
还是饿得两眼看不清？

看屋里，只有他自己，
跑门外，没有第二个影子。

他只好坐在门坎上看守着，
等弄错了地方的人来搬去。

一更、二更都看守过去，
少年遇到的是件苦差事〔46〕；
好饭越放越冒气越发香，
肚肠〔47〕象打转转的车轮子。

肚饥不容人再讲客气，
吃饱了好饭再讲道理。
香香甜甜地睡个好觉，
明天早起来，好好去打鱼。

第二天，少年又去打鱼，
回来坐在柳荫补结网子。
补好了网子回到家里，
又有一桌好吃的饭食。

肚饥不容人再讲客气，
吃了也就是这么回事。
香香甜甜地睡个好觉，
明天早起来，好好去打鱼。

第三天，少年照样去打鱼，
回来坐在柳荫补结网子。
补好了网子回到家里，
又有一桌好吃的饭食。

少年填饱了肚肠，
想想是怎么回事？
要是请客该有主人，

送错也不会好几次？

少年想了一整夜，
没有想出一个头绪〔48〕。
白白地吃了三天好饭，
实在叫少年过意不去。

这一天，少年又去打鱼，
但是他很早就收了鱼网。
他爬上了屋背后的老榆树〔49〕，
从老榆树爬上屋顶的天窗〔50〕。

看见有一团五彩的光环〔51〕，
罩着〔52〕一个美丽的姑娘。
她穿着月光似的衣衫，
她的头发好象早上的阳光。

她在替少年打扫屋子，
她在替少年整迭衣裳，
她在替少年洗刷杯盘，
她在替少年做菜煮饭。

少年高兴得象长了双翅膀，
轻轻松松地在天空里飞翔。
他推开了天窗跳下房去，
很有礼貌地问那个姑娘：

　　"你是谁家的女儿？
　　你是哪里来的姑娘？
　　你要是错进了人家，
　　我愿送你到要去的地方！"

美丽的姑娘轻轻地微笑，
柔和地〔53〕闪动那明亮的眼光，
慢慢地理着那阳光似的头发，
说话象淙淙〔54〕的泉水流淌：

　　"我家住在大海的那边，
　　父亲姓海我叫海螺，
　　我愿意跟你做个朋友，
　　能天天跟你学唱好歌。"

　　"我愿意跟你做成朋友，
　　我愿意天天和你唱歌。
　　可是我家这样穷苦，
　　又是个没爹没娘的孤儿！"

　　"我不求着红穿绿〔55〕，
　　也不求有朱门大院〔56〕，
　　只要有一个好心的朋友，
　　比沙糖〔57〕拌〔58〕饭还要清甜。

　　"我不求金银珠宝〔59〕，
　　只求有个勤劳的朋友。
　　留下我，留下我吧，
　　请你不要把我赶走！"

海螺手蒙住了眼睛，
好象月亮遇到了乌云。
少年怎能够忍心听着，
海螺呜呜咽咽〔60〕的声音。

　　"我从来没有留过眼泪，

只有今天却红了眼睛。
从我说完这句话以后，
你就是我家的一个人。"

少年跑出门去，
采野花，割〔61〕草兰〔62〕，
野花铺成百花床，
草兰织成青纱帐〔63〕。

月亮光，穿过了天窗，
屋子里象银粉〔64〕洒满地上。
少年甜甜地睡在木床上，
海螺香香地躺在花床上。

三

头一个月那样过去了。
第二个月又这样来了。
第二年那样过去了。
第三年又这样来了。

月亮光，穿过了天窗，
屋子里象银粉洒满地上。
少年甜甜地睡在木床上，
海螺悄悄地哭得好心伤！

一针针，替少年缝补衣衫，
一件件，替少年选好衣裳。
她一次再一次的走到少年身边，
摸着少年的头发轻轻地歌唱：

"这是最末了的一宵〔65〕!
央央雄鸡你慢些叫!
求求天公〔66〕你慢些亮!
让我好好地把他再瞧一瞧!

"这是最末了的一宵!
我不能不和你告别了!
我要是今天不回大海,
明天的高山要变成海礁〔67〕!

"这是最末了的一宵!
你睡醒觉来不要惊叫!
不要上山寻找下水捞!
我和你是永远分离了!"

海螺的歌声,
象山谷里的流水声音。
少年惊醒了,
急问姑娘为什么伤心。

"不要问,请不要问!
这里有你换的衣衫,
这里有你吃的米粮,
别想我,当作没有过这个人!"

"我向天赌咒〔68〕,向地许愿〔69〕,
我的心儿对你永不变!"
海螺连连点点头,
两眶眼泪象涌泉〔70〕。

"我有什么瞒了你?

我有什么骗了你？"
海螺连连摇摇头，
两肩洒满泪珠子。

　　"那你为什么要这样说：
　　你我永远不能再相见？
　　你是天上多变的云彩？
　　还是地面上的炊烟〔71〕？"

　　"我不是天上的云彩，
　　也不是地面上的炊烟，
　　我是三年前的小金鱼，
　　我是蓝海里的女仙〔72〕。

　　"为了报答你的一片好心，
　　我偷跑到人间整整三年。
　　水晶宫〔73〕里，寻找我三整天，
　　要再不回去，人间遭水淹！"

少年紧紧抓住海螺的胳膊，
生怕她从自己的手里逃脱。
苦苦地哀求有个什么法子，
能够摆脱这场天大的灾祸。

　　"只有一条风险〔74〕的路儿可走，
　　但是可怕得不是人能忍受。
　　可怕的风险你都忍受了，
　　你也再不会认我做朋友！"

　　"什么风险我都不怕，
　　什么苦头我都能忍受。

不管你跑到哪块天边，
　　我也要陪伴在你的左右。"

从心里掏出来的言语，
使海螺不能忍心离去。
把金螺壳交给了少年，
叫他藏在深深的山里：

　　"我的螺壳不在这里，
　　大海水就冲不上来。
　　你到珊瑚岛〔75〕见我的母亲，
　　求求她不要把我们分开。"

四

少年照着海螺的吩咐，
连夜把螺壳藏在山上。
坐着鱼船划进黑黑的大海，
大海忽然掀起可怕的风浪。

少年拼命地划船，
海浪拼命地阻挡。
前头的大浪迎头泼过来，
后头的大浪冲进了船仓。

　"黑暗"说话：你不回头，
我要把你连船埋在大海里！
　"暴风"说话：你不回头，
我要把你的身体撕开〔76〕！

"大浪"说话：你不回头，
我要把你的小船撞碎[77]！
少年回答：你要夺走我的海螺，
我要把大海倒吊[78]起来！

少年照着海螺指定的方向，
撞破了暴风，
压碎了大浪，
向大海猛冲。

少年在黑黑的大海里，
远远地看见一团红光在升高。
从大山似的浪峰顶上，
远远地出现了珊瑚仙岛。

海神娘娘立在岩石上，
眼睛射着恼怒的光芒。
两条凶恶的鳄鱼[79]护兵，
立刻捉住少年的臂膀。

　　"你拐骗[80]走我的海螺，
　　又敢闯来到我的海岛。
　　你的牛性脾气[81]和大胆，
　　风浪早已经向我报告。"

　　"我们是好得不能分离，
　　海螺绝不是拐骗得来。
　　我大胆地来求求娘娘，
　　不要把我们活活地拆开[82]！"

"你想要什么我给什么，
只是不能妄想我的海螺。
你回去三天之后，
不心足再来见我。"

鳄鱼放开了少年，
连船带人抛进海去。
等少年回头一望，
不知仙岛搬去哪里。

少年穿过了风浪，
少年爬上了海岸，
少年向家门飞奔，
屋子已经变了样：

茅草屋，变成一座华丽的房子，
家里什么都是金的银的。
海螺没有一些些笑容，
但是很有礼貌地接他进去。

"我祝贺你的胜利，
今后可以万事如意[83]。
可以拿很多的金银，
娶个更好看的妻子。"

"请把螺壳还给我吧！
我后天要回到海里。
求你别再向大海唱歌，
我就不会大声地哭啼！"

600

少年生怕海螺走了，
守着海螺寸步不离。
少年守一天好象守一年，
三个整天就这样守过去。

三个整天就那样过去，
第三个黑夜就这样来了。
少年又坐着小船划进大海，
在更可怕的风浪里漂流〔84〕。

"黑暗"恼叫：你还不回头，
我要把你困死在大海！
"暴风"大喊：你还不回头，
我要把你的嘴巴吹歪！

"大浪"乱冲：你还不回头，
我要把你的鼻子撞下来！
少年回答：你要夺走我的海螺，
我要把大海撕成碎块！

少年突过了黑暗，
少年冲过了风浪，
找到那团远远的红光，
靠近珊瑚仙岛的岩岸。

海神娘娘站在岩石上，
闪着生气的目光。
那两条鳄鱼护兵，
立刻抓住少年的臂膀。

"你不还给我的海螺，
还敢再闯来我的仙岛。
你要嫌我给你的太少，
你要多少我就给你多少。"

"我们是好得不能分开，
我不是来这里做买卖。
我只喜欢我的海螺，
金山银树我也不爱。"

"好看的姑娘可以给你，
只是不给你留下海螺。
你回去三天之后，
不心足再来见我！"

海神娘娘十分生气，
叫鳄鱼把他推下海去。
少年挣扎着回头一看，
珊瑚仙岛早就没有影子。

少年穿过了海浪，
少年爬上了海岸，
少年向家里飞奔，
海螺已经变了模样：

脸蛋象迭成的布条，
眼角象长出了草根，
头发已经变成灰色，
嘴巴都爬满了皱纹。

"放我走，放我走吧！
我受不了魔法〔85〕的折磨，
如果我再不回到大海，
三天后，就是干死的老太婆！"

第二天，海螺更老了，
乌黑的头发全白了，
齐整的白牙全掉了；
第三天，躺在床上不动了。

第三夜，狂风大浪，
卷上海岸，漫上山岗。
少年痛苦地猛划着小船，
更可怕的风浪层层拦挡。

"黑暗"发怒：你还不死心〔86〕，
我要把你埋葬在大海！
"暴风"狂喊：你还不死心，
我要把你的眼睛吹瞎！

"大浪"猛掀：你还不死心，
我要把你的骨头打碎！
少年大声回答：不还我活海螺，
我要把水晶宫砸成小块块！

少年突破了黑暗，
少年冲破了风浪，
找见那团远远的红光，
找见威严的海神娘娘。

少年走上了珊瑚仙岛，
愤怒地双手叉住两腰。
海神娘娘倒是十分客气，
脸上堆满了胜利的微笑。

　　"海螺已经老死了，
　　留着不怕别人耻笑？
　　我有成千个美丽的仙女，
　　由你来选，任你来挑。"

海神娘娘扬起了衣袖，
一群仙女往仙岛上飞飘。
每副脸儿都象出海的朝霞，
每双眼睛都象会说会笑。

少年看见了这群仙女，
的确和海螺难分高低〔87〕。
可是他一想起自己的海螺，
就没有一个叫他称心如意〔88〕。

　　"哪一个比海螺低些？
　　哪一个比海螺差些？
　　为什么把老死的海螺，
　　当作春天花，夜明月？"

　　"我不爱金银也不爱珠宝，
　　什么也比不上海螺好。
　　只要你还我的活海螺，
　　我不管她年青和年老！"

604

"你这个后生实在固执，
年青的不要偏要老太婆！
别以为我会向你低头，
大海水，能善也能恶！"

海神娘娘把衣袖一摆，
黑浪向少年卷过来。
那两条凶恶的鳄鱼，
立刻把少年抓起来。

"你不换回海螺，
你就别想逃脱！
只要你答应一声，
就把你轻轻地放过！"

黑浪象铁链条〔89〕一样，
在少年的身上抽打。
狂风象尖刀子一样，
在少年的脸上狠拉。

"你就是乱鞭抽！
你就是乱刀割！
你就是端上水晶宫，
我也不换我的海螺！"

少年象个铁人，
立着动也不动。
他不理会黑浪，
也不理会狂风。

海神娘娘笑容满面，
把鳄鱼喝退在两边，
把滔天〔90〕的风浪挥退〔91〕，
赞扬这个真心的少年。

　　"你赢了，你赢了！
　　赞美你的大胆和坚定，
　　赞美你对海螺的真诚，
　　你赢得了我女儿的爱情。"

海神娘娘赠给少年一颗明珠〔92〕，
还带给海螺一顶美丽的珠冠〔93〕，
叫少年合上双眼，
叫清风送回海岸。

少年随风飘飘荡荡，
风平了他才睁开眼望：
自己甜甜地睡在木床上，
海螺微笑地躺在花床上。

海螺跟从前仍是一模一样，
美丽的头上戴上美丽的珠冠，
少年看见自己的手心，
一颗明珠在闪闪发光。

蓝蓝的大海水，
蓝蓝的水上天。
素馨花似的浪沫，
永远不断地涌在海边。

一年这样过去了，
少年成了两个孩子的父亲；
三年这样过去了，
海螺成了四个孩子的母亲。

邻家婆婆教我唱这支儿歌，
我一字没掉唱过了几百回。
到底以后他们有多少个孩子，
唉！就这最后一句没有学会。

1955年4月30日

译　　注

[1] 芭蕉林	bājiāo lín	forêt de bananes "bajiao" the forest of bajiao banana
[2] 婆婆	pópo	grand-mère grandmother
[3] 儿歌	érgē	chanson d'enfants children's song
[4] 海螺	hǎiluó	conque conch
[5] 童话	tónghuà	conte pour enfants children's stories
[6] 贪睡懒觉	tān shuì lǎnjiào	faire la grasse matinée get up late
[7] 涨潮	zhǎngcháo	marée montante rising tide
[8] 退潮	tuìcháo	marée basse ebb tide

[9] 蹬动	dēngdòng	onduler
		stir
[10] 鱼肚白	yúdùbái	gris perle
		the whitish colour of a fish's belly
[11] 泛	fàn	jaillir
		suffuse
[12] 泡沫	pàomò	écume
		foam
[13] 素馨花	sùxīnhuā	jasmin à grandes fleurs
		jasmine
[14] 娘娘	niángniang	déesse
		goddess
[15] 呼啸	hūxiào	rugir
		roar
[16] 忽明忽灭	hūmíng hūmiè	tantôt surgir tantôt disparaître
		keep flickering
[17] 沙滩	shātān	plage
		sandy beach
[18] 金鱼	jīnyú	poisson rouge
		goldfish
[19] 搁浅	gēqiǎn	s'ensabler
		run aground
[20] 鳃	sāi	branchies
		gill
[21] 一鼓一收	yì gǔ yì shōu	ouvrir et fermer
		open and close
[22] 一动一抽	yí dòng yì chōu	gonfler et rentrer
		tremble

[23] 煎	jiān	brûler
		burn
[24] 贪嘴	tānzui	vorace
		greedy (for food)
[25] 乌鸦	wūyā	corbeau
		crow
[26] 翅膀	chìbǎng	aile
		wing
[27] 穿	chuān	passer
		pass through
[28] 啄	zhuó	becqueter
		peck
[29] 捧	pěng	prendre dans les mains
		hold in both hands
[30] 游动	yóudòng	nager
		swim
[31] 金翅	jīn chì	nageoire dorée
		golden fin
[32] 补结	bǔjié	réparé
		mended
[33] 拖	tuō	traîner
		drag
[34] 虾	xiā	crevette
		shrimp
[35] 拽起	zhuàiqǐ	tirer
		drag
[36] 纲绳	gāngshéng	çorde principale
		the main cord (of a net)
[37] 泄气	xièqì	découragé

			disappointed
[38]	折磨	zhémo	torturer
			torture
[39]	托	tuō	tenir qqch. dans la paume
			hold in the palm
[40]	彩虹	cǎihóng	arc-en-ciel
			rainbow
[41]	缸	gāng	pot
			vat
[42]	麻绳	máshéng	corde de chanvre
			rope made of hemp
[43]	惹	rě	ici: éprouver l'envie de faire qqch.
			cause
[44]	咽	yàn	avaler
			swallow
[45]	口水	kǒushuǐ	salive
			saliva
[46]	苦差事	kǔ chāishi	travail pénible
			hard and unprofitable job
[47]	肚肠	dùcháng	estomac
			stomach
[48]	头绪	tóuxù	ici: solution
			answer of a question
[49]	榆树	yúshù	orme
			elm
[50]	天窗	tiānchuāng	lucarne
			skylight
[51]	光环	guānghuán	auréole

			aureole
[52]	罩着	zhàozhe	couvrir
			encircle
[53]	柔和地	róuhé de	doucement
			softly
[54]	淙淙	cóngcóng	*onomatopée*
			onomatopoeia
[55]	着红穿绿	zhuóhóng chuānlù	s'habiller somptueusement
			dress in fine clothes
[56]	朱门大院	zhūmén dàyuàn	résidence luxueuse
			luxury house
[57]	沙糖	shātáng	sucre
			sugar
[58]	拌	bàn	mélanger
			mixed with
[59]	金银珠宝	jīnyín zhūbǎo	trésor
			treasures
[60]	呜呜咽咽	wūwū yèyè	sangloter
			sob
[61]	割	gē	couper
			cut
[62]	草兰	cǎolán	orchidée
			orchid
[63]	青纱帐	qīngshāzhàng	rideau de végétation
			green curtain
[64]	银粉	yínfěn	poudre argentée
			silver powder
[65]	宵	xiāo	nuit
			night

[66] 天公	tiāngōng	ciel
		the ruler of heaven
[67] 海礁	hǎijiāo	écueil
		reef
[68] 赌咒	dǔzhòu	maudire
		swear
[69] 许愿	xǔyuàn	faire voeu de
		make a vow
[70] 涌泉	yǒngquán	la source qui jaillit
		spring water
[71] 炊烟	chuīyān	fumée qui s'échappe de la cheminée d'une cusine
		smoke from kitchen chimneys
[72] 女仙	nǔxiān	fée
		fairy
[73] 水晶宫	shuǐjīnggōng	palais cristal du Roi Dragon
		the Crystal Palace (of the Dragon King)
[74] 风险	fēngxiǎn	danger
		risk
[75] 珊瑚岛	shānhú dǎo	île de corail
		coral island
[76] 撕开	sīkāi	déchirer
		tear up
[77] 撞碎	zhuàngsuì	briser
		smash
[78] 倒吊	dàodiào	renverser
		reverse
[79] 鳄鱼	èyú	crocodile

crocodile

[80]	拐骗	guǎipiàn	escroquer
			abduct
[81]	牛性脾气	niúxìng píqi	têtu comme un boeuf
			stubbornness
[82]	拆开	chāikāi	séparer
			separate
[83]	万事如意	wànshì rúyì	tout est parfait (propice)
			everything goes well
[84]	漂流	piāoliú	flotter
			drift about
[85]	魔法	mófǎ	magie
			magic
[86]	死心	sǐxīn	désespéré
			give up the idea altogether
[87]	难分高低	nánfēn gāodī	il est difficile à dire qui prend le dessus
			It's difficult to distinguish one good thing from another.
[88]	称心如意	chènxīn rúyì	voir ses voeux comblés
			feel satisfactory
[89]	铁链条	tiěliàntiáo	chaîne de fer
			iron chain
[90]	滔天	tāotiān	(torrent) impétueux
			(waves) running high
[91]	挥退	huītuì	faire reculer
			set something back by waving one's hand

[92]	明珠	míngzhū	perle
			bright pearl
[93]	珠冠	zhūguān	couronne de perles
			crown of pearls

贺敬之

当代诗人，剧作家，1924年生于山东省峄县。抗日战争爆发后，流亡到湖北、四川读中学，参加抗日救亡活动，并开始学习写作诗歌和散文。1940年贺敬之到延安鲁迅艺术学院学习，四十年代，与丁毅等集体创作了歌剧《白毛女》。解放后曾任中国作家协会理事、文化部副部长。现任中宣部副部长。

贺敬之各个时期的诗作分别收在《乡村的夜》、《朝阳花开》、《放歌集》等诗集中。

回　延　安

这首诗用陕北民歌信天游的调子和有浓厚乡土气息的语言，表达了诗人对革命根据地的热爱和对延安父老兄弟的怀念。选自《放歌集》，人民文学出版社1961年版。

＊　　＊　　　　＊

一

心口〔1〕呀莫要这么厉害〔2〕地跳，
灰尘呀莫把我眼睛挡住了……。

手抓黄土我不放，
紧紧儿贴在心窝〔3〕上。

……几回回〔4〕梦里回延安，
双手搂定〔5〕宝塔山。

千声万声呼唤你，
——母亲延安就在这里！

杜甫川唱来柳林铺笑，
红旗飘飘把手招。

白羊肚手巾红腰带，
亲人们迎过延河来。
满心话〔6〕登时说不出来，
一头扑〔8〕在亲人怀……

二

……二十里铺送过柳林铺迎，
分别十年又回家中。

树梢树枝树根根，
亲山亲水有亲人。

羊羔羔〔9〕吃奶眼望着妈，
小米饭养活我长大。

东山的糜子〔10〕西山的谷〔11〕，
肩膀上的红旗手中的书。

手把手儿教会了我，
母亲打发〔12〕我们过黄河。

革命的道路千万里，
天南海北想着你……

三

米酒油馍〔13〕木炭火〔14〕，
团团围定〔15〕炕〔16〕上坐。

满窑〔17〕里围得不透风，
脑畔上〔18〕还响着脚步声。

老爷爷进门气喘得紧：
"我梦见鸡毛信〔19〕来——可真见亲人……"

亲人见了亲人面，
欢喜的眼泪眼眶里转。

保卫延安你们费了心，
白头发添了几根根。

团支书又领进社主任，
当年的放羊娃如今长成人。

白生生〔20〕的窗纸红窗花，
娃娃〔21〕们争抢来把手拉。

一口口的米酒千万句话，
长江大河起浪花。

十年来革命大发展，
说不尽这三千六百天……

四

千万条腿来千万只眼，
也不够我走来也不够我看！

头顶着蓝天大明镜，
延安城照在我心中：

一条条街道宽又平，
一座座楼房披彩虹；

一盏盏电灯亮又明，
一排排绿树迎春风……

对照过去我认不出了你，
母亲延安换新衣。

五

杨家岭的红旗呵高高的飘，
革命万里起高潮！

宝塔山下留脚印〔22〕，
毛主席登上了天安门！

枣园的灯光照人心，
延河滚滚喊"前进"！

赤卫军……青年团……红领巾〔24〕，
走着咱英雄几辈辈人〔25〕……

社会主义路上大踏步走，
光荣的延河还要在前头！

身长翅膀吧脚生云，
再回延安看母亲！

1956年3月9日，延安

译　　注

[1]	心口	xīnkǒu	cœur
			heart
[2]	厉害	lìhai	fort
			fast
[3]	心窝	xīnwō	poitrine
			heart
[4]	几回回	jǐ huíhuí	plusieurs fois
			many times
[5]	搂定	lǒudìng	embrasser
			embrace
[6]	满心话	mǎnxīn huà	avoir beaucoup à dire
			have a lot to say

[7]	登时	dēngshí	soudainement suddenly
[8]	扑	pū	se jeter throw oneself (into someone's arms)
[9]	羊羔羔	yánggāogao	agneau lamb
[10]	糜子	méizi	millet glutineux broom corn millet
[11]	谷	gǔ	millet millet
[12]	打发	dǎfa	envoyer send
[13]	油馍	yóumó	pain farci frit fried cake
[14]	木炭火	mùtànhuǒ	feu de charbon de bois charcoal fire
[15]	团团围定	tuántuán wéidìng	entourer surround tightly
[16]	炕	kàng	lit en briques a heatable brick bed
[17]	窑	yáo	grotte cave dwelling
[18]	脑畔上	nǎopànshang	dans la tête by the ear
[19]	鸡毛信	jīmáoxìn	lettre à plume an urgent message
[20]	白生生	báishēngshēng	blanc white

[21] 娃娃	wáwa	enfant
		children
[22] 脚印	jiǎoyìn	trace
		footstep
[23] 赤卫军	chìwèijūn	Garde rouge
		Red Guards
[24] 红领巾	hónglǐngjīn	foulard rouge; ici jeune pionnier
		Young Pioneer
[25] 几辈辈	jǐ bèibèi	plusieurs générations
		for generations

三门峡——梳妆台

诗人用豪迈的诗句赞美了三门峡的险峻、壮观，热情地歌颂了中国人民在整治黄河斗争中的伟大气魄。本文是《放歌集》中"三门峡〔1〕歌"中的一首。人民文学出版社1961年版。

* * *

望三门，三门开：
"黄河之水天上来！"〔2〕
神门险〔3〕，鬼门窄〔4〕，
人门以上百丈崖〔5〕。
黄水劈门千声雷，
狂风万里走东海。

望三门，三门开：
黄河东去不回来。
昆仑山〔6〕高邙山〔7〕矮，
禹王马蹄〔8〕长青苔〔9〕。
马去"门"开不见家，
门旁空留"梳妆台"〔10〕。

梳妆台呵，千万载〔11〕，
梳妆台上何人在？
乌云遮明镜，黄水吞金钗〔12〕。
但见那：辈辈艄工〔13〕洒泪去，
却不见：黄河女儿梳妆来。

梳妆来呵，梳妆来！
——黄河女儿头发白。
挽断"白发三千丈"〔14〕，
愁杀黄河万年灾！
登三门，向东海：
问我青春何时来？！

何时来呵，何时来？……
——盘古〔15〕生我新一代！
举红旗，天地开，
史书万卷脚下踩。
大笔大字写新篇：
社会主义——我们来！

我们来呵，我们来，
昆仑山惊邙山呆：
展我治黄万里图，
先扎黄河腰中带——
神门平，鬼门削，
人门三声化尘埃！

望三门，门不在，
明日要看水闸开。
责令〔17〕李白改诗句：
"黄河之水'手中'来！"
银河〔18〕星光落天下，
清水清风走东海。

走东海，去又来，
讨回黄河万年债！
黄河女儿容颜〔19〕改，
为你重整梳妆台。
青天悬明镜，
湖水映光彩——
黄河女儿梳妆来！

梳妆来呵，梳妆来！
百花任你戴，
春光任你采，
万里锦绣任你裁！
三门闸工〔20〕正年少，
幸福闸门为你开。
并肩挽手唱高歌呵，
无限青春向未来！

1958年3月

译　　注

[1] 三门峡	Sānménxiá	Gorge de Sanmen the Sanmen Gorge
[2] "黄河之水 天上来"	Huánghé zhī shui tiānshàng lái	"L'eau du Huanghe vient du Ciel", un vers de Li Bai from a verse of Li Bai
[3] 险	xiǎn	dangereux dangerous

[4] 窄	zhǎi	étroit narrow
[5] 百丈崖	bǎizhàngyá	une falaise haute de 300 m a high cliff
[6] 昆仑山	Kūnlún Shān	les monts Kunlun the Kunlun Mountains
[7] 邙山	Máng Shān	mont Mangshan *name of a mountain*
[8] 禹王马蹄	Yǔwáng mǎtí	trace du cheval de Yu, em- preinte sur le Roc de la Passe de diable, selon la légende a rock hole shaped as a horse's hoof, which is said to be the trace of Yu's riding. (Yu was the reputed founder of the Xia Dynasty.)
[9] 青苔	qīngtái	mousse moss
[10] 梳妆台	Shūzhuāngtái	table de toilette; coiffeuse dressing table
[11] 载	zǎi	année year
[12] 金钗	jīnchāi	épingle d'or gold hairpin
[13] 艄工	shāogōng	batelier boatman

[14]	"白发三 千丈"	báifà sān qiān zhàng	un vers de Li Bai from a verse of Li Bai
[15]	盘古	Pángǔ	le créateur de l'univers dans la mythologie chinoise *the creator of the universe in Chinese mythology*
[16]	治黄	zhì Huáng	aménager le fleuve Jaune harness the Yellow River
[17]	责令	zé lìng	ordonner order
[18]	银河	Yínhé	Voie lactée the Milky Way
[19]	容颜	róngyán	aspect looking
[20]	闸工	zhágōng	opérateur d'une écluse a sluice gate operator

郭小川 （1919——1976）

当代诗人，原名郭恩大，河北省丰宁县人。学生时代，积极参加抗日救亡运动，1937年参加八路军，后到延安学习，1945年调任丰宁县长，后任《群众日报》副总编辑和《大众日报》负责人。1949年后，曾任《诗刊》编委和《人民日报》特约记者等职。

郭小川从学生时代就开始发表诗作，如《我们歌唱黄河》、《老雇工》等。五十年代到六十年代，出版了《平原老人》、《投入火热的斗争》、《甘蔗林——青纱帐》、《昆仑行》等十个诗集。此外，他还写有许多杂文、论文和报告文学。

青 松 歌

——林区三唱之（三）

这首诗通过对青松崇高品格的歌颂，表达了诗人对林业工人的无比尊敬和赞誉之情。选自《郭小川诗选》，人民文学出版社1977年版。

* * *

三个牧童[1]，
必讲牛犊[2]；
三个妇女，
必谈丈夫；
三个林业工人，
必夸[3]长青的松树。

青松哟，
是小兴安岭[4]的旺族[5]；
小兴安岭哟，
是青松的故土。
咱们小兴安岭的人啊，
与青松亲如手足[6]！

白日里，
操作在林深处；
黑夜间，
酣睡[7]在山场新屋。
松林啊，
为咱们做帐幕。

绿荫哟，
铺满山路；
香气哟，
飘满峡谷[8]。
青松的心意啊，
装满咱们的肺腑[9]！……

而青松啊，
决不与野草闲花[10]为伍[11]！
一派正气，
一副洁骨[12]；
一片忠贞[13]，
一身英武。

风来了，
杨花乱舞；
雨来了，
柳眉紧蹙〔14〕。
只有青松啊，
根深叶固！

霜降了，
桦树叶儿黄枯；
雪落了，
榆树顶光秃〔15〕。
只有青松啊，
春天永驻〔16〕！

一切邪恶啊，
莫想把青松凌辱〔17〕！
松涛哟，
似战鼓；
松针哟，
如铁杵〔18〕。

一切仇敌啊，
休想使青松屈服！
每片松林哟，
都是武库；
每座山头哟，
都是碉堡。

而青松啊，
永为人间服务！
身在林区，
心在南疆北土〔19〕；
长在高山，
志在千村万户。

海角天涯〔20〕，
都是路！
移到西蜀〔21〕，
就生根在西蜀；
运到两湖〔22〕，
就落脚在两湖。

有用处，
就是福！
能做擎天的柱〔23〕，
就做擎天的柱；
能做摇船的橹〔24〕，
就做摇船的橹。

奔前途，
不回顾！
需要含辛茹苦〔25〕，
就含辛茹苦；
需要粉身碎骨〔26〕，
就粉身碎骨。

千秋万古〔27〕，
给天下造福！
活着时，
为好日月欢呼；
倒下时，
把新世界建筑。

青松哟，
是小兴安岭的旺族，
小兴安岭哟，
是青松的故土。
咱们小兴安岭的人啊，
与青松亲如手足。

一样的志趣〔28〕，
一样的风度〔29〕，
一样的胸怀〔30〕，
一样的抱负〔31〕。
青松啊，
是咱们林业工人的形图！

译　注

[1]	牧童	mùtóng	jeune berger
			shepherd boy
[2]	牛犊	niúdú	veau
			calf
[3]	夸	kuā	louer

talk proudly about . . .

[4] 小兴安岭   Xiǎoxìng'ānlǐng   les monts Petit Xing'an

The Lesser Xiang'an Mountains

[5] 旺族   wàngzú   une espèce prospère

a prosperous group

[6] 手足   shǒuzú   frères

brothers

[7] 酣睡   hānshuì   endormir profondément

sleep soundly

[8] 峡谷   xiágǔ   vallée

valley

[9] 肺腑   fèifǔ   cœur

heart

[10] 野草闲花   yěcǎo xiánhuā   herbe et fleur sauvages

weed and wild flower

[11] 为伍   wéiwǔ   s'associer avec qqn.

associate with

[12] 洁骨   jiégǔ   noble

noble minded

[13] 忠贞   zhōngzhēn   loyal

loyal and steadfast

[14] 蹙   cù   froncer

knit

[15] 秃   tū   chauve

bald

[16] 永驻   yǒngzhù   éternel

stay forever

[17] 凌辱   língrǔ   humilier

631

			humiliate
[18]	铁杵	tiěchǔ	barre de fer
			iron pestle
[19]	南疆北土	nánjiāng běitǔ	dans tous les coins du pays
			the country as a whole
[20]	海角天涯	hǎijiǎo tiānyá	au bout du monde
			all corners of the world
[21]	西蜀	Xīshǔ	province du Sichuan
			Sichuan Province
[22]	两湖	Liǎnghú	provinces du Hubei et du Hunan
			the Hunan and Hubei Provinces
[23]	擎天柱	qíngtiānzhù	pilier céleste
			pillar of the sky
[24]	橹	lǔ	godille
			scull
[25]	含辛茹苦	hánxīn-rúkǔ	essuyer de dures épreuves
			endure all kinds of hardships
[26]	粉身碎骨	fěnshēn-suìgǔ	avoir le corps pulvérisé et les os brisés
			have one's body smashed to pieces
[27]	千秋万古	qiānqiū wàngǔ	génération après génération
			for ages
[28]	志趣	zhìqù	inclination
			inclination
[29]	风度	fēngdù	allure
			demeanour

[30] 胸怀	xiōnghuái	esprit
		mind
[31] 抱负	bàofù	idéal
		ideal

魏 巍

当代作家，曾用笔名红杨树，1920年生于河南郑州，1937年参加八路军，到了延安。曾在抗日军政大学学习。毕业后在部队做宣传工作。1950年赴朝鲜前线，回国后，写出《谁是最可爱的人》、《年轻人，让你的青春更美丽吧》等优秀报告文学。1977年完成了反映抗美援朝斗争的长篇小说《东方》。

魏巍曾任《解放军文艺》副主编。现为中国作家协会理事，《人民文学》编委。

我的老师

在这篇散文里，作者以满含深情的语言，回忆了少年时代的学生生活和他的几位老师，用自己的亲身经历说明教师应该有一颗热爱儿童的心。本文选自《建国十年文学创作选·散文特写》，中国青年出版社1959年版。

· · ·

《教师报》增加了副刊〔1〕，编辑同志嘱咐我给教师朋友们写篇文章。写些什么好呢，想了好半天，也没有一点儿进展。写些大家都知道的话吧，自己也觉得害羞。写些有见解的话吧，自己并没有体会过教师这种职业的甘苦〔2〕。多年以前，我上过几年初级师范，也想过从事这种职业。可是那时候的社会，包括那些培养师资的人们在内，连八块钱一个月的教书的活路〔3〕，都不肯施舍〔4〕给我。我只有"逼上梁山"〔5〕，以后也就没有机会去尝受这种职业的甘苦了。

我想来想去，记忆解救了我。我想起了一同和我度过童年的几位老师。他们的样子甚至他们的衣服样式和颜色，都是这样清晰地浮在眼前。童年的记忆是多么珍奇〔6〕！愿这些永远珍藏在我的记忆里，我愿永远地感念〔7〕他们。当然，在我想起他们的时候，也不免回想起我自己——当时一个孩子的一些甘苦。而这些甘苦，却未必是他们能够知道的。因为这些是存留在距成人很近又很遥远的另外一个世界。今天让这个二十多年前的孩子来谈谈心吧，这对许多教师朋友，纵然〔8〕无益，也会是有趣的。

在我八岁那年，我们县城的一个古庙〔9〕里开办了"平民〔10〕小学"。这所小学有两个好处，一是不收学费，二是可以不做制服。这对县城里的贫苦子弟是一个福音〔11〕。也就在这时候，我和我的小伙伴们变成了学生。我们新领到了石板、石笔，真是新鲜得很，整日在上面乱画。新领的课本，上学下学都小心地用手帕包起。回家吃饭，也觉得忽然高了一头，有了十足的理由。如果有哪一个孩子胆敢〔12〕说我们的学校不行，那就要奔走相告〔13〕，甚至立刻动武〔14〕，因为他就是我们当前最主要的敌人。总之，我们非常爱自己的学校，日子过得非常快乐，而且自满。可是过了不久，就发生了一件事情：我们班上换来了一个姓柴的老师。这位柴老师是一个瘦瘦的高高的个子。我对他印象最深刻的有下面三点：一是他那条扁起〔15〕裤管的灰色的西装裤子，这也许是在小县城里还很少见的原故，二是他那张没有出现过笑容的脸孔，三就是他手里拿着的那支实心竹子〔16〕做的教鞭〔17〕。终于有一天，在上课的时候，也许我歪着头正看窗外的小鸟吧，或者是给邻座通报一件在当时看来是应当立刻通报的事情，总之，冷古丁地〔18〕头上挨了重重的一鞭。散学后，我两手抱着头哭着回家，头上起了象小馒头那么大的一个血泡〔19〕。（当然，今天也并没有影响我的工作！）我当时哭着说："我再也不上学了。"妈妈也在心疼的情况下对我采取了妥协〔20〕。可是呆不了几天，我就又跳跳蹦蹦地跟同伴们一起回到学校里去，好象什么事情也没有发生过。然而今天我愿意揭开当年儿童世界里的一件秘密：我之所以又重新走进学校，实在是因为我舍不得另一个程老师，舍不得那些小伙伴，特别是舍不得学校里的那个足球!

最使我难忘的,是我的女教师蔡芸芝先生。

她是我的二年级、三年级和四年级前一学期的教师。现在回想起来,她那时大约有十八九岁。右嘴角边有榆钱[21]大小一块黑痣[22]。在我的记忆里,她是一个温柔而美丽的人。

她从来不打骂我们。仅仅有一次,她的教鞭好象要落下来,我用石板一迎,教鞭轻轻地敲在石板边上,大伙笑了,她也笑了。我用儿童的狡猾的眼光察觉,她爱我们,并没有存心[23]要打的意思。孩子们是多么善于观察这一点呵。

在课外的时候,她教我们跳舞,我现在还记得她把我扮成女孩子表演跳舞的情景。

在假日里,她把我们带到她的家里和女朋友的家里。在她的女朋友的园子里,她还让我们观察蜜蜂,也是在那时候,我认识了蜂王[24],并且平生[25]第一次吃了蜂蜜[26]。

她爱诗。并且爱用歌唱的音调教我们读诗。直到现在我还记得她读诗的音调,还能背诵她教我们的诗:

> 圆天盖着大海,
>
> 黑水托着孤舟[27],
>
> 远看不见山,
>
> 那天边只有云头[28],
>
> 也看不见树,
>
> 那水上只有海鸥[29]……

今天想来,她对我的接近文学和爱好文学,是有着多么有益的影响!

象这样的教师,我们怎么会不喜欢她并且愿意和她亲近呢?我们看见了柴老师象老鼠见了猫似的赶快溜掉[30],而见了她不由得就围上去。即使她写字的时候,我们也默默地看着她,连她握铅笔的姿势[31]都急于模仿。

有一件小事,我不知道还值不值得提它,但回想起来,在那时却占据〔32〕过我的心灵。我父亲那时候在军阀〔33〕部队里，好几年没有回来，我跟母亲非常牵挂〔34〕他，不知道他的死活。我的母亲常常站在一张褪了色〔35〕的神象〔36〕面前焚起香〔37〕来，把两个有象征〔38〕记号的字条卷着埋在香炉〔39〕里，然后磕了头，抽出一个来卜问〔40〕吉凶〔41〕。我虽不象母亲那样，也略略懂了些事。可是在孩子群中，我的那些小"反对派"们，常常在我的耳边猛喊："哎哟哟，你爹回不来了哟，他吃了炮子儿〔42〕罗！"那时的我，真好象父亲死了似的那么悲伤。这时候蔡老师援助了我，批评了我的"反对派"们，还写了一封信劝慰我，说我是"心清如水的学生"。一个老师排除孩子世界里的一件小小的纠纷〔43〕，是多么平常，可是回想起来，那时候我却觉得是给了我莫大的支持！在一个孩子的眼睛里，他的老师是多么慈爱，多么公平〔44〕，多么伟大的人呵。

每逢放假的时候，我们就更不愿意离开她。我还记得，放假前我默默地站在她的身边，看她收拾这样那样东西的情景。蔡老师！我不知道你当时是不是察觉，一个孩子站在那里，对你是多么的依恋〔45〕！……至于暑假，对于一个喜欢他的老师的孩子来说，又是多么漫长！记得在一个夏季的夜里，席子〔46〕铺在当屋，旁边燃着蚊香〔47〕，我睡熟了。不知道睡了多久，也不知道是夜里的什么时辰，我忽然爬起来，迷迷糊糊地往外就走。母亲喊住我：

"你要去干什么？"

"找蔡老师……"我模模糊糊地回答。

"不是放暑假了么？"

哦，我才醒了。看看那块席子，我已经走出六七尺远。母亲把我拉回来，劝说了一会，我才睡熟了。我是多么想念我的蔡老师呵！至今回想起来，我还觉得这是我记忆中的珍宝〔48〕之一。一个孩子的纯真〔49〕的心，就是那些在热恋中的人们也难比呵！……什么时候，我再见一见我的蔡老师呢？

可惜我没有上完初小，就和我们的蔡老师分别了。我转到城西的县立五小去上完最后一个学期。虽然这时候我同样具有鲜明而坚定的

"立场"，就是说，谁要说"五小"一个"不"字，那就要怒目而过〔50〕，或者拳脚相见〔51〕。可是实际上我却失去了以前的很多欢乐。例如学校要做一律的制服，家里又做不起，这多么使一个孩子伤心呵！例如，画画儿的时候，自己偏偏没有色笔，脸上是多么无光〔52〕呵！这些也都不必再讲，这里我还想讲讲我的另一位老师。这位老师姓宋，是一个严厉的人。在上体育课的时候，如果有一个人走不整齐，那就要象旧军队的士兵一样遭到严厉的斥责。尽管如此，我的小心眼儿里仍然很佩服他，因为我们确实比其他学校走得整齐，这使我和许多"敌人"进行舌战〔53〕的时候，有着显而易见〔54〕的理由。引起我忧虑的，只是下面一件事。这就是上算术课。在平民小学里，我的"国语"（现在叫"语文"）比较好，因而跳过一次班，算术也就这样跟不上了。来到这里，"国语"仍然没有问题，不管作文题是《春日郊游〔55〕》或者是《早婚之害》，我都能争一个"清通"或者〔56〕"尚佳"〔57〕。只是宋老师的算术课，一响起铃声，就带来一阵隐隐的恐惧。上课往往先发算草〔58〕本子。每喊一个名字，下面有人应一声"到——"，然后到前面把本子领回来。可是一喊到我，我刚刚从座位上立起，那个算术本就象瓦片〔59〕一样向我脸上飞来，有时就落在别人的椅子底下，我连忙爬着去拾。也许宋老师以为一个孩子不懂得什么叫做羞惭！从这时起，我就开始抄别人的算草。也是从这时起，我认为算术这是一门最没有味道的也是最难的学科〔60〕，象我这样的智力是不能学到的。一直到高小和后来的师范，我都以这一门功课为最糟。我没有勇气也从来没有敢设想我可以弄通什么"鸡兔同笼"〔61〕！

　　……上面，这就是和我一起度过童年的几位老师。今天，当我回忆着他们并且叙述着他们的时候，我并不是想一一去评价他们。这并不是这篇文章的意思。如果说这篇文章还有一点意思的话，我想也就是在回忆起他们的时候，加深了我对于教师这种职业的理解。这种职业——据我想——并不仅仅依靠丰富的学识，也不仅仅是依靠这种或那种的教学法，这只不过是一方面。也许更重要的，是他有没有一颗热爱儿童的心！假若没有这样的心，那么口头上的热爱祖国罗，对党负责罗，社会主义建设罗，也就成了空的。那些改进方法罗，编制教案罗，如此等等也就成为形式！也许正因为这样，教师——这才被称作高尚的职业吧。我不知道我悟出〔62〕的这点道理，对我的教师朋友们有没有一点益处。

1956年9月29日匆作

译　　注

[1] 副刊	fùkān	supplément
		supplement
[2] 甘苦	gānkǔ	joie et peine
		hardships and difficulties
		experienced in work
[3] 活路	huólù	moyens de vivre
		way out
[4] 施舍	shīshě	faire l'aumône
		give alms
[5] "逼上梁山"	bīshàng Liáng Shān	être forcé à prendre le maquis
		be forced to do sth.
[6] 珍奇	zhēnqí	précieux
		precious
[7] 感念	gǎnniàn	se rappeler avec une vive émotion
		recall with deep emotion
[8] 纵然	zòngrán	même si
		even if
[9] 古庙	gǔmiào	vieux temple

ancient temple

[10] 平民　　　píngmín　　　roturier

the common people

[11] 福音　　　fúyīn　　　bonne nouvelle

glad tidings

[12] 胆敢　　　dǎngǎn　　　oser

dare

[13] 奔走相告　bēnzǒu xiānggào　s'empresser de se faire part de qch.

run around spreading the news

[14] 动武　　　dòngwǔ　　　se mettre à battre

come to blows

[15] 扁起　　　biǎnqǐ　　　retrousser

well-ironed

[16] 实心竹子　shíxīn zhúzi　　bambou

solid bamboo

[17] 教鞭　　　jiàobiān　　　baquette que le professeur tient en classe

(teacher's) pointer

[18] 冷古丁地　lěnggudīng de　subitement

suddenly

[19] 血泡　　　xiěpào　　　bosse

bump

[20] 妥协　　　tuǒxié　　　compromis

compromise

[21] 榆钱　　　yúqiánr　　　samares de l'orme

pods of elm

[22] 黑痣　　　hēizhì　　　grain de beauté

mole

[23] 存心	cúnxīn	avec intention
		on purpose
[24] 蜂王	fēngwáng	reine des abeilles
		queen bee
[25] 平生	píngshēng	de toute la vie
		all one's life
[26] 蜂蜜	fēngmì	miel
		honey
[27] 孤舟	gūzhōu	barque seule
		a single boat
[28] 云头	yúntóu	nuage
		cloud
[29] 海鸥	hǎi'ōu	mouette
		sea gull
[30] 溜掉	liūdiào	filer à l'anglaise
		slip off
[31] 姿势	zīshì	geste
		posture
[32] 占据	zhànjù	occuper
		occupy
[33] 军阀	jūnfá	seigneur de guerre
		warlord
[34] 牵挂	qiānguà	se soucier de
		worry
[35] 褪色	tuìsè	se décolorer
		fade
[36] 神象	shénxiàng	image de bouddha
		the picture of a Buddha

[37]	焚香	fénxiāng	brûler les encens
			burn incense
[38]	象征	xiàngzhēng	symbole
			symbolize
[39]	香炉	xiānglú	encensoir
			incense burner
[40]	卜问	bǔwèn	deviner
			divine
[41]	吉凶	jíxiōng	issue heureuse ou néfaste
			good or ill luck
[42]	炮子儿	pàozir	balle (de fusil)
			(artillery) shell
[43]	纠纷	jiūfēn	conflit
			dispute
[44]	公平	gōngpíng	juste
			just
[45]	依恋	yīliàn	attaché de cœur
			be reluctant to leave
[46]	席子	xízi	natte
			mat
[47]	蚊香	wénxiāng	encens anti-moustique
			mosquito-repellent incense
[48]	珍宝	zhēnbǎo	trésor
			treasure
[49]	纯真	chúnzhēn	pur
			pure
[50]	怒目而过	nùmù ér guò	se croiser en jetant un regard furieux
			pass over with glaring eyes

[51] 拳脚相见	quánjiǎo xiāngjiàn	se mettre à battre
		fight with fists
[52] 无光	wú guāng	déshonorant
		inglorious
[53] 舌战	shézhàn	controverse
		argue heatedly
[54] 显而易见	xiǎn'éryìjiàn	évident
		clearly
[55] 郊游	jiāoyóu	excursion
		outing
[56] "清通"	qīngtōng	clair et coulant
		clear and coherent
[57] "尚佳"	shàngjiā	assez bien
		good
[58] 算草	suàncǎo	exercices des mathématiques
		arithmetical answers
[59] 瓦片	wǎpiàn	tuile
		tile
[60] 学科	xuékē	discipline
		course
[61] "鸡兔同笼"	jī tù tóng lóng	"coqs et lapins dans la même cage": problème pratique des mathématiques
		"Cocks and rabbits in the same cage." It is a kind of arithmetical question.
[62] 悟出	wùchū	comprendre; réaliser
		realize

杨 朔 （1913——1968）

当代作家，原名杨毓晋，山东省蓬莱县人。抗日战争时期，他写了许多散文，解放战争时期任新华社特派记者，写了一些中、短篇小说。1950年参加抗美援朝战争，写了长篇小说《三千里江山》。回国后到作协工作，创作有散文《西北旅途散记》、《石油城》、《厦门港的风浪》等，均收入散文集《铁骑兵》。1956年以后，杨朔写了许多反映亚非人民生活的优秀散文，收在《亚洲日出》、《东风第一枝》、《海市》、《生命泉》等散文集中，这时期他还创作了长篇小说《洗兵马》上卷《风雨》。

香 山 红 叶

这篇散文用一种明快、清新的笔法，描写了香山的景致和传说，给人一种强烈的美的享受。不仅使人喜爱香山的红叶，也喜欢香山的老向导。对老向导的钦敬也油然而生。选自《杨朔散文选》，人民文学出版社1978年版。

· · ·

早听说香山〔1〕红叶是北京最浓的秋色〔2〕。能去看看，自然乐意。我去的那日，天也作美〔3〕，明净高爽〔4〕，好得不能再好了；人也凑巧〔5〕，居然找到一位老向导〔6〕。这位老向导就住在西山脚下，早年做过四十年的向导，胡子都白了，还是腰板〔7〕挺直，硬朗〔8〕得很。

我们先邀老向导到一家乡村小饭馆里吃饭。几盘野味〔9〕，半杯麦酒〔10〕，老人家的话来了，慢言慢语〔11〕说："香山这地方也没别的好处，就是高，一进山门，门坎〔12〕跟玉泉山〔13〕顶一样平。地势

644

一高，气也清爽，人才爱来。春天人来踏青〔14〕，夏天来消夏〔15〕，到秋天——"一位同游的朋友急着问："不知山上的红叶红了没有？"

老向导说："还不是正时候。南面一带向阳，也该先有红的了。"

于是用完酒饭，我们请老向导领我们顺着南坡上山。好清静的去处啊。沿着石砌的山路，两旁满是古松古柏，遮天蔽日的，听说三伏〔16〕天走在树荫里，也不见汗。

老向导交叠着两手搭在肚皮上，不紧不慢走在前面，总是那么慢言慢语说："原先这地方什么也没有，后面是一片荒山，只有一家财主雇了个做活的给他种地、养猪。猪食倒在一个破石槽里，可是倒进去一点食，猪怎么吃也吃不完。那做活的觉得有点怪，放进石槽里几个铜钱，钱也拿不完，就知道这是个聚宝盆〔17〕了。到算账的时候，做活的什么也不要，单要这个石槽。一个破石槽能值几个钱？财主乐得送个人情，就给了他。石槽太重，做活的扛到山里，就扛不动了，便挖个坑埋好，怕忘了地点，又拿一棵松树和一棵柏树插在上面做记号，自己回家去找人帮着抬。谁知返回来一看，满山都是松柏树，数也数不清。"谈到这儿，老人又慨叹〔18〕说："这真是座活山啊。有山就有水，有水就有脉〔19〕，有脉就有苗，难怪人家说下面埋着聚宝盆。"

这当儿，老向导早带我们进一座挺幽雅〔20〕的院子，里边有两眼〔21〕泉水。石壁上刻着"双清"两个字。老人围着泉水转了转说："我有十年不上山了，怎么有块碑不见了？我记得碑上刻的是'梦赶泉'。"接着又告诉我们一个故事，说是元朝有个皇帝来游山，倦了，睡在这儿，梦见身子坐在船上，脚下翻着波浪，醒来叫人一挖脚下，果然冒出股泉水，这就是"梦赶泉"的来历。

老向导又笑笑说："这都是些乡村野话〔22〕，我怎么听来的，怎么说，你们也不必信。"

听着这个白胡子老人絮絮叨叨〔23〕谈些离奇的传说，你会觉得香山更富有迷人的神话色彩。我们不会那么煞风景〔24〕，偏要说不信。只是一路上山，怎么连一片红叶也看不见？

老人说:"你先别急,一上半山亭,什么都看见了。"

我们上了半山亭,朝东一望,真是一片好景,茫茫苍苍〔25〕的河北大平原就摆在眼前,烟树深处,正藏着我们的北京城。也妙,本来也算有点气魄的昆明湖〔26〕,看起来只象一盆清水。万寿山〔27〕、佛香阁〔28〕,不过是些点缀〔29〕的盆景〔30〕。我们都忘了看红叶。红叶就在高头山坡上,满眼都是,半黄半红的,倒还有意思。可惜叶子伤了水,红的又不透。要是红透了,太阳一照,那颜色该有多浓。

我望着红叶,问:"这是什么树?怎么不大象枫叶〔31〕?"

老向导说:"本来不是枫叶嘛。这叫红树〔32〕。"就指着路边的树,说:"你看看,就是那种树。"

路边的红树叶子还没红,所以我们都没注意。我走过去摘下一片,叶子是圆的,只有叶脉上微微透出点红意。

我不觉叫:"哎呀!还香呢。"把叶子送到鼻子上闻了闻,那叶子发出一股轻微的药香。

另一位同伴也嗅了嗅,叫:"哎呀!是香。怪不得叫香山。"

老向导也慢慢说:"真是香呢。我怎么做了四十年向导,早先就没闻见过?"

我的老大爷,我不十分清楚你过去的身世〔33〕,但是从你脸上密密的纹路里,猜得出你是个久经风霜的人。你的心过去是苦的,你怎么能闻到红叶的香味?我也不十分清楚你今天的生活,可是你看,这么大年纪的一个老人,爬起山来不急,也不喘,好象不快,我们可总是落在后边,跟不上。有这样轻松脚步的老年人,心情也该是轻松的,还能不闻见红叶香?

老向导就在满山的红叶香里,领着我们看了"森玉笏〔34〕"、"西山晴雪〔35〕"、昭庙,还有别的香山风景。下山的时候,将近黄昏。一仰脸望见东边天上现出半轮上弦的白月亮,一位同伴忽然记起来,说:"今天是不是重阳?"一翻身边带的报纸,原来是重阳的第二日。我们这一次秋游,倒应了重九登高〔36〕的旧俗〔37〕。

也有人觉得没看见一片好红叶,未免美中不足〔38〕。我却摘到一片更可贵的红叶，藏到我心里去。这不是一般的红叶，这是一片曾在人生中经过风吹雨打的红叶，越到老秋，越红得可爱。不用说，我指的是那位老向导。

译　　注

[1] 香山	Xiāng Shān	les Collines parfumés
		the Fragrant Hills
[2] 秋色	qiūsè	paysage d'automne
		autumn scenery
[3] 作美	zuòměi	aider
		cooperate
[4] 高爽	gāoshuǎng	serein
		crisp
[5] 凑巧	còuqiǎo	par bonheur
		fortunately
[6] 向导	xiàngdǎo	guide
		guide
[7] 腰板	yāobǎn	dos
		back
[8] 硬朗	yìnglang	bonne santé
		robustious
[9] 野味	yěwèi	gibier
		game (as food)
[10] 麦酒	màijiǔ	vin d'orge
		barley wine
[11] 慢言慢语	mànyán mànyǔ	(parler) lentement
		speak slowly

[12] 门坎	ménkǎn	seuil
		threshold
[13] 玉泉山	Yùquán Shān	Colline de la Fontaine de Jade
		Jade Fountain Hill
[14] 踏青	tàqīng	faire une excursion au printemps
		go for a walk in spring
[15] 消夏	xiāoxià	passer les vacances d'été
		for summer vacation
[16] 三伏	sānfú	la dernière des trois périodes de la canicule
		the last of the three periods of the hot season
[17] 聚宝盒	jùbǎopén	pot du trésor
		treasure bowl
[18] 慨叹	kǎitàn	avec émotion
		acclaim emotionally
[19] 脉	mài	veine
		vein
[20] 幽雅	yōuyǎ	paisible et charmant
		quiet and tasteful
[21] 眼	yǎn	*spécificatif*
		a measure word
[22] 野话	yěhuà	conte populaire
		folk story
[23] 絮絮叨叨	xùxù dāodāo	bavard
		wordy
[24] 煞风景	shā fēngjǐng	décourager

		throw a wet blanket
[25] 茫茫苍苍	mángmáng cāngcāng	immense boundless and indistinct
[26] 昆明湖	Kūnmíng Hú	lac Kunming Kunming Lake
[27] 万寿山	Wànshòu Shān	Colline de la Longévité the Longevity Hill
[28] 佛香阁	Fóxiānggé	Tour de la fragrance de Bouddha Tower of the Fragrance of Buddha
[29] 点缀	diǎnzhuì	orner ornament
[30] 盆景	pénjǐng	jardin en miniature (bonzaï) miniature trees and rockery
[31] 枫叶	fēngyè	feuille d'érable maple leave
[32] 红树	hóngshù	mangrove mangrove
[33] 身世	shēnshì	vie life experience
[34] 森玉笏	Sēnyùhù	Falaise dite Sen yu hu *name of a place*
[35] 西山晴雪	Xīshān Qíngxuě	Colline de l'ouest enneigée *name of a place*
[36] 重九登高	Chóngjiǔ dēnggāo	gravir une hauteur le 9 de la 9e lune ascend a height on the Double Ninth Day (9th day of the

		9th lunar month)
[37] 旧俗	jiùsú	coutume traditionnelle
		traditional custom
[38] 美中不足	měizhōngbùzú	Il manque encore quelque chose pour que ce soit parfait,
		a blemish in an otherwise perfect thing

荔 枝〔1〕 蜜

这篇散文用朴素自然的手法歌颂了蜜蜂"对人无所求,给人的却是极好的东西"这种高尚品质。寓意着作家对劳动和劳动人民的崇敬和热爱。选自《杨朔散文选》,人民文学出版社1978年版。

* * *

花鸟草虫,凡是上得画的,那原物往往也叫人喜爱。蜜蜂是画家的爱物,我却总不大喜欢。说起来可笑。孩子时候,有一回上树掐海棠花,不想叫蜜蜂螫〔2〕了一下,痛得我差点儿跌下来。大人告诉我说"蜜蜂轻易不螫人,准是误以为你要伤害它,才螫。一螫,它自己耗尽生命,也活不久了。我听了,觉得那蜜蜂可怜,原谅它了。可是从此以后,每逢看见蜜蜂,感情上疙疙瘩瘩〔3〕的,总不怎么舒服。

今年四月,我到广东从化温泉〔4〕小住了几天。四围是山,怀里抱着一潭春水,那又浓又翠的景色,简直是一幅青绿山水画。刚去的当晚,是个阴天,偶尔倚着楼窗一望:奇怪啊,怎么楼前凭空涌起那么多黑黝黝的小山,一重一重的,起伏不断。记得楼前是一片比较平坦的园林,不是山。这到底是什么幻景〔5〕呢?赶到天明一看,忍不住笑了。原来是满野的荔枝树,一棵连一棵,每棵的叶子都密得不透缝,黑夜看去,可不就象小山似的。

荔枝也许是世上最鲜最美的水果。苏东坡〔6〕写过这样的诗句:"日啖〔7〕荔枝三百颗,不辞长作岭南人",可见荔枝的妙处。偏偏我来的不是时候,满树刚开着浅黄色的小花,并不出众。新发的嫩叶,颜色淡红,比花倒还中看〔8〕些。从开花到果成熟,大约得三个月,看来我是等不及在从化温泉吃鲜荔枝了。

吃荔枝蜜,倒是时候。有人也许没听说这稀罕物儿〔9〕吧?从化的荔枝树多得象汪洋大海,开花时节,满野嘤嘤嗡嗡,忙得那蜜蜂忘记早晚，有时趁着月色还采花酿[10]蜜。荔枝蜜的特点是成色纯，养分大。住在温泉的人多半喜欢吃这种蜜，滋养精神。热心肠的同志为我也弄到两瓶。一开瓶子塞儿，就是那么一股甜香；调[11]上半杯一喝，甜香里带着股清气，很有点鲜荔枝味儿。喝着这样的好蜜，你会觉得生活都是甜的呢。

我不觉动了情，想去看看自己一向不大喜欢的蜜蜂。

荔枝林深处，隐隐露出一角白屋，那是温泉公社的养蜂场，却起了个有趣的名儿，叫"蜜蜂大厦"。正当十分春色，花开得正闹。一走进"大厦"，只见成群结队的蜜蜂出出进进，飞去飞来，那沸沸扬扬[12]的情景，会使你想：说不定蜜蜂也在赶着建设什么新生活呢。

养蜂员老梁领我走进"大厦"。叫他老梁，其实是个青年人，举动很精细。大概是老梁想叫我深入一下蜜蜂的生活，小小心心揭开一个木头蜂箱[13]，箱里隔着一排板，每块板上满是蜜蜂，蠕蠕地爬着。蜂王[14]是黑褐色的，身量特别细长，每只蜜蜂都愿意用采来的花精供养它。

老梁叹息似的轻轻说："你瞧这群小东西，多听话。"

我就问道："象这样一窝蜂，一年能割[15]多少蜜？"

老梁说："能割几十斤。蜜蜂这物件[16]，最爱劳动。广东天气好，花又多，蜜蜂一年四季都不闲着。酿的蜜多，自己吃的可有限。每回割蜜，给它们留一点点糖，够它们吃的就行了。它们从来不争，也不计较什么，还是继续劳动、继续酿蜜，整日整月不辞辛苦……"

我又问道："这样好蜜，不怕什么东西来糟害么？"

老梁说："怎么不怕？你得提防虫子爬进来，还得提防大黄蜂[17]。大黄蜂这贼最恶，常常落在蜜蜂洞口。专干坏事。"

我不觉笑道："噢！自然界也有侵略者。该怎么对付大黄蜂呢？"

老梁说："赶！赶不走就打死它。要让它待在那儿，会咬死蜜蜂的。"

我想起一个问题，就问："可是呢，一只蜜蜂能活多久？"

老梁回答说："蜂王可以活三年，一只工蜂最多能活六个月。"

我说："原来寿命这样短。你不是总得往蜂房外边打扫死蜜蜂么？"

老梁摇一摇头说："从来不用。蜜蜂是很懂事的，活到限数，自己就悄悄死在外边，再也不回来了。"

我的心不禁一颤：多可爱的小生灵[18]啊，对人无所求，给人的却是极好的东西。蜜蜂是在酿蜜，又是在酿造生活；不是为自己，而是在为人类酿造最甜的生活。蜜蜂是渺小[19]的；蜜蜂却又多么高尚[20]啊！

透过荔枝树林，我沉吟地望着远远的田野，那儿正有农民立在水田里，辛辛勤勤地分秧插秧。他们正用劳力建设自己的生活，实际也是在酿蜜——为自己，为别人，也为后世[21]子孙酿造着生活的蜜。

这黑夜，我做了一个奇怪的梦，梦见自己变成一只小蜜蜂。

译　　注

[1] 荔枝	lìzhī	litchi
		litchi
[2] 螫	shì	piquer
		sting
[3] 疙疙瘩瘩	gēge dādā	ici: désagréable
		a sense of unpleasantness
[4] 温泉	wēnquán	source thermale
		hot spring
[5] 幻景	huànjǐng	mirage
		mirage
[6] 苏东坡	Sū Dōngpō	grand poète de la Dynastie des Song
		a great poet of Song Dynasty
[7] 啖	dàn	manger

eat

[8]	中看	zhōngkàn	agréable à voir
			enjoyable
[9]	稀罕物儿	xīhan wùr	chose rare
			rarity
[10]	酿	niàng	brasser
			make (honey)
[11]	调	tiáo	mêler
			mix
[12]	沸沸扬扬	fèifèi yángyáng	animé
			bustling
[13]	蜂箱	fēngxiāng	ruche
			beehive
[14]	蜂王	fēngwáng	reine des abeilles
			queen bee
[15]	割	gē	ici: obtenir
			get
[16]	物件	wùjiàn	truc
			thing
[17]	大黄蜂	dà huángfēng	guêpe
			wasp
[18]	生灵	shēnglíng	être vivant
			living creature
[19]	渺小	miǎoxiǎo	insignifiant
			insignificant
[20]	高尚	gāoshàng	noble
			noble
[21]	后世	hòushì	descendants
			descendants

654

刘白羽

当代作家，1916年生，北京人。1936年开始陆续发表一些短篇小说。1938年到延安，参加了延安文艺工作团，写有小说和报告文学集《五台山下》、《游击中间》等。1944年参加《新华日报》副刊编辑工作。后作为新华社记者，随解放军转战东北、平津、江南等地，写有《为祖国而战》、《火光在前》和《早晨六点钟》等作品集。抗美援朝期间，他曾两次赴朝鲜战场，写有《朝鲜在战火中前进》、《对和平宣誓》等。1955年后，他主要从事文化领导工作，此间有《早晨的太阳》、《青春的闪光》等散文及短篇小说集。现任中国人民解放军总政治部文化部部长。

长 江 三 日

（节 选）

本篇是以日记形式写的游记，写于1960年。文章记述作者从重庆到武汉三天里在长江上的旅程。作者通过对长江壮丽风光的描绘，表达了热爱祖国大好河山的思想感情。下面节选文章的中间一段。

* * *

11月18日

在信中，我这样叙说："这一天，我象在一支雄伟而瑰丽的交响乐〔1〕中飞翔。我在海上远航过，我在天空上飞行过，但在我们的母亲河流长江上，第一次，为这样一种大自然的威力所吸摄〔2〕了。"

朦胧中听见广播到奉节〔3〕。停泊时天已微明。起来看了一下，峰峦〔4〕刚刚从黑夜中显露出一片灰蒙蒙的轮廓。启碇〔5〕续行，我到休息室里来，只见前边两面悬崖绝壁，中间一条狭狭的江面，已进入瞿塘峡〔6〕了。江随壁转，前面天空上露出一片金色阳光，象横着一条金带，其余天空各处还是云海茫茫。瞿塘峡口上，为三峡最险处，杜甫〔7〕《夔州〔8〕歌》云："白帝〔9〕高为三峡镇，瞿塘险过百牢关。"古时歌谣说："滟滪〔10〕大如马，瞿塘不可下；滟滪大如猴，瞿塘不可游；滟滪大如龟，瞿塘不可回；滟滪大如象，瞿塘不可上。"这滟滪堆指的是一堆黑色巨礁〔11〕。它对准峡口。万水奔腾一冲进峡口，便直奔巨礁而来。你可想象得到那真是雷霆万钧〔12〕，船如离弦之箭，稍差分厘，便撞得个粉碎。现在，这巨礁，早已炸掉。不过，瞿塘峡中，激流澎湃，涛如雷鸣，江面形成无数漩涡〔13〕，船从漩涡中冲过，只听得一片哗啦啦的水声。过了八公里的瞿塘峡，乌沉沉的云雾，突然隐去，峡顶上一道蓝天，浮着几小片金色浮云，一注阳光象闪电样落在左边峭壁上。右面峰顶上一片白云象白银片样发亮了，但阳光还没有降临。这时，远远前方，无数层峦叠嶂〔14〕之上，迷蒙云雾之中，忽然出现一团红雾，你看，绛紫色的山峰，衬托着这一团雾，真美极了。就象那深谷之中向上反射出红色宝石的闪光，令人仿佛进入了神话境界。这时，你朝江流上望去，也是色彩缤纷；两面巨岩，倒影如墨；中间曲曲折折，却象有一条闪光的道路，上面荡着细碎的波光，近处山峦，则碧绿如翡翠〔15〕。时间一分钟一分钟过去，前面那团红雾更红更亮了。船越驶越近，渐渐看清有一高峰亭亭笔立于红雾之中，渐渐看清那红雾原来是千万道强烈的阳光。8点20分，我们来到这一片晴朗的金黄色朝阳之中。

抬头望处，已到巫山〔16〕。上面阳光垂照下来，下面浓雾滚涌上去，云蒸霞蔚〔17〕，颇为壮观。刚从远处看到那个笔直的山峰，就站在巫峡〔18〕口上，山如斧削，隽秀婀娜〔19〕，人们告诉我这就是巫山十二峰的第一峰，它仿佛在招呼上游来的客人说："你看，这就是巫山巫峡了。""江津"号〔20〕紧贴山脚，进入峡口。红彤彤的阳光恰在此时射进玻璃厅中，照在我的脸上。峡中，强烈的阳光与乳白色云雾交织一处，数步之隔，这边是阳光，那边是云雾，真是神妙莫测。〔21〕几只木船从下游上来，帆篷给阳光照得象透明的白色羽翼，山峡却越来越狭，前面两山对峙，看去连一扇大门那么宽也没有，而门外，完全是白雾。

8点50分，满船人，都在仰头观望。我也跑到甲板上来，看到万仞〔22〕高峰之巅，有一细石耸立如一人对江而望，那就是充满神奇缥缈传说的美女峰〔23〕了。据说一个渔人在江中打鱼，突遇狂风暴雨，船覆灭顶，他的妻子抱了小孩从峰顶眺望，盼他回来，一天一天，一月一月，他终未回来，而她却依然不顾晨昏，不顾风雨，站在那儿等候着他——至今还在那儿等着他呢！……

如果说瞿塘峡象一道闸门，那么巫峡简直象江上一条迂回曲折的画廊。船随山势左一弯，右一转，每一曲，每一折，都向你展开一幅绝好的风景画。两岸山势奇绝，连绵不断，巫山十二峰，各峰有各峰的姿态，人们给它们以很高的美的评价和命名，显然使我们的江山增加了诗意，而诗意又是变化无穷的。突然是深灰色石岩从高空直垂而下浸入江心，令人想到一个巨大的惊叹号；突然是绿茸茸草坂〔24〕，象一支充满幽情的乐曲，特别好看的是悬岩上那一堆堆给秋霜染得红艳艳的野草，简直象是满山杜鹃〔25〕了。峡急江陡，江面布满大大小小漩涡，船只能缓缓行进，象一个在丛山峻岭之间慢步前行的旅人。但这正好使远方来的人，有充裕时间欣赏这莽莽苍苍〔26〕、浩浩荡荡长江上大自然的壮美。苍鹰〔27〕在高峡上盘旋，江涛追随着山峦激荡，山影云影，日光水光，交织成一片。

10点，江面渐趋广阔，急流稳渡，穿过了巫峡。10点15分至巴东〔28〕，已入湖北〔29〕境。10点半到牛口〔30〕，江浪汹涌，把船推在浪头上，摇摆着前进。江流刚奔出巫峡，还没来得及喘息，却又冲入第三峡——西陵峡〔31〕了。

西陵峡比较宽阔，但是江流至此变得特别凶恶，处处是急流，处处是险滩。船一下象流星随着怒涛冲去，一下又绕着险滩迂回浮进。最著名的三个险滩是：泄滩〔32〕、青滩〔33〕和崆岭滩〔34〕。初下泄滩，你看着那万马奔腾的江水会突然感到江水简直是在旋转不前，一千个、一万个旋涡，使得"江津"号剧烈震动起来。这一节江流虽险，却流传着无数优美的传说。十一点十五分到秭归〔35〕。据袁崧〔36〕《宜都〔37〕山水记》载：秭归是屈原〔37〕的故乡，是楚王子〔39〕熊泽建国之地。后来屈原被流放到汨罗江〔40〕，死在那里。民间流传着：屈大夫死日，有人在汨罗江畔，看见他峨冠博带〔41〕，美髯白皙〔42〕，骑一匹白马飘然而去。又传说：屈原死后，被一大鱼驮回秭归，终于从流放之地回归楚国。这一切初听起来过于神奇怪诞〔43〕，却正反映了人民对屈原的无限怀念之情。

秭归正面有一大片铁青色礁石，森然耸立江面，经过很长一段急流绕过泄滩。在最急峻的地方，"江津"号用尽全副精力，战抖着，震颤着前进。急流刚刚滚过，看见前面有一奇峰突起，江身沿着这山峰右面驶去，山峰左面却又出现一道河流，原来这就是王昭君〔44〕诞生的香溪。它一下就令人想起杜甫的诗："群山万壑〔45〕赴荆门〔46〕，生长明妃〔47〕尚有村。"我们遥望了一下香溪，船便沿着山峰进入一道无比险峻的长峡——兵书宝剑峡〔48〕。这儿完全是一条窄巷，我到船头上，仰头上望，只见黄石碧岩，高与天齐，再驶行一段就到了青滩。江面陡然下降，波涛汹涌，浪花四溅，当你还没来得及仔细观看，船已象箭一样迅速飞下，巨浪为船头劈开，旋卷着，合在一起，一下又激荡开去。江水象滚沸了一样，到处是泡沫，到处是浪花。船上的同志指着岩上一片乡镇告我："长江航船上很多领航人都出生在这儿……每只木船要想渡过青滩，都得请这儿的人引领过去。"这时我正注视着一只逆流而上的木船，看起这青滩的声势十分吓人，但人从汹涌浪涛中掌握了一条前进途径，也就战胜了大自然了。

中午，我们来到了崆岭滩跟前，长江上的人都知道："泄滩青滩不算滩，崆岭才是鬼门关〔49〕。"可见其凶险了。眼看一片灰色石礁布满水面，"江津"号却抛锚停泊了。原来崆岭滩一条狭窄航道只能过一只船，这时有一只江轮正在上行，我们只好等下来。谁知竟等了那么久，可见那上行的船只是如何小心翼翼了。当我们驶下崆岭滩时，果然是一片乱石林立，我们简直不象在浩荡的长江上，而是在苍莽的丛林中找寻小径跋涉前进了。

译　　注

[1] 交响乐	jiāoxiǎngyuè	symphonie symphony
[2] 吸摄	xīshè	attirer attract
[3] 奉节	Fèngjié	*nom de lieu* *name of a place*
[4] 峰峦	fēngluán	pic ridges and peaks
[5] 启碇	qǐdìng	lever l'ancre weigh anchor
[6] 瞿塘峡	Qútáng Xiá	une des trois gorges du Changjiang (Yangtsé) au Sichuan one of the three famous gorges
[7] 杜甫	Dù Fǔ	Du Fu (712-770) un des plus grands poètes chinois (dyn. Tang) *a famous poet in Tang Dynasty*
[8] 夔州	Kuízhōu	*nom de lieu* *name of a place*
[9] 白帝	Báidì	*nom de lieu* *name of a place*

659

[10] 滟滪（堆） Yànyù(duī) nom d'un grand récif dans le
                                                Changjiang
                                                name of a grand reef

[11] 巨礁 jùjiāo grand écueil
                                                grand reef

[12] 雷霆万钧 léitíng-wànjūn avec la force d'une avalanche
                                                et la puissance de la foudre
                                                as powerful as a thunderbolt

[13] 漩涡 xuànwō tourbillon
                                                whirlpool

[14] 层峦叠嶂 céngluán-diézhàng pics superposés, l'un plus
                                                élevé que l'autre
                                                peaks rising one higher than
                                                another

[15] 翡翠 fěicuì émeraude
                                                emerald

[16] 巫山 Wū Shān monts Wushan
                                                Mount Wushan

[17] 云蒸霞蔚 yúnzhēng-xiáwèi nuages colorés
                                                Rays of sunlight shine
                                                through multitude clouds.

[18] 巫峡 Wū Xiá une des trois gorges du
                                                Yangtsé
                                                one of the three famous gorges

[19] 隽秀婀娜 jùnxiù ē'nuó délicat et charmant
                                                delicate and charming

[20] "江津"号 "Jiāngjīn"hào nom d'un navire
                                                name of a ship

[21] 神妙莫测 shénmiào mòcè mystérieux et merveilleux

			mysterious and wonderful
[22]	仞	rèn	*spécificatif, 1 rèn ≈ 3 mètres*
			a measure word
[23]	美女峰	Měinǚfēng	nom d'un pic (pic de fée)
			name of a peak
[24]	草坂	cǎobǎn	gazon
			grass—covered mountain slope
[25]	杜鹃	dùjuān	azalée
			azalea
[26]	莽莽苍苍	mǎngmǎng cāngcāng	immense
			vast and bold
[27]	苍鹰	cāngyīng	aigle
			goshawk
[28]	巴东	Bādōng	*nom de lieu*
			name of a place
[29]	湖北	Húběi	province du Hubei
			Hubei Province
[30]	牛口	Niúkǒu	*nom de lieu*
			name of a place
[31]	西陵峡	Xīlíng Xiá	*une des trois gorges du Yang-tsé*
			one of the three famous gorges
[32]	泄滩	Xiè Tān	*nom d'un banc de sable*
			name of a dangerous shoal
[33]	青滩	Qīng Tān	*nom d'un banc de sable*
			name of a dangerous shoal
[34]	崆岭滩	Kōnglǐng Tān	*nom d'un banc de sable*

			name of a dangerous shoal
[35]	秭归	Zǐguī	*nom de lieu*
			name of a place
[36]	袁崧	Yuán Sōng	*nom de personne*
			name of a person
[37]	宜都	Yídū	*nom de lieu*
			name of a place
[38]	屈原	Qū Yuán	*grand poète célèbre du royaume de Chu (époque des Royaumes combattants)*
			A famous poet in ancient China
[39]	楚王子	Chǔ wángzǐ	prince de Chu
			the prince of Chu
[40]	汨罗江	Mìluó Jiāng	*nom d'une rivière*
			name of a river
[41]	峨冠博带	éguān-bódài	(portant) un haut chapeau et une large ceinture
			(wearing) high hat and broad belt
[42]	美髯白皙	měiránbáixī	(avec) une barbe élégant et un beau visage
			(with) elegant beard and white skin
[43]	怪诞	guàidàn	fantastique
			fantastic
[44]	王昭君	Wáng Zhāojūn	une concubine de l'empereur Yuandi de la dynastie des Han. Celui-ci l'offrit au

Khan des Xiongnu, qui la fit reine.

a concubine of Emperor Yuan-di in the Han Dynasty who was married to a chief of the Xiongnu (Hu)

[45] 壑   hè   vallée
valley

[46] 荆门   Jīngmén   *nom de lieu*
name of a place

[47] 明妃   Míngfēi   un autre nom de Wang Zhao-jun
another name of Wang Yhao-jun

[48] 兵书宝剑峡   Bīngshū bǎojiàn Xiá   *nom d'une gorge du Yangtsé*
name of a gorge

[49] 鬼门关   guímén'guān   une passe dangereuse
a dangerous pass

宗 璞

当代女作家，原名冯钟璞，1928年生于北京，1951年毕业于清华大学外国语文学系。曾在中国文联工作。1960年调《世界文学》编辑部工作。她的主要作品有短篇小说《红豆》、《知音》、《弦上的梦》，另外还写有散文并翻译了一些外国文学作品。

废墟的召唤

这篇散文以诗一般的语言，抒发了作者在圆明园废墟上参观和散步的感慨和联想。它令人深思地提示人们：重要的不是历史遗留下来的是什么，而是从中得到什么教益，从而去书写新的历史，该文发表于《人民文学》1980年第1期。

* * *

冬日的斜阳无力地照在这一片田野上。刚是下午，清华气象台上边的天空，已显出月牙儿的轮廓。顺着近年修的柏油路，左侧是干皱的田地，看上去十分坚硬，这里那里，点缀[1]着断石残碑。右侧在夏天是一带荷塘[2]，现在也只剩下冬日的凄冷。转过布满桔树的小山，那一大片废墟呈现在眼底时，我总有一种奇怪的感觉，好象历史忽然倒退到了古希腊罗马时代[3]。而在乱石衰草中间，仿佛应该有着妲己[4]、褒姒[5]的窈窕[6]身影，若隐若现[7]，迷离扑朔[8]。因为中国社会出奇的"稳定性"，几千年来的传统一直传到那拉氏[9]，还不中止。

这一带废墟是圆明园[10]中长春园[11]的一部分。从东到西，有圆形的台[12]，长方形的观[13]，已看不出形状的堂[14]和小巧的方形的亭基〔15〕。原来都是西式建筑，故俗称西洋楼〔16〕。在莽苍苍的原野上，这一组建筑遗迹宛如一列正在覆没的船只，而那丛生的荒草，便是海藻〔17〕，杂陈〔18〕的乱石，便是这荒野的海洋中的一簇簇泡沫了。三十多年前，初来这里，曾想，下次来时，它该下沉了罢？它该让出地方，好建设新的一切。但是每次再来，它还是停泊在原野上。远瀛观〔19〕的断石柱，在灰兰色的天空下，依然寂寞地站着，显得四周那样空荡荡，那样无依无靠。大水法〔20〕的拱形〔21〕石门，依然卷着波涛。观水法〔22〕的石屏上依然陈列着兵器甲胄〔23〕，那雕镂〔24〕还是那样清晰，那样有力。但石波不兴〔25〕，雕兵永驻〔26〕，这蒙受了奇耻大辱〔27〕的废墟，只管悠闲地、若无其事地停泊着。

时间在这里，如石刻一般，停滞了，凝固了。建筑家说，建筑是凝固的音乐。建筑的遗迹，又是什么呢？凝固了的历史吗？看那海晏堂〔28〕前（也许是堂侧）的石饰〔29〕，象一个近似半圆形的容器，年轻时，曾和几个朋友坐在里面照相。现在石"碗"依旧，我当然懒得爬上去了。但是我却欣然，因为我的变化，无非是自然规律之功罢了。我毕竟没有凝固——。

对着这一段凝固的历史，我只有怅然〔30〕凝望。大水法与观水法之间的大片空地，原来是两座大喷泉，想那水姿之美，已到了标准境界，所以以"法"为名。西行可见一座高大的废墟，上大下小，象是只剩了一截的、倒置的金字塔〔31〕。悄立"塔"下，觉得人是这样渺小，天地是这样广阔，历史是这样悠久——。

路旁的大石龟〔32〕仍然无表情地蹲伏着。本该竖立在它背上的石碑躺倒在土坡旁。它也许很想驮着这碑，尽自己的责任罢。风在路另侧的小树林中呼啸，忽高忽低，如泣如诉，仿佛从废墟上飘来了"留—留—"的声音。

我诧异地回转身去看了。暮色四合〔33〕，方外观〔34〕的石块白得分明，几座大石叠在一起，露出一个空隙，象要对我开口讲话。告诉我这里经历的烛天〔35〕的巨火么？告诉我时间在这里该怎样衡量么？还是告诉我你的向往，你的期待？

风又从废墟上吹过，依然发出"留——留——"的声音。我忽然醒悟了。它是在召唤！召唤人们留下来，改造这凝固的历史。废墟，不愿永久停泊。

然而我没有为这斗争过么？便在这大龟旁，我们几个人曾怎样热烈地争辩呵。那时的我，是何等慷慨激昂〔36〕，是何等地满怀热忱！但是走的只管走了。和人类比较起来，个人的一生是小得多的概念了。而我们呢？我们的经历自不必提起了。我却愿无愧于这小得多的概念。楚国〔37〕早已是湖北省，但楚辞〔38〕的光辉，不是永远充塞于天地之间么？

空中一阵鸦噪，抬头只见寒鸦万点，驮着夕阳，掠过枯树林，转眼便消失在已呈粉红色的西天。在它们的翅膀底下，晚霞〔39〕已到最艳丽的时刻。西山在朦胧〔40〕中涂抹了一层娇红，轮廓渐渐清楚起来。那娇红中又透出一点蓝，显得十分凝重，正配得上空气中摸得着的寒意。

这景象也是我熟悉的，我不由得闭上眼睛。

"断碣残碑，都付与苍烟落照〔41〕。"身旁的年轻人在自言自语。事隔三十余年，我又在和年轻人辩论了。我不怪他们，怎能怪他们呢！我嗫嚅〔42〕着，很不理直气壮。"留下来吧！就因为是废墟，需要每一个你呵。"

"匹夫有责。"〔43〕年轻人是敏锐的，他清楚地说出我嗫嚅着的话。"但是怎样尽每一个我的责任？"他微笑，笑容介于冷和苦之间。

我忽然理直气壮起来："那怎样，不就是内容么？"

他不答，我也停了说话，且看那瞬息万变〔44〕的落照。迤逦〔45〕行来，已到水边。水已成冰，冰中透出枝枝荷梗，枯梗上漾着绮辉〔46〕。远山凹处，红日正沉，只照得天边山顶一片通红。岸边几株枯树，恰为夕阳做了画框。框外娇红的西山，这时却全呈黛青色〔47〕，鲜嫩润泽，一派雨后初晴的模样，似与这黄昏全不相干，但也有浅淡的光，照在框外的冰上，使人想起月色的清冷。

树旁乱草中窸窣〔48〕有声，原来有人作画。他正在调色板上蘸〔49〕着颜色，蘸了又擦，擦了又蘸，好象不知怎样才能把那奇异的色彩捕捉在纸上。

"他不是画家。"年轻人评论道，"他只是爱这景色——"

前面高耸的断桥便是整个圆明园唯一的遗桥了。远望如一个乱石堆，近看则桥的格局〔50〕宛在。桥背很高，桥面只剩了一小半，不过桥下水流如线，过水早不必登桥了。

"我也许可以想一想，想一想这废墟的召唤。"年轻人忽然微笑说，那笑容仍然介于冷和苦之间。

我们仍望着落照。通红的火球消失了，剩下的远山显出一层层深浅不同的紫色。浓处如酒，淡处如梦。那不浓不淡处使我想起春日的紫藤萝，这铺天的霞锦，需要多少个藤萝花瓣〔51〕呵。

仿佛听得说要修复圆明园了，我想，能不能留下一部分废墟呢？最好是远瀛观一带，或只是这座断桥，也可以的。

为了什么呢？为了凭吊〔52〕这一段凝固的历史，为了记住废墟的召唤。

译　　注

〔1〕点缀	diǎnzhuì	orner ornament
〔2〕荷塘	hétáng	étang de lotus lotus pond
〔3〕罗马时代	Luómǎ shídài	époque romaine Roman time
〔4〕妲己	Dájǐ	concubine favorite de Zhou, le dernier souverain des Shang

favourite concubine of
Zhou, a king of Shang
Dynasty

[5] 褒姒　　　Bāosì　　　　concubine du roi You de la
dynastie des Zhou (779
avant J.-C.)
favourite concubine of You,
a king of the Zhou
Dynasty

[6] 窈窕　　　yǎotiǎo　　　gracieux (pour une femme)
(of a woman) gentle and
graceful

[7] 若隐若现　ruòyǐn ruòxiàn　apparaître indistinctement
appear indistinctly

[8] 迷离扑朔　mílí-pūshuò　　indistinct et compliqué
complicated and confusing

[9] 那拉氏　　Nàlāshì　　　nom de l'impératrice Cixi
de la dynastie des Qing
name of Cixi, the Empress
Dowage of the Qing
Dynasty

[10] 圆明园　　Yuánmíngyuán　l'ancien emplacement du
Jardin de la Perfection et
de la Clarté, brûlé par les
forces alliées anglo-fran-
çaises en 1860 sous la dy-
nastie des Qing
the grand imperial park built
in the Qing Dynasty which

was burnt by the Anglo-French forces in 1860

[11] 长春园   Chángchūnyuán   Jardin du Printemps éternel une partie de Yuanming-yuan

a part of Yuanmingyuan

[12] 台   tái   terrasse

terrace

[13] 观   guàn   belvédère

belvedere

[14] 堂   táng   salle

hall

[15] 亭基   tíngjī   fondement d'un pavillon

foundation of a pavilion

[16] 西洋楼   Xīyánglóu   un édifice de style occidental dans le Changchunyuan

a Western-style complex in Changchunyuan

[17] 海藻   hǎizǎo   algues

seaweed

[18] 杂陈   záchén   être en désordre

messy

[19] 远瀛观   Yuǎnyíngguān   Belvédère Yuanying

Yuanying Belvedere, one of the Western-style buildings in Changchunyuan

[20] 大水法   Dàshuǐfǎ   une fontaine manifique et deux châteaux d'eau

a magnificent fountain

[21] 拱形	gǒngxíng	voûte
		arch
[22] 观水法	Guānshuǐfǎ	Belvédère ou l'empereur admire de face la Fontaine et les deux châteaux d'eau
		a magnificent building facing Dashuifa used by the emperor to enjoy the sparkling fountains
[23] 甲胄	jiǎzhòu	armure
		armour
[24] 雕镂	diāolòu	sculptures ornementales
		ornamental engraving
[25] 石波不兴	shíbō bùxīng	Jamais les vagues en pierre gravée ne se soulèvent
		The stone-carved wave never surged.
[26] 雕兵永驻	diāobīng yǒngzhù	Les soldats de pierre sculptée sont toujours stationnés
		The stone soldiers have stayed eversince.
[27] 奇耻大辱	qíchǐ dàrǔ	honte criante et humiliation mortifiante
		galling shame and humiliation
[28] 海晏堂	Hǎiyàntáng	salle Haiyan
		Haiyan Hall, the largest building among the Western-style complex in Changchunyuan

[29] 石饰	shíshì	ornement de marbre
		marble ornament
[30] 怅然	chàngrán	désappointé
		disappointed
[31] 金字塔	Jīnzìtǎ	pyramide
		pyramid
[32] 石龟	shíguī	tortue de pierre
		stone tortoise
[33] 四合	sìhé	clos
		envelope
[34] 方外观	Fāngwàiguān	Belvédère Fangwai
		Fangwai Belvedere, one of the Western-style buildings in Changchunyuan
[35] 烛天	zhútiān	flamme qui éclaire le ciel
		(flames) lighting up the sky
[36] 慷慨激昂	kāngkǎi-jī'áng	passionné
		impassioned
[37] 楚国	Chǔguó	pays de Chu à l'époque des Royaumes combattants
		one of the states of the Warring States Period
[38] 楚辞	Chǔcí	Elégies de Chu, composées par Qu Yuan et d'autres poètes
		poems written by Qu Yuan and other poets of State Chu
[39] 晚霞	wǎnxiá	reflets empourprés du soleil

		couchant
		sunset glow
[40] 朦胧	ménglóng	brume
		mist
[41] 断碣残碑， 都付与苍烟 落照	Duànjié cánbēi, dōu fùyǔ cāngyān luòzhào	Les colonnes brisées et les stèles flétries sont accompagnées de fumées grises et de soleil couchant.
		Broken stone tablets accompany the grey-coloured smoke and the setting sun.
[42] 嗫嚅	nièrú	parler avec réticence
		speak haltingly
[43] 匹夫有责	pifūyǒuzé	chacun doit assumer ses responsabilités
		Every man has a share of responsibility.
[44] 瞬息万变	shùnxī-wànbiàn	dix mille changements en un clin d'œil
		fast changing
[45] 迤逦	yǐlǐ	méandre
		meander
[46] 绮辉	qǐhuī	belle lumière
		beautiful glow
[47] 黛青色	dàiqīngsè	vert foncé
		dark green
[48] 窸窣	xīxī	*onomatopée*
		onomatopoeia
[49] 蘸	zhàn	tremper dans

			dip in
[50]	格局	géjú	structure
			structure
[51]	藤萝花瓣	téngluó huābàn	pétale de glicine
			petal of Chinese wistaria
[52]	凭吊	píngdiào	songer avec tristesse au passé
			visit (a historical site) and
			ponder on the past

辛显令

当代作家,山东平度县人,1943年生,1962年高中毕业后回乡参加农业生产。1972年调到平度县文化馆,现任县委宣传部副部长。

辛显令从小喜欢创作,14岁就在报刊上发表作品。他先后创作了歌剧《卖烧饼的孩子》、吕剧《云开天晴》以及小说、诗歌等。《喜盈门》是他1980年发表的作品,1981年拍成电影后,深受全国广大观众欢迎。

喜 盈 门

(节 选)

这是一部具有现实主义传统的反映中国农村生活的电影文学剧本。该剧以生动的艺术形象和日常生活小事,展现了农村一个普通社员家庭成员之间的矛盾,歌颂了道德高尚的新人,批评了自私自利的守旧者。它说明建设社会主义新农村,不但要有物质文明,而且还要有精神文明。

下面节选的是其中四节。《电影新作》1980年第5期。

* * *

十 八

堂屋[1]里。分家[2]会正在进行着。大队长金田[3]坐在首位主持[4]会议。

仁文[5]声音颤抖[6]地说:"……提到分家,我心里很难过。爷爷年老,爹去世早,我是大哥,家庭闹矛盾,我有责任!"

674

仁芳〔7〕不满地：“别吞吞吐吐〔8〕，到底同意分不同意分？”

仁文面有难色〔9〕地看看全家人，模棱两可〔10〕地说：“最好……不分。”

桌子下面，强英〔11〕悄悄地伸过脚去，狠狠地踩了仁文一脚。

仁文：“可是……不分又……难办！”

金田问仁武〔12〕：“老二呢？”

仁武赌气〔13〕地：“分！”

金田笑着问水莲〔14〕：“水莲也说说。”

水莲沉默了一会儿，说：“过去，我总是提心吊胆〔15〕地怕闹矛盾，怕分家，怕影响和睦〔16〕，怕外人笑话。现在我才明白，分家是正大光明〔17〕的事，不可怕，也不丢人。分开过也好，谁也不受委屈，有劲也能使出来。这不过是我自己的想法，家有千口，主事一人，到底分不分，还是由爷爷作主吧！”

强英敌意地白了水莲一眼〔18〕。

爷爷磕磕〔19〕烟灰，很干脆地说：“分开吧！树大分椏〔20〕，孩子大了，终究要分家，不如趁早，别耽误各人过日子！”

金田：“好，下边就研究怎分。大叔，你和嫂子不是商议过了嘛，先讲出来听听。行，照着办；不行，再作商量。”

爷爷：“仁武他妈，你就说说吧！”

仁武妈看看仁文和强英，又看看仁武和水莲，满面忧虑地说：“六间房子，你兄弟俩一人三间，两头猪，一家一头，鸡鹅平半分，粮食按人摊〔21〕，各人房间的家具归各人。我和你爷爷是老的，一家养一个。仁芳没结婚，两个哥哥要拉把〔22〕她，她自己能干活挣工分，跟谁合得来〔23〕跟谁吃饭。还有哪些没说到的，你们再提出来。”她凄然〔24〕地低下头。

金田：“下边要听你们的了，心里怎么想就怎么说，既要沉住气，又要抓紧谈，说吧！”

“我先说两句。”强英压了压气，对金田说：“我来到陈家门里十年了，才来的时候，仁武刚满十五，仁芳不到十三，爷爷年老，妈有病，仁文在外边工作，里外我一个人挡着，吃穿我自己忙合，这十年，我没有功劳还有苦劳，如今仁芳成人〔25〕了，仁武成家〔26〕了，在老人身上，应该要他们多费点心〔27〕啦！"

仁芳："什么多费心！一句话，分家以后你不想养老人了！"

仁武一拍大腿，倏地站起来，冲仁文喊道："不养老人，天理不通！"

仁文怯生生〔28〕地："仁武，你干吗发那么大的火呢？你大嫂也没有说不养呀！"

强英："我不养老人，这十年怎么过来的？"

仁芳质问强英："十年当中，你养活了老人，还是老人养活了你？可不能蜷着舌头说话呀！喂猪喂鸡，做饭洗衣，谁干的？你的两个孩子谁带大的？工分谁挣的？粮食柴草谁拿回家的？到底是谁伺候了谁呀？"

任武妈制止道："仁芳！"

爷爷："今天光讲分家，不去翻动那些陈芝麻烂谷子〔29〕！"

强英冷笑一声："哼，说得好听，到时候找个婆家一走，就啥事没有啦！"

仁芳："你……"

仁武妈一阵心酸，转身走进内室，水莲看在眼里，忙起身跟至房门，又转回身说："大叔，别吵了，让爷爷和妈跟我一起过吧！"说完走进内室。

强英："好！可别说话不算数！"

仁芳："我不同意，这太不公平啦！"

全田把手一摆："先别争啦！咱们听听这里是怎样讲的。"他从口袋里掏一本《婚姻法》单行本，打开以后，递给强英，"强英，你离电灯近，念念婚姻法第十三条是怎么讲的！"

强英接《婚姻法》，看了两眼，一扭身："我看不清！"

仁文赶紧接过书，殷勤地："我来念吧！"他念道，"第十三条：父母对于子女有抚养教育的义务；子女对于父母有赡养〔30〕扶助的义务，双方均不得虐待〔31〕或遗弃〔32〕。"

金田笑着说："听到了吧？养儿育女，抚养老人，国家大法，明文规定，不光要养，还必须养好才行呐！"

强英闭口无言。

仁文轻声对强英："还是按妈说的办吧！"

金田："谁还有什么话要说？"

强英苦思冥想〔33〕片刻〔34〕，又说："我结婚做的是小橱〔35〕，老二结婚做的是大衣橱，一样的儿子，一样的媳妇，不能两样，分家时得给我做个大衣橱！"

仁武刚要跳起，水莲奔出来拽住他。

爷爷始终没抬头，一袋烟接着一袋烟地抽着。

仁武妈倚在房门边，看着强英，嘴一张一合，说不出话来。

仁芳："胡搅蛮缠〔36〕，这家不分啦！"起身要走。

金田拉住仁芳，对大家说："好啦！好啦！听我说几句！分家不是分心，要分得团结，分出风格。分开过的目的，是为了抚养好老人，教育好后代，好好过日子，积极搞生产，把家搞得更好。所以，不管是谁，都不得提无理要求，说过头〔37〕的话。我的意见，今天先不分，根据老人的意见和各人的要求，今晚再分头回去合计〔38〕一下，两个老人到底谁养？家产怎样处理最合适？明天清早碰头〔39〕定盘子〔40〕！"

十 九

已经是下半夜了，陈家的院子里静悄悄的，但房间里的灯光还亮着，一家人都没有安睡，各自想着不同的心事。

北屋，水莲房间里。仁武蹲〔41〕在炕沿上，大口大口地吸着纸烟，胸脯一起一伏，象要爆炸似的。

大衣橱四敞大开〔42〕，水莲把橱里的衣服、包裹，一件一件地拿出来，放到炕上。她低着头，象是自语，又象跟仁武倾诉着满腹的委屈："过门之后，我重活抢着干，吃穿不计较〔43〕，每天屈着自己的心去团结她，迁就〔44〕她，可是，到头来〔45〕还是好心不得好报，落了一身不是。真没见过这样不讲理的人，也没见过这样复杂的家庭……"

仁武扔掉烟蒂，走到水莲的身边，难过地劝道："水莲，你别说了，我就愿意这样吗？"

仁武越不让说，水莲越要说。她举起两手，朝着仁武又捶又打，把满腹的委屈一古脑儿〔46〕发泄〔47〕在丈夫身上："我就要说！早知道是这样，宁可一辈子不嫁，也不进你陈家门！"

仁武不还手，也不招架，一动不动地呆立在那里，任凭〔48〕水莲打个够，以此来分担她的痛苦。

水莲的手慢慢停下来，抬起头，看着丈夫那哀怜〔49〕憨厚〔50〕的面孔，泪珠簌簌而下，转回身去，继续从大橱里往外拿衣物。

仁武上前抓住水莲的手，愧疚而又恳求地说："水莲，你受的委屈，我心里一清二楚，为了我，你就再委屈这一回吧！在这时候，你无论如何也不能回娘家！"

水莲："谁说我要回娘家？"

仁武指着衣物说："你这不是……"

水莲心平气和地说："仁武，把咱的大橱让给大嫂吧！"

仁武一愣，惊疑地看看水莲，又看看大橱，顷刻〔51〕恍然大悟〔52〕："噢！原来你是给人家倒〔53〕橱呀！水莲，你可真……真能委屈求全〔54〕呀！"他"砰"地一声关上橱门，上了锁，把钥匙装进自己兜里，坚决地，"这回我说了算，她结婚十年，孩子都两个了，分家又提出做大衣橱，不要脸！"

水莲劝道："给她吧，以后有了条件，咱再做新的，别为件家具争个没完没了啦！"

"我想不通！"仁武跳上炕，仰脸躺下了。

爷爷房间里。爷爷满目忧戚〔55〕地坐在板凳上，口衔烟袋，默默沉思。

678

仁武妈一旁伤心负疚〔56〕地说："都怨我太懦弱〔57〕，没有能耐，没把孩子教育好，媳妇也管不起来，惹得您老人家生气！唉！他爹要是能活着就好了！"她说到伤心处，泪如泉涌，为了不让老人看出自己的悲伤，急忙转回身，给仁武爷爷铺被窝。

这一切老人全看在眼里。他被儿媳妇的贤惠〔58〕所感动，为家庭的不和而伤心，也流下两滴苦涩的泪水。他劝仁武妈说："别去想啦！我看水莲挺厚道，也懂道理，你身体有病，生不得气，分开以后，就跟她过吧！"

仁武妈："不，您年老了，分开以后，我照顾您不那么方便了。您跟水莲过我还放心！"她指着桌子上的衣服，又说，"爹，这是您的衣裳，我全拿过来了，时候不早了，您躺下歇歇吧！"

仁武爷爷嘱咐道："你也早些睡吧，把心放宽！"

仁武妈走出正屋，见两个媳妇房间都亮着灯光，思绪翻腾，心乱如麻。她在院子里停住脚，想清醒清醒头脑，平静平静心情。突然，强英房间的电灯熄了，隐约传来仁文和强英的谈话声。

强英的声音："明天清早就定盘子，到底养哪个，你快说话呀！"

仁文无可奈何的声音："你说就是了！"

强英恶狠狠的声音："依着我一个不要！"

仁武妈打了个冷战。

强英厢房里。昏暗中可见强英坐在炕上，自问自答地思量着："养你妈吧，她身体不好，大事干不了，小事穷嘟哝，讨人厌，养你爷爷吧，他七八十岁了，万一有个病灾，躺下就起不来啦。嗨！……你妈能涮锅、能喂猪，能看孩子，对，还是养你妈！"

仁文用被紧紧蒙着头，一声不吭。

强英厉声地："你听见没有？"她蹬了仁文一脚，"睡着啦？"

仁文："我能睡着吗？挑肥拣瘦的，当大哥的怎么说出口！"

院子里，仁武妈呆滞〔59〕地站着在谛听。

强英的声音："明天由我出面说，你闭上嘴装哑巴就行啦！跟你这号人算倒霉了，十锥子扎不出滴血来，和你妈一样的窝囊废！"

仁武妈身子一哆嗦，差点晕倒在地上。她忍着心酸病痛，挣扎着扶着墙艰难地走回自己的房间。

二　十

第二天早晨。仁文系着扣子，走出房门。强英匆匆忙忙走来，把仁文推回内室，悄声说："你妈的高血压病又犯啦！"

仁文一震，急忙往外走。

强英一把抓住仁文的胳膊，嘱咐道："别忙，原来的打算改啦！改成养你爷爷！"

仁文挣脱强英，急步出门。

仁武妈的房间里。仁武妈躺在炕上，水莲在给她喂药，仁武和仁芳守在一旁。

仁文惴惴不安〔60〕地走进来，叫道："妈！"

仁武妈睁开眼，看看仁文，强作笑颜地说："妈有点感冒，吃药就好了。你们去吧，别耽误分家！"

仁文十分痛苦地："妈，您……"似有话讲，难以启口(61)。

仁武妈拉着仁文的手说："分开吧，妈管不了你们一辈子，分开以后，各人好好过日子！"

仁文看看妈，又看看仁武，水莲和仁芳，无地自容(62)地："兄弟，水莲，仁芳，我……对不住你们！"

"仁文！"爷爷走了进来。

"爷爷！"仁文内疚地看着爷爷。

爷爷："仁武和水莲全都依着她大嫂，我跟你养着，快拿东西吧！"

水莲对仁武："仁武，你和大哥把大衣橱抬过去，我和妹妹陪妈到医院看看病。"

仁文："水莲！"

水莲和仁芳扶着仁武妈走出街门。

仁文和仁武抬着大衣橱走出了正屋，朝厢屋走去。

仁文一个劲儿低着头，羞愧(63)不安。

仁武用眼直瞪哥哥，气愤难耐。

爷爷抱着铺盖卷走出正屋。

厢屋的玻璃窗后面，露出强英怡然自得(64)的笑脸。

…………

三十五

强英厢房正间。强英把几盘饺子端到饭桌上，对仁文说："来，快吃吧！"

仁文向门外张望着，恳求地："再稍等一会儿吧，爷爷回家一块吃。"

强英关上屋门，插上插销，对仁文说："等什么，这时候不回来，准是在老二家吃过了。你坐下吃吧！"她把一盘饺子递给仁文，一盘给小山(65)、小花(66)，自己留一盘。

小山急忙下手抓着饺子往口里塞，小花被烫得把饺子扔在地上。

强英不耐烦地催促仁文："不快吃，还愣着干什么？跑这么远的路，还能不饿？"

仁文无动于衷(67)。

强英把筷子塞到仁文手里："谁你也不用管！全家就你一个人挣钱，养不好身体，怎么去上班？"又把自己碗里的饺子拨几个给仁文。

仁文慢慢地吃起来，强英见仁文吃得不痛快，为了缓和一下室内的沉闷空气，对小山说："小山啊，去打开收音机，叫你爸爸听听。"

小山朝里间跑去，顿时传出优美抒情的吕剧〔68〕音乐。

天黑了，强英打开电灯。

抒情优美的吕剧音乐又转为节奏明快欢乐的曲调，与仁文的心情极不协调，他愣愣地望着盘子里的饺子。

小山和小花已经吃饱了，大口地喝着饺子汤。

"冬！冬！"房门轻轻地响了两下。

由于外面下着雨，收音机的声音又太响，全家人都没听见敲门声。

"冬！冬！冬！"房门重重地响了三下。

"谁？"强英听见敲门声，大声地问。

"是我！"爷爷的声音。

"爷爷回来了！"仁文呼地一下站起来。急忙去开门。

强英一把抓住仁文的胳膊，把他推到一边，朝门外应道："就来了！"急急忙忙地拾掇〔69〕起饺子盘，把饺子藏到饭橱里。

仁文象泥塑的一样，倚在房门框上，呆呆地看着强英。

强英打开门，爷爷着急地等在门口，雨水顺着苇笠〔70〕的六个角往下流。强英满脸堆笑地把爷爷让进屋里，殷勤地接过爷爷的苇笠，关心地："这么晚，你才回来。"

仁文递给爷爷一条毛巾。

爷爷一边擦脸一边说："抢完场，我又替你弟弟看了一会儿场。"

强英埋怨道："老二也是，天下着雨，忍心把您一个人扔在场院里挨饿，自己回家去吃饭！"

爷爷笑着说："不，是我叫他回去的。"他擦完脸，在饭桌旁边坐下。

一只小花猫跑进来，小山把它抱到怀里。

仁文提起暖瓶给爷爷倒水。

强英从锅里端出一盘玉米面窝窝头〔71〕和一碟咸菜，放到爷爷面前，便坐在马扎〔72〕上织毛衣。

仁文见到窝窝头，焦虑〔73〕不安地转身走进内室。

爷爷大口啃着窝窝头，就着萝卜咸菜，吃得津津有味〔74〕，兴致勃勃〔75〕地："今年可算是风调雨顺〔76〕，丰产丰收，大伙一鼓劲，只用了两天的工夫，一百亩玉米就拿到了场院。老天爷作对下大雨，可惜迟了一步！"

小花好奇地问："老爷爷，窝窝头好吃吗？"

爷爷摇晃着手里的窝窝头，逗引孩子们说："好，可香啦！"

小山不服气〔77〕地："我就不信窝窝头比饺子好吃！"

强英拉了小山一把："别耽误你老爷爷吃饭，上炕睡觉去吧！"

爷爷："忙啥，叫他们玩一会儿吧！山儿呀，你听老爷爷说，这就叫困了睡得甜，饿了吃得香。记得旧社会我领你爸爸要饭，有一回遇到一个好心人，给了块高粱面窝窝头，我舍不得吃，给了你爸爸。你爸爸三口两口就吞下去了，一抹嘴，对我说：'爷爷，什么时候能吃饱一顿窝窝头就好了。'如今日子过好了，窝窝头吃起来也不那么香啦！"

里间，仁文神态紧张，坐立不安。

外间，小花又问爷爷："您不愿意吃饺子吗？"

爷爷："小傻瓜，好东西谁不愿意吃！等实现了四个现代化，咱们天天吃饺子，啊！"

强英象被蝎子〔78〕蜇〔79〕着一样，一把将小花拉到怀里："睡觉去！"

爷爷见强英举动反常，心中纳闷。

小山忽然想起什么，放了手里的小猫，起身走开了。

小花猫象发现老鼠一样窜到饭桌下。

爷爷和强英同时发现桌下的一个饺子。

强英惶恐不安〔80〕，悄悄伸过脚去，把饺子踩在脚下。爷爷惊异而愤怒地看着强英踩饺子的脚。

小山打开饭橱，端出一盘饺子，递给爷爷："老爷爷，给您饺子，肉丸的，还有大虾米！"

爷爷见到饺子，悲痛愤怒，茫然若失〔81〕。

强英见到饺子，手足无措，目瞪口呆〔82〕。

里间，仁文以手击头，无地自容。

外间，短暂的静场，可怕的沉默。

爷爷慢慢放下窝窝头，接过饺子盘，脸上每一条皱纹[83]都抽动起来，他朝里间厉声喊："仁文，你出来！"

仁文忐忑不安[84]地走了出来，羞惭万分地："爷爷！"使劲低着头，不敢正视爷爷。

爷爷双手捧着盘子，颤抖地站起来，紧盯仁文，冷若冰霜[85]，悲愤深沉地说："仁文啊，你爷今年七十六岁了，风风雨雨也算一辈子。旧社会，我宿破庙，住牛棚，吃糠咽菜喝凉水，什么样的罪都遭过。多亏来了共产党，才有了个家，有了孙子孙女一大群，你爷爷很知足呀！你爷爷不识字，不懂大道理，可知道有句古话，'不要我儿待我好，只要我孙象我儿。'你念了十二年书，当上了国家干部，如今也是三十好几的人了，有儿也有闺女，你手拍胸膛想一想，这样对你爷爷，对待你妈，情理通吗？国法能容吗？良心上过得去，不怕儿女照着你的样子学吗？仁文，你，你……你还不如六岁的孩子啊！"他越说越气愤，扔下饺子盘，走进里间，卷起铺盖往外走。

仁文扑上去，拉着爷爷的手，苦苦哀求道："爷爷！您不能走！爷爷！"

爷爷甩开仁文，冲出门去。

"爷爷——"仁文喊着追到院子里，呆立在雨中，他感到肝胆撕裂般的难受，泪水和雨水掺合在一起，从脸上往下流，但怎么也洗不掉心头的羞辱和悔恨。

强英站在家门口，喊道："快进屋吧，别叫雨淋着身子。叫他走，走了更利索！"

仁文再也按捺[86]不住心中的怒火，猛回头，狠狠打了强英一记耳光，大步冲出街门。他的身影被雨夜吞没了。

强英呆立在门口，晕头转向，少顷，放声哭了。

水莲房间和仁武妈房间的电灯都亮了。

强英猝然[87]止住哭声，感到十分恐惧。她急奔里间，抱起小花，拉着小山，关上电灯，锁上家门，打起雨伞，悄悄地走了。

译 注

[1] 堂屋　　　tángwū　　　pièce principale

central room (of a traditional one-storey Chinese house consisting of three or five rooms in a row)

[2] 分家　　　fēnjiā　　　faire le partage des biens de la famille

divide up family property and live apart

[3] 金田　　　Jīntián　　　*nom de personne*

name of a person

[4] 主持　　　zhǔchí　　　présider

preside over (a meeting)

[5] 仁文　　　Rénwén　　　*nom de personne*

name of a person

[6] 颤抖　　　chàndǒu　　　trembler

shiver

[7] 仁芳　　　Rénfāng　　　sœur cadette de Renwen

Renwen's younger sister

[8] 吞吞吐吐　　tūntūn-tǔtǔ　　parler avec hésitation

hesitate in speech

[9] 面有难色　　miàn yǒu nánsè　　Sa contenance trahit son embarras

show signs of reluctance

[10] 模棱两可　　móléngliǎngkě　　ambigument

685

equivocally

[11]	强英	Qiángyīng	épouse de Renwen
			Renwen's wife
[12]	仁武	Rénwǔ	frère cadet de Renwen
			Renwen's younger brother
[13]	赌气	dǔqì	bouder
			feel wronged and act in a fit of pique
[14]	水莲	Shuǐlián	épouse de Renwu
			Renwu's wife
[15]	提心吊胆	tíxīn-diàodǎn	être dans l'angoisse
			be on tenterhooks
[16]	和睦	hémù	en bonne intelligence
			harmony
[17]	正大光明	zhèngdà-guāngmíng	être franc et droit
			just and honourable
[18]	白……一眼	bái … yì yǎn	jeter un regard dédaigneux
			look upon someone with distain
[19]	磕	kē	vider
			empty out (a pipe)
[20]	桠	yā	branche (d'un arbre)
			fork (of a tree)
[21]	摊	tān	partager
			allocate
[22]	拉把	lāba	aider
			help
[23]	合得来	hé de lái	s'entendre bien
			get along well

[24] 凄然	qīrán	triste
		sadly
[25] 成人	chéng rén	devenir adulte
		become an adult
[26] 成家	chéng jiā	se marier
		get married
[27] 费心	fèixīn	prendre soin
		take care
[28] 怯生生	qièshēngshēng	poltronnement
		cowardly
[29] 陈芝麻	chén zhīma	les choses insignifiantes du
烂谷子	làn gǔzi	passé
		trifles in the past
[30] 赡养	shànyǎng	entretenir
		support
[31] 虐待	nüèdài	maltraiter
		ill-treat
[32] 遗弃	yíqì	abandonner
		abandon
[33] 苦思冥想	kǔsī-míngxiǎng	se creuser la tête
		think hard
[34] 片刻	piànkè	un instant
		a moment
[35] 橱	chú	armoire
		cupboard
[36] 胡搅蛮缠	hújiǎo-mánchán	déraisonnablement
		harass someone with unreasonable demands
[37] 过头	guòtóu	excessif

			overdone
[38]	合计	héji	ici: réfléchir
			think over
[39]	碰头	pèngtóu	se rencontrer
			meet
[40]	定盘子	dìng pánzi	prendre une décision
			make a decision
[41]	蹲	dūn	s'accroupir
			squat
[42]	四敞大开	sì chǎng dà kāi	ouvrir complètement
			open wide
[43]	计较	jìjiào	ici: faire attention à
			fuss about
[44]	迁就	qiānjiù	chereher à s'adapter
			give in
[45]	到头来	dào tóu lái	finalement
			in the end
[46]	一古脑儿	yìgǔ'nǎor	complètement
			completely
[47]	发泄	fāxiè	s'épancher
			give vent to
[48]	任凭	rènpíng	laisser faire
			at one's convenience
[49]	哀怜	āilián	avoir pitié de
			pitiful
[50]	憨厚	hānhòu	simple et honnête
			simple and honest
[51]	顷刻	qīngkè	tout d'un coup
			in a twinkling

[52]	恍然大悟	huǎngrán-dàwù	soudain voir clair
			suddenly see the light
[53]	倒	dǎo	verser
			empty
[54]	委屈求全	wěiqū-qiúquán	faire des concessions pour l'intérêt général
			compromise out of consideration for the general interest
[55]	忧戚	yōuqī	anxieux
			anxiously
[56]	负疚	fùjiù	remords
			remorsefully
[57]	懦弱	nuòruò	faible
			coward
[58]	贤惠	xiánhuì	vertueux
			(of a woman) virtuous
[59]	呆滞	dāizhì	abruti
			dumbly
[60]	惴惴不安	zhuìzhuì-bùān	être dans l'angoisse
			be anxious and fearful
[61]	启口	qǐkǒu	ouvrir la bouche
			start to talk about something
[62]	无地自容	wúdì-zìróng	ne savoir ou se fourrer
			feel too ashamed of oneself
[63]	羞愧	xiūkuì	honteux et confus
			be ashamed
[64]	怡然自得	yírán-zìdé	être satisfait de soi-même
			happy and pleased with one-

self

[65] 小山	Xiǎoshān	fils de Renwen
		Renwen's son
[66] 小花	Xiǎohuā	fille de Renwen
		Renwen's daughter
[67] 无动于衷	wúdòngyúzhōng	rester indifférent
		remain indifferent
[68] 吕剧	Lǚjù	opéra du Shandong
		Shandong opera
[69] 拾掇	shíduo	arranger
		clear away
[70] 苇笠	wěilì	chapeau en roseau tressé
		a straw hat
[71] 窝窝头	wōwotóu	espèce de pain fait de la farine de maïs
		steamed corn bread in shape of a circular cone
[72] 马扎	mǎzhár	pliant
		folding stool
[73] 焦虑	jiāolù	soucieux
		feel anxious
[74] 津津有味	jīnjīnyǒuwèir	prendre plaisir à; avec grand intérêt
		with great relish
[75] 兴致勃勃	xìngzhìbóbó	être plein de verve
		full of zest
[76] 风调雨顺	fēngtiáo-yǔshùn	avec le vent propice et la pluie bienfaisante
		have good weather for the

crops

[77] 服气	fúqì	être convaincu
		be convinced
[78] 蝎子	xiēzi	scorpion
		scorpion
[79] 蜇	zhē	piquer
		sting
[80] 惶恐不安	huángkǒng-bùān	perplexe
		perplexed
[81] 茫然若失	mángrán-ruòshī	ne pas savoir quel parti prendre
		be at a loss
[82] 目瞪口呆	mùdèng-kǒudāi	yeux hagards et bouche bée
		stupefied
[83] 皱纹	zhòuwén	ride
		wrinkles
[84] 忐忑不安	tǎntè-bùān	être angoissé
		uneasy
[85] 冷若冰霜	lěngruò-bīngshuāng	battre froid à qqn
		as cold as frost in manner
[86] 按捺	ànnà	contrôler
		control
[87] 猝然	cùrán	soudainement
		suddenly

中国当代作品选编
1949—1986
第二册

*

华语教学出版社出版
（中国北京百万庄路24号）
外文印刷厂印刷
中国国际图书贸易总公司
（中国国际书店）发行
北京399信箱
1989年（大32开）第一版
（汉英法）
ISBN7—80052—126—5/H·117
01420
9—CEF—2261PB